AF745732

Fidèle à sa volonté de maintenir vivant l'ensemble du catalogue et de continuer à rendre accessible à tous la richesse de son contenu, Les marques du groupe L'Harmattan proposent les ouvrages, même s'ils sont épuisés dans leur premier tirage, et les impriment à la demande.
Au vu de l'ancienneté de ce titre, un exemplaire original a été numérisé pour être réimprimé, ce qui pourrait altérer légèrement la qualité de certains passages.

L'ÉCONOMIE DES DIEUX CÉRÉALIERS

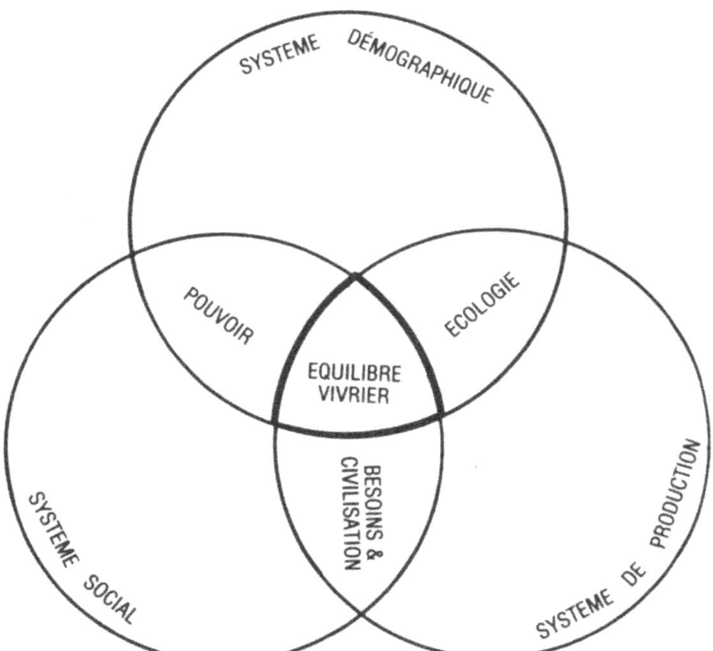

Du même auteur

- *Une dynamique de développement au Sahel*, PUF, 1981 (épuisé).
- *Les circuits économiques en Afrique noire*, NEA, 1984.
- *La création de la petite entreprise en Afrique noire*, NEA, 1984 (co-auteur).
- *Le rôle économique et social au paysan africain et l'autosuffisance alimentaire*, NEA, 1984 (co-auteur).
- Aspects de la démographie Africaine, NEA, 1984 (co-auteur).
- Tiers Monde, controverses et réalités, Economica, 1988 (co-auteur).

Claude ALBAGLI

L'ÉCONOMIE DES DIEUX CÉRÉALIERS

Les lois de l'autosuffisance alimentaire

AFRIQUE 2000

Éditions l'Harmattan
5-7, rue de l'École-Polytechnique
75005 Paris

© L'Harmattan, 1989
ISBN : 2-7384-0341-7

« Graines : ce sont ces premières richesses, toujours renouvelées, qui soutiennent tous les autres Etats du royaume, qui donnent de l'activité à toutes les autres professions, qui font fleurir le commerce, qui favorisent la population, qui animent l'industrie, qui entretiennent la prospérité de la nation. »

François Quesnay
L'Encyclopédie, 1757

INTRODUCTION

Dans l'Afrique noire des années quatre-vingt, toutes les deux secondes un enfant naît et le déficit vivrier s'accroît d'une ration alimentaire en dix secondes. Aujourd'hui, au banquet de la nature africaine, seules 8 personnes sur 10 sont conviées. Il n'en accueillera plus que 7 en l'an 2000 si les tendances des dernières décennies se poursuivent... Le déficit vivrier qui représente déjà l'alimentation de 74 millions d'individus correspondra, à cette date, aux besoins de 213 millions d'Africains sur un total de 690 (1). En d'autres termes, c'est la croissance démographique de toute la dernière décennie du siècle privée de sa sécurité alimentaire...

Pourtant, voici deux siècles, les progrès techniques de l'Occident semblaient introduire d'autres perspectives. La révolution industrielle débouchait sur une croissance de la productivité jusque-là inconnue et convertissait le monde entier à la névrose de la consommation. La conquête coloniale se drapait de bannières idéalistes pour « apporter le Salut des âmes et la Révélation divine » et « transmettre les lumières de la Civilisation ». L'intérêt du développement économique emporta la conviction des populations, mais bientôt se progagea l'idée que c'était précisément le système colonial qui bloquait l'accès à ces nouvelles perspectives.

Trois quarts de siècle après le partage de l'Afrique au Congrès de Berlin (1885), l'Afrique était, pour l'essentiel, indépendante. Il se dégageait de ce mouvement un nouveau courant d'enthousiasme et d'espérance. Malgré les divergences sur une stratégie libérale ou des options marxistes et la diversité des approches tactiques des gouvernements, on discernait un consensus quasi général quant à la signification du développement et à son mode incantatoire :

(1) Les sources bibliographiques figurent en fin de chapitre.

— Le développement se mesurait à son degré de participation à la production industrielle. L'usine en formait le symbole.

— Le développement devait se prévoir et s'organiser. Le plan était l'expression de cette volonté étayée par des objectifs rationnels et des moyens cohérents.

De puissants arguments militaient en faveur de cette interprétation :

1) Les coûts croissants de l'agriculture, opposés aux économies d'échelle de l'industrie, rendaient logiques et prometteuses les faveurs pour le secteur secondaire.

2) La mise en œuvre planifiée des forces et des moyens, pour provoquer et accélérer une mutation économique, s'imposait pour vouloir conjurer les aléas du sort et éviter les aspérités de la croissance occidentale.

Or, malgré de brillantes réalisations çà et là, l'Afrique est en train de découvrir qu'elle a vécu pendant une génération sur un mirage. L'usine symbole a dégénéré en bâtiment-caricature battant les records de déficit et de sous-emploi. Le plan, préfiguration de l'avenir, s'est commué en catalogue de projets et vœux pieux à l'usage des bailleurs de fonds et des discours politiciens. Les prophètes idéologues et les planificateurs scientifiques se font plus discrets dans leurs propos. Les attendus sociologiques et psychologiques nimbent désormais toute perspective quand ce n'est pas la transformation des rapports économiques du monde entier, avancée comme préalable !

L'action se dilue, les déséquilibres s'amplifient. Le scepticisme s'est substitué aux enthousiasmes. Le désespoir perce avec la désillusion, et la tragédie de la famine s'installe... Les étapes du développement libéral et les expériences du système soviétique ont épuisé leurs charmes. Les décennies du développement s'égrènent avec des résultats globalement dérisoires tandis que la sous-nutrition s'étend. Au moment où la population paysanne n'a jamais été aussi nombreuse, le monde rural ne parvient plus à s'acquitter de sa vocation nourricière, et l'urbanisation effrénée reste dépourvue des assises industrielles indispensables à son équilibre.

Une impérieuse priorité s'impose aux gouvernements : assurer la satisfaction alimentaire des populations. L'autosuffisance alimentaire est devenue le slogan le plus commun sur tout le continent. Si ce recentrage des poliques gouvernementales répond à une préoccupation essentielle : manger pour survivre, elle assigne un profil bas aux nouveaux arbitrages et ne définit pas une stratégie pour y parvenir. Lorsque la parité entre besoins nutritifs et capacités productives est rompue, l'action doit s'orienter vers la population et/ou la production.

L'approche en termes démographiques a reçu peu d'échos en Afrique, quand elle n'a pas fait l'objet d'une hostilité déclarée. Le point de vue malthusien vise à juguler la crise en adaptant la croissance de la population aux possibilités vivrières. Mais l'analyse des comportements démographiques repose sur deux interprétations majeures qui posent problème :

— Une première conception se réfère à des « sociétés attardées » incapables de se projeter dans le futur. Leur horizon est réputé tellement étroit qu'il brouille toute prévision sur les répercussions de leurs actes et, a fortiori, lorsqu'il s'agit de « la passion entre les sexes » (2). Leur mentalité est réputée a-logique et l'impulsion s'impose comme la règle majeure des comportements. Cette hypothèse ne laisse la place qu'à un despotisme éclairé pour enrayer la croissance démographique, et à des méthodes dirigistes et contraignantes pour réduire la procréation.

— Des analyses plus sophistiquées établissent une liaison négative entre l'évolution de la fécondité et l'amélioration du niveau de vie. Un enfant dans les milieux aisés provoque des frais. Inversement, il constitue pour les familles pauvres un support économique. La mise en perspective de ces situations revient à conclure que l'explosion démographique se tarira d'elle-même, avec une amélioration du niveau de vie (3). Si, dans ce cadre, un comportement rationnel reprend ses droits, il renvoie néanmoins au processus du développement économique sans mesurer l'entrave potentielle de la croissance démographique...

Ces deux types d'approche fondés sur la spontanéité incontrôlée ou la logique de la pauvreté nous laissent dans l'expectative. La politique de l'autosuffisance alimentaire doit-elle être menée à partir du second élément de l'alternative : la production vivrière ? Le faible pourcentage des terres cultivées en Afrique noire et les rendements dix fois plus réduits ici qu'en Occident, suggèrent d'aborder la question agricole par les investissements et de rendements. L'équilibre alimentaire se poserait en termes d'aménagements techniques. Mais les difficultés rencontrées par cette transformation rendent discutable la pertinence du propos. Les sociétés occidentales ont pris l'habitude de prendre la technologie comme l'exutoire naturel des problèmes auxquels elles sont confrontées, sans en mesurer les implications.

La situation paraît bloquée et l'équilibre vivrier très aléatoire. Or les sociétés prénewtoniennes ont laissé dans l'histoire des marques durables qui supposent une maîtrise de l'équilibre alimentaire. L'impossibilité de recourir à d'importants transferts céréaliers implique une résolution interne à ce défi élémentaire. Il devient dès lors pertinent d'examiner, à partir de la contrainte alimentaire, le fonctionnement des sociétés traditionnelles. Avant de focaliser notre attention sur ce que les sociétés du Tiers Monde ne sont pas encore, il faut mettre en lumière ce qu'elles ne sont déjà plus. Les règles d'ajustement et de cohérence qui prévalaient avant la révolution industrielle constituent une base d'analyse susceptible de faire apparaître les points de rupture.

Cette approche va se révéler très stimulante. Elle débouche sur des résultats plus féconds que les seules appréciations des techniques paysannes ou de la dynamique démographique. Elle porte au-delà d'une simple observation de la balance calorique sur les capacités nutritives et les besoins de l'estomac. L'équilibre vivrier met en jeu, nous le verrons, la société tout entière. Il déborde, en tout premier lieu, sur la quantité de travail disponible, sur les capacités d'entretien d'une famille, sur les possibilités de division sociale du travail. Il implique directement les relations de pouvoir dont la fonction fondamentale, voire miraculeuse, est de capter et d'agréger une infinité d'excédents résiduels — sans portée pour la multitude de paysans — pour les convertir en édifices somptuaires ou en services ostentatoires. Le biais idéologique n'est pas, non plus, indifférent à l'équilibre nutritif puisque la place qu'il accorde au travail, l'intérêt qu'il concède à la diversification des besoins, les justifications qu'il apporte à la dérivation des produits, fournissent la cohérence nécessaire au fonctionnement du système. Enfin, les institutions, par leurs implications sous-jacentes — leur impact malthusien par exemple — développent des éléments de régulation extrêmement efficaces pour contribuer à stabiliser cet équilibre vivrier. Les sociétés qui ont été en mesure de contrôler durablement l'ensemble de ces éléments ont été assurées d'une certaine pérennité, les autres ont dû se raccrocher à des pratiques de substitution à caractère polémologique, à moins de sombrer par la rupture des principaux équilibres écologiques et de disparaître.

Devant la richesse des implications, il devenait essentiel d'ordonner et de coordonner cet ensemble en un système cohérent à partir d'un modèle cybernétique capable de faire apparaître les boucles de rétroactions possibles. Il y a certes quelques déraisons à vouloir confondre dans un même schéma la civilisation mandchoue de l'Empire du Milieu, la société dogon des falaises de Bandiagara ou l'Empire Inca des contreforts andins, pour ne citer qu'elles. Mais comparées à nos sociétés modernes, elles sont semblables dans le sens où elles relèvent d'un ensemble d'idées et de valeurs communes, en rupture avec les approches des sociétés industrielles (4). L'illustration que nous privilégierons dans les diverses fonctions du système concernera la société médiévale de l'Occident chrétien. Ce choix se justifie par un certain nombre d'analogies intéressantes avec l'Afrique noire, par une documentation disponible relativement abondante, mais aussi, par les possibilités d'observations d'un cycle démo-économique complet de très longue durée, fort riche d'enseignements.

Il devient dès lors pertinent d'examiner les circonstances de la première rupture réussie avec ce modèle. L'émergence de la société industrielle, promue par l'expérience britannique au rang d'ambition planétaire, offre beaucoup d'intérêts non pas pour constituer une méthodologie, mais pour reconnaître au contraire ses spécificités. Les rendements agricoles arrachent définitivement l'Angleterre à tout risque de famine et ouvrent de nouvelles perspectives. Ce qui apparaissait comme des valeurs fondamentales de l'existence est bientôt considéré comme faux ou inessentiel et inversement. Le rôle du pouvoir est transfiguré (5). L'équilibre vivrier tend à devenir un élément adventice des nouvelles préoccupations. La physiocratie n'aurait été que le post-scriptum de dix millénaires de sociétés agraires, pour clore une ère à la faveur d'aménagements historiques exceptionnels.

Dans ce contexte, l'Afrique noire s'écartèle entre deux séries de catégories culturelles pour reprendre la distinction opérée par le médiéviste Aaron Gourevitch (6). Envahi par les ondes de modernité, mais pénétré de façon inégale et dépourvu de leur contexte, le sous-continent se mesure à une série d'effets pervers inédits. La société africaine rejette les valeurs d'une société cherchant à ajuster ses fins à ses moyens mais ne parvient pas à développer des moyens correspondants à ses nouvelles ambitions. Ecartelée, destructurée, ballotée, l'Afrique schizophrène se débat. Les effets d'un autocontrôle social et d'un surmoi régulateur s'évanouissent. La cohérence des institutions sociales est réduite à néant, le choc des intérêts contradictoires neutralise les effets bonifiants. En redonnant à la question vivrière une place essentielle dans la stratégie économique et sociale, le continent renoue avec des contraintes séculaires. La mise en perspective de cette situation concourt à doter la réflexion de l'ensemble des éléments qui contribuent à l'équilibre vivrier. Elle invite, compte tenu des particularités contemporaines à la recherche de solutions novatrices, au repère de quelques points névralgiques, au tracé de quelques pistes. L'autosuffisance alimentaire n'est pas une affaire de techniques agricoles, c'est un tout.

Le cycle capricieux des saisons avait inspiré sur tous les continents une épopée salvatrice de dieux céréaliers régénérateurs. Le dieu sumérien Tammouz, le dieu Baal des Cananéens ou le dieu Osiris de l'Egypte puisent leur mythe à cette même source. La renaissance féconde de la terre ensemencée et irriguée portait les fruits de l'abondance et de la prospérité pourvu que la métamorphose de la végétation soit liée à un strict ordonnancement de la vie terrestre. En redécouvrant ce rôle des structures sociales, du système des valeurs et de l'organisation économique, nous renouons avec une cohérence placée au cœur de l'âge théologique. La « rationalité » des dieux céréaliers a encore quelques leçons pour l'avenir.

NOTES BIBLIOGRAPHIQUES

Introduction

(1) — Banque mondiale, *Un programme d'action concertée pour le développement stable de l'Afrique au sud du sahara*, BM, 1984.

(2) — PETERSEN William, *Malthus, le premier anti-malthusien*, Dunod, 1980.

(3) — MURDOCH William, *La faim dans le monde, surpopulation et sous-alimentation*, Dunod, 1985.

(4) — DUMONT Louis, *Homo aequalis, Genèse et épanouissement de l'idéologie économique*, Gallimard, NRF. 1977.

(5) — AUSTRUY Jacques, *Le prince et le patron*, Cujas, 1972.

(6) — GOUREVITCH Aaron, *Les catégories de la culture médiévale*, Gallimard, NRF, 1983.

PREMIÈRE PARTIE

L'ANALYSE

CHAPITRE I

LES EFFETS STRUCTURANTS DE L'ÉQUILIBRE VIVRIER

Les sociétés primitives de cueillette et de chasse ont évolué dans une nature souveraine qui dictait ses conditions aux pulsions démographiques par un strict contingentement des ressources vivrières. L'invention de l'agriculture bouleverse ces données puisque le milieu ne délimite plus un seuil rigide mais un potentiel. Les butoirs de l'économie de collecte sont transgressés en fonction des performances technologiques et du dynamisme démographique.

Pour appréhender les nouvelles contraintes de l'équilibre vivrier, il faut analyser le produit vivrier sur la base de deux questions simples : Dans quelles conditions est-il créé ? Selon quelles règles est-il réparti ? Les conditions sont fixées par le sol, le climat, le travail et l'outillage. Les règles sont assujetties aux besoins des agriculteurs, des familles et des autres actifs.

L'agriculture vivrière est une production soumise aux exigences des facteurs de production, mais elle dégage une capacité nutritive, c'est-à-dire un potentiel démographique. Les actifs agricoles sont, simultanément, agent de production et agent de consommation. Mais — c'est une réflexion de bon sens, non négligeable — si tous les hommes sont nécessairement consommateurs de cette production vivrière, seule une fraction participe à sa genèse. L'équilibre vivrier nécessite donc, non seulement une adéquation entre la capacité nutritive et le niveau de peuplement, mais aussi un ajustement conforme de la structure démographique. Par ses possibilités d'entretien d'une famille plus ou moins nombreuse, le système délimite une dynamique de croissance. Par la proportion d'actifs qu'il retire du circuit agricole, le système ajuste l'éventail des besoins à satisfaire. Par le niveau potentiel d'énergie qu'il concède au producteur agicole, il conditionne la place du travail dans la société et infléchit le niveau de production disponible. Par le montant des excédents qu'il est en mesure de faire apparaître, il délimite le jeu du pouvoir.

Dans l'hypothèse d'une pression démographique excessive, existe-t-il des mécanismes de rétroaction susceptibles de réguler le système ? Ce disfonctionnement conduit-il à l'innovation technologique comme le propose Ester Boserup ou débouche-t-il sur les mécanismes des rendements décroissants décrits dans les analyses ricardo-malthusiennes ? Le fonctionnement du système vivrier doit être en mesure d'éclairer quelque peu cette question. C'est dans la manière de résoudre et de combiner ces divers problèmes que les sociétés sont en mesure d'affirmer une civilisation ou de disparaître.

1. Les contraintes absolues de l'économie de collecte

Il est utile de rappeler les particularités de l'économie de chasse et de cueillette. Elles sont en mesure de faire apparaître le caractère, tout à fait novateur, du système agricole par la transformation des contraintes.

Lorsque les sociétés humaines se sont organisées sur la base d'une économie de prédation, elles se différenciaient des autres espèces par l'usage d'armes et d'outils. Cela accroissait leur efficacité mais les laissait soumises aux mêmes lois. Qu'elles s'établissent en grande forêt, comme aujourd'hui encore, les Pygmées bamingui (Centrafrique), ou dans le désert, comme les Bochimans dans le Kalahari, les hommes devaient soumettre leur dynamique démographique à la capacité nutritive du milieu. La vie nomade les faisait évoluer sur un territoire, somme toute, délimité par les possibilités de déplacement du groupe. Au-delà d'une certaine distance, évaluée en journées de marche, la pérégrination menaçait de rompre le lien avec le noyau d'origine et plongeait cette quête dans l'inconnu et la peur. Le rayonnement de ces communautés restait donc circonscrit à un territoire sanctuarisé, placé sous la protection des forces ou des divinités tutélaires.

Les prélèvements effectués à l'occasion des chasses et des cueillettes constituaient une immixtion dans l'équilibre naturel des règnes animal et végétal. Il convenait donc de préserver une symbiose étroite entre les capacités nourricières du milieu et la densité démograhique du groupe. Certaines sociétés plus complexes en vinrent à créer des associations entre les lignages et les espèces de nourriture. La répartition des activités prédatrices et la spécificité des interdits alimentaires entre les sous groupes n'étaient-elles pas une façon d'assurer une meilleure exploitation du milieu et une densité démographique plus forte ? Le comportement des tribus australiennes rapporté par Marcel Mauss en offre une illustration (1).

Si la densité de peuplement devenait par trop excessive, un processus de surexploitation des ressources naturelles ne tardait pas à se développer. Les animaux n'avaient plus le temps de se reproduire en nombre suffisant, les végétaux étaient collectés au-delà des possibilités de régénération à l'identique. L'homme expérimentait à ses dépens la rupture des équilibres écologiques. En effet, plus il chassait, plus il réduisait les ressources cynégétiques. Plus il cueillait, plus il entravait le développement du cycle végétal. Pour se sauver provisoirement, il se condamnait à terme. Tant que la société ne dominait pas son environnement, une seule issue s'offrait : la réduction drastique des effectifs de sa communauté. (Cf. Fig. I)

Fig. I - Le cycle d'une économie primitive de chasse et de cueillette

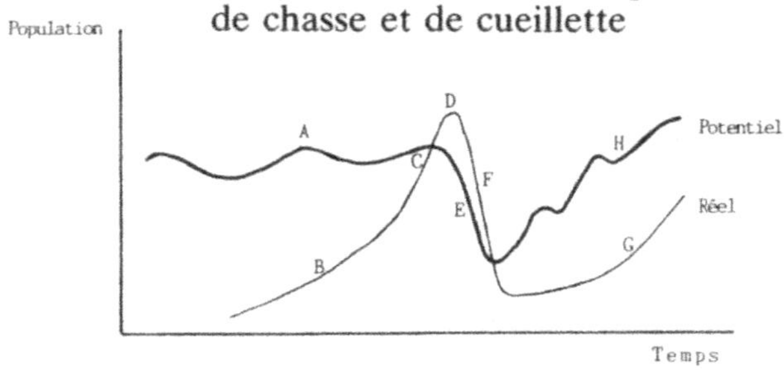

A — Oscillation de la capacité nutritive du milieu due à des variations contingentes de pluviométrie, de gel, d'inondation...

B — Le groupe humain ou clan vit dans un milieu où les ressources vivrières sont abondantes. Les effectifs démographiques restent en deçà des capacités potentielles du milieu.

C — Le clan atteint l'expansion démographique maximum compatible avec le renouvellement du milieu naturel.

D — Le clan poursuit son expansion démographique au détriment des capacités de renouvellement du milieu naturel.

E — La surexploitation du milieu provoque une rupture écologique qui réduit les capacités nutritives du milieu naturel.

F — La disette, la famine, renforcées par les épidémies, réduisent la population par une forte hausse de la mortalité à moins qu'une fraction du clan tente l'alternative migratoire.

G — Le clan démographiquement amoindri retrouve des capacités nutritives relativement plus abondantes que ses besoins et reprend sa croissance démographique.

H — Le milieu se reconstitue et redéveloppe peu à peu son équilibre initial.

La mort exerçait ordinairement ce rôle régulateur. Les prélèvements des ressources naturelles, par une population en surnombre et en croissance, provoquaient des cycles de plus en plus pauvres. La disette, puis la famine s'installaient. Cette hausse de mortalité s'accentuait encore par des épidémies qui se propageaient sur des individus affaiblis. La mort fournissait une solution spontanée mais macabre, en ramenant les effectifs de la population à des normes compatibles avec les ressources du milieu. Cette perspective funéraire était pourtant inexorable, en l'absence d'un exode massif.

Une migration menée à temps pouvait déjouer de si funestes échéances. Mais le choix d'un exode vers de nouvelles terres ne se présentait pas comme une décision des plus faciles. Abandonner son territoire — connu et protégé des dieux — pour un autre qui paraissait mystérieux, inquiétant et, sans doute, hostile était une entreprise difficile. De surcroît, des clans voisins n'étaient sans doute pas disposés à laisser pénétrer leurs terres de chasse, ni à les voir conquérir. Il fallait s'apprêter à livrer d'âpres batailles... Enfin, ces épreuves supposées surmontées, rien n'assurait pour autant, une contrée fertile et giboyeuse au terme de l'équipée. Les espoirs hypothétiques pouvaient se révéler sans fondement. Autant dire que la migration avait davantage de chance de s'opérer dans le contexte d'une crise politique par bannissement d'une fraction de la communauté.

Ceux qui restaient sur les terres ancestrales pouvaient alors espérer. Il s'agissait des hommes et des femmes qui avaient survécu à la famine, résisté aux épidémies ou échappé à la migration. Pour nourrir l'espoir d'un nouvel essor, il fallait que la communauté soit suffisamment réduite pour être en deçà des capacités nutritives résiduelles du territoire. Mais il était également nécessaire que cet affaiblissement soit contenu dans certaines limites. Un clan trop fortement amoindri n'avait guère de chance de reprendre son expansion et se condamnait à la disparition totale. Les tribus d'Indiens d'Amazonie, observées par Darcy Ribeiro, en offrent une illustration contemporaine (2).

Les premiers établissements humains durent trouver cet équilibre précaire entre deux périls mortels : sous-population excessive et déclin du groupe d'une part, surpopulation et surexploitation du milieu d'autre part... Les ressources naturelles fixaient aux sociétés primitives un seuil démographique très bas qui ne pouvait être enfreint qu'à l'occasion d'une expansion suicidaire. Certes, les capacités démographiques étaient susceptibles de varier selon les milieux, mais les Paléontologues s'accordent pour penser qu'elles ne devaient pas excéder un habitant au kilomètre carré (3). A titre d'exemple, la France, durant le Paléolithique supérieur, comptait probablement entre 1 600 et 20 000 habitants (4). Ces densités sont analogues à celles observées, chez les aborigènes australiens et les Indiens chasseurs d'Amérique du nord, au moment de leur découverte.

Bien que l'Homo Erectus compte quelque deux millions d'années, un faible peuplement persiste durablement chez ses descendants (5) : 5 à 9 millions d'habitants durant les 25 000 ans qui ont précédé l'invention de l'agriculture, selon les estimations de Jean-Noël Biraben (6) ; Alfred Sauvy ne retient que le chiffre de 1 million pour le peuplement de notre planète à la même époque (7). Malgré ces hésitations statistiques, on observe une concordance générale des évaluations pour une population limitée dans les sociétés de collecte.

On peut s'interroger sur cette prolifération particulièrement médiocre de l'espèce humaine. Marvin Harris, qui rapporte les travaux de Lawrence Angel sur les différents niveaux de santé depuis trente mille ans, à partir des squelettes découverts en Europe et en Afrique, pense que pour obtenir une croissance moyenne de l'ordre de 0,001 %, même avec une espérance de vie courte pour la mère, même avec une mortalité infantile de l'ordre de 50 %, il fallait encore éliminer de 23 à 35 % de tous les descendants potentiels. L'auteur émet l'hypothèse que l'infanticide et le géronticide ont dû constituer de puissants moyens de régulation (8). Pour éviter les hécatombes anarchiques dues à la surexploitation du milieu, l'homme aurait saisi, très rapidement, la portée d'une maîtrise démographique.

La croissance ne pouvait dès lors réussir que par essaimage de colonies de peuplement, au terme de migrations réussies sur des terres suffisamment riches et hospitalières. La faiblesse du peuplement confirme que cette solution semblait peu évidente et qu'on lui préféra une régulation démographique, contrôlée ou non, sur le territoire des ancêtres.

Pourtant les tensions répétées entre les besoins vivriers et les ressources naturelles ont, sans doute, incité un peuple plus entreprenant du Moyen-Orient à inventer voici dix mille ans l'*agriculture*.

2. Les facteurs de production de l'agriculture

Marvin Harris propose une explication des origines de l'agriculture en y associant la modification des équilibres écologiques (1). Le réchauffement général du globe marquant, il y a treize mille ans, la phase terminale de l'époque glaciaire, aurait réduit les plaines herbeuses où se nourrissaient les grands troupeaux, au profit des forêts. La disparition des pâturages, aggravée par le tribut payé aux chasseurs humains, provoqua l'extinction de la mégafaune du pleistocène et détermina le passage à un mode de production agricole. Celui-ci se répandit en Mésopotamie, voici plus de neuf mille ans et mit trois millénaires pour parvenir en Afrique et en Europe (2). Les techniques agricoles méso-américaines se développèrent deux mille ans plus tard et l'agriculture chinoise naquit il y a cinquante siècles (3). Les transferts de technologie furent donc extrêmement longs, mais l'invention bénéficia de plusieurs foyers successifs fondés sur le blé dans le Croissant fertile, le maïs pour le continent américain et le riz en Asie.

Partout, l'agriculture démultiplie les capacités nutritives. Cette révolution technologique du Néolithique constitue l'une des inventions capitales de l'histoire de l'humanité. Antérieurement, l'homme était étroitement soumis aux lois du milieu naturel. Désormais, il devient un véritable acteur. Le passage de la collecte à l'agriculture, c'est-à-dire d'une économie de prédation à une économie de production, non seulement favorise une explosion démographique mais définit de nouvelles règles d'équilibre pour les sociétés agraires. Les facteurs de production, à savoir la nature, l'outillage et le travail, en fournissent les références.

A - La nature

Le développement agricole reste soumis, en premier ressort, aux conditions naturelles de l'environnement : le climat et les sols. Or les caractéristiques de ces deux éléments exercent une influence déterminante dans la composition des équilibres. Le climat est une variable et la qualité des terres n'est pas homogène.

a) Les fluctuations climatiques introduisent une variable conjoncturelle. Leur influence sur les rendements agricoles — toutes choses étant, par ailleurs, égales — entraîne des variations de production supérieures à 25 %, en prenant pour référence de grandes entités régionales. Cette évaluation de Paul Bairoch introduit une contrainte extrêmement forte (4). Tant que la productivité n'est pas en mesure de couvrir cet écart par rapport aux besoins immédiats des populations, il est matériellement impossible de concevoir un progrès continu.

Encore ces données se réfèrent-elles à une climatologie de pays tempérés ! En zone tropicale, les variations sont encore plus marquées : une année, le sol reçoit trois fois plus de pluie que la suivante ; cette même année, la moyenne des précipitations serait satisfaisante, mais au lieu d'avoir été échelonnées, elles se sont abattues par trombes d'eau sur quelques journées ; une autre saison, c'est la sécheresse dont le cycle et la durée restent imprévisibles (5). Cette amplitude accusée du climat constitue un handicap supplémentaire pour l'agriculture tropicale.

b) Les sols combinent une triple particularité : en quantités limitées, les terres offrent une fertilité fragile et inégale.

Stuart Mill a souligné les contraintes imposées par le facteur terre : « Elle [la terre] diffère des autres éléments de la production, le travail et le capital, en ce qu'elle n'est pas susceptible d'un accroissement indéfini. Son étendue est limitée et l'étendue des espaces de terres les plus productives l'est encore davantage. Il est évident, en même temps, que la quantité de produits qu'on peut obtenir d'une portion de terre donnée n'est pas indéfinie. Cette limitation dans la quantité de terre et dans sa production sont des limites réelles de l'accroissement de la production. » Et il ajoutait : « On croit communément, et il est très naturel, au premier abord, de supposer que, pour le présent, toute limitation de la production et de la population due à cette cause est reculée à une distance indéfinie et qu'il doit s'écouler des siècles avant qu'il naisse une nécessité réelle de prendre le principe de limitation en sérieuse considération. Je crois que c'est là, non seulement une erreur, mais la plus grave qu'on puisse rencontrer dans tout le champ de l'économie politique. La question est plus importante et plus fondamentale qu'aucune autre. » (6)

La fertilité des sols n'est d'ailleurs pas un acquis définitif. L'expérience récente de certains colons en Amazonie est, de ce point de vue, typique : leur première récolte fut excellente, la seconde mauvaise et la troisième catastrophique... La végétation luxuriante des tropiques repose sur un équilibre précaire qui dispose de peu de réserves. Dans les pays tempérés, les techniques de préservation de sols sont plus facilement maîtrisables, mais il n'en demeure pas moins qu'en l'absence de fertilisants additifs, des temps de jachère doivent être ménagés et scrupuleusement observés.

On a généralement supposé que les premiers établissements humains se portaient sur les terres les plus fertiles et que les pressions de la croissance démographique contraignaient à mettre en culture des terres de plus en plus médiocres. Dans cette hypothèse, la même combinaison de capital et de travail engendre une production de plus en plus faible. Ce mécanisme, connu sous le nom de loi des rendements décroissants, a été exposé et repris par Turgot, Ricardo, Malthus et Stuart Mill (7).

Cette rationalité dans l'ordre d'exploitation des terres n'est pas absolue. Il se pourrait même que, dans une première phase, les rendements soient croissants. A cet égard, trois séries d'exemples corroborent cette observation :

— Lorsque Fernand Braudel étudie les établissements humains sur la bordure méditerranéenne, il constate que les villageois s'installaient d'abord sur les collines, et non dans les plaines plus fertiles afin d'éviter la malaria et de constituer un système de défense plus efficace (8).

— Les Dogons au Mali et les Kirdis au Cameroun ont préféré se fixer dans des falaises et des zones escarpées plutôt que dans les plaines qui offraient des terres plus nombreuses et fertiles afin de

Fig. II - La loi des rendements décroissants

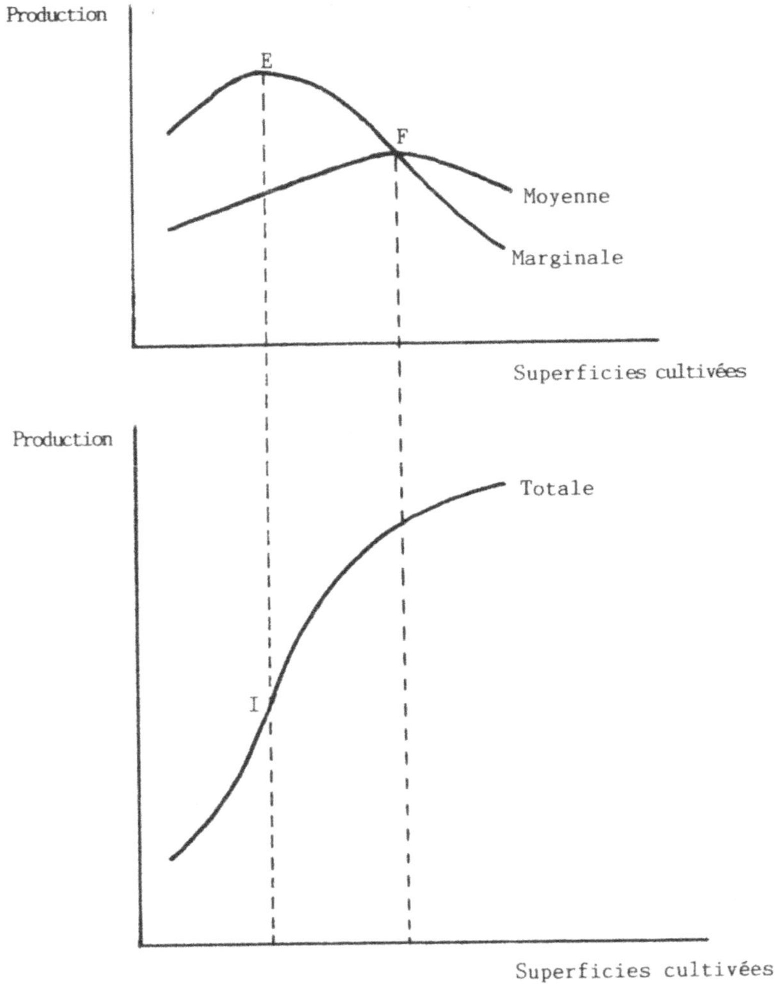

E — Représente le point à partir duquel la production marginale, c'est-à-dire la production de la dernière unité de terre mise en culture, commence à baisser. La productivité est maximum en ce point, elle correspond au point d'inflexion de la courbe de la production totale.

I — Désigne le point d'inflexion de la courbe de la production totale. A partir de ce moment, la concavité de la courbe change de sens du fait que l'on passe de rendements croissants à des rendements décroissants. Mais la production globale continue à croître.

F — Indique le point de production moyenne maximum. La production marginale y est égale à la production moyenne. Au-delà, la production marginale — plus faible que la production moyenne — entraîne cette dernière à la baisse.

Fig. III - Les seuils de production agricole

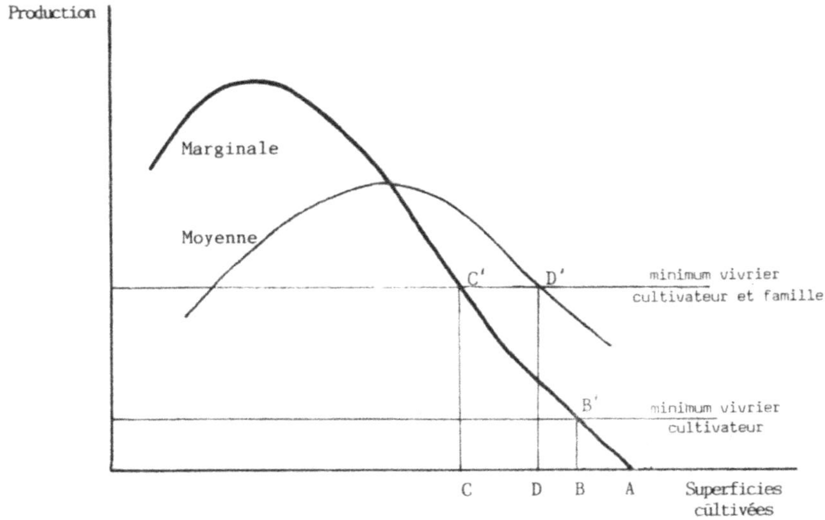

Hypothèses - l'unité de terre correspond à l'exploitation-type d'un actif agricole
- la famille de référence est la famille-type de la société considérée.

A — La production de la dernière unité de terre mise en culture est nulle. La production totale est maximum.

B — La production de la dernière unité de terre mise en culture est l'équivalent du besoin nutritif du cultivateur. Au-delà un paysan aurait une récolte insuffisante pour vivre et travailler.

C — La production de la dernière unité de terre mise en culture est l'équivalent du besoin nutritif du cultivateur et de sa famille. Au-delà, un paysan ne peut assurer la survie des siens.

D — La production moyenne de la terre est l'équivalent du besoin nutritif des cultivateurs et de leur famille. Les terres situées entre C' et D' ne produisent plus suffisamment pour s'ajuster à ce besoin, mais la redistribution des excédents des terres O' C' permet un équilibre global, une extension démographique maximum de la population agricole.

mieux résister à l'hostilité de leurs voisins qui voulaient les soumettre et les convertir à l'islam.

— On peut citer également les immigrants américains — à propos desquels Henri Charles Carey s'opposa à Ricardo — pour remarquer que les colons recherchaient toujours les hautes terres où les arbres étaient plus clairsemés. Ce n'est que plus tard qu'ils descendirent défricher les forêts plus denses des riches vallées. (9)

On voit apparaître, derrière ces exemples, un schéma général d'exploitation des sols : dans un premier temps, mise en culture de terres de qualités moyennes pour répondre aux exigences immédiates de l'accessibilité et/ou de la sécurité, puis affirmation du groupe social par l'intégration des vallées plus fertiles à leur domaine agricole, enfin, sous la pression démographique, extension des cultures sur des sols offrant des qualités de moins en moins satisfaisantes. Une représentation graphique traduit ce processus. La variation des rendements de la terre s'établit à partir des résultats de la production marginale issue de la dernière unité mise en culture selon une technique uniforme. Ce résultat déclenche une production moyenne et une production globale selon un schéma désormais classique (10). La productivité, d'abord croissante, se met à décroître et la production fortement dynamisée au départ amortit ensuite sa progression. (cf. Fig. II)

En théorie, la production totale pourrait croître jusqu'à ce que la production marginale devienne nulle. A ce niveau, le cultivateur serait supposé accepter de dépenser son énergie en pure perte ! Un seuil d'exploitation ne manquera pas de s'interposer plus tôt. Plusieurs cas de figures sont envisageables (cf. Fig. III) :

— Un premier seuil s'établit au moment où la production marginale couvre les stricts besoins nutritifs du producteur. Cette hypothèse reste encore insuffisante puisqu'elle n'intègre pas les charges alimentaires de sa famille.

— Lorsque la production de la dernière unité de terre s'ajuste aux besoins du cultivateur et de sa famille, on a un autre point critique d'extension foncière. Ce niveau est atteint plus rapidement que dans le cas précédent.

— Mais, si la communauté est en mesure d'assurer une redistribution entre ses membres, ce n'est plus la production marginale qui fixe l'essor maximum, mais la production moyenne qui devient la référence. Avec une même définition des besoins, cette dernière hypothèse correspond à une extension démographique plus importante. Il n'est donc pas interdit de penser que les pratiques redistributives de certaines sociétés avaient pour objectif latent une maximisation de la puissance démographique.

B - L'outillage et les techniques

L'outillage, le « détour capitalistique » pour reprendre le mot de von Bohm Bawerk, est resté longtemps rudimentaire. Lorsqu'il dépassera le stade du bâton à fouir, ce ne sera encore que la houe en Europe, la « daba » en Afrique et le picot en Amérique latine. Il permet toutefois une valorisation du travail en agissant comme un coefficient multiplicateur, celui-ci s'élevant d'autant plus que les outils utilisés sont performants. Les dix millénaires de civilisations agraires appellent, du point de vue du capital technique, quelques remarques :

— Les techniques agricoles ne sont pas restées figées jusqu'à la veille de la révolution industrielle. De multiples exemples illustrent cette proposition. Les Incas développèrent une agriculture savante de canaux et de terrasses sur les contreforts andins. Les Berbères inventent en Afrique du Nord un système complexe d'irrigation souterraine et de norias pour protéger une eau rare, des fortes évaporations. Au Moyen Âge, les Européens dotent leurs attelages du collier d'épaule qui accroît efficacité et puissance du labourage comme l'expose la thèse de Lefebvre des Noëttes (11).

— Mais les progrès techniques observés ne constituent pas, à proprement parler, des sauts technologiques. Ils résultent davantage d'une amélioration méticuleuse et attentive d'un procédé connu, porté par étapes successives, au maximum de son efficacité. Ainsi, lorsque les premières charrues paraissent, elles sont avant tout de grosses houes tractées par des animaux comme on peut le voir chez les Dalas (Ethiopie).

— Ces perfectionnements ne sont pas l'amorce d'un processus de transformations cumulatives et continues. Tout se passe comme si la société innovatrice se mettait à digérer lentement son nouvel acquis et à établir pour plusieurs générations un système stable, prospère et souvent dominant par les avantages relatifs qu'elle en tire. En Chine, par exemple, si la mise en place des grandes rizières commence un peu avant l'ère chrétienne, il faut attendre le XIIe et le XIIIe siècle pour l'utilisation d'espèces de riz à maturation rapide qui permettent des récoltes multiples (12).

En bref, les améliorations techniques ne manquent pas, mais le rythme des innovations est suffisamment long pour conférer au système technologique qui les a intégrées une très grande stabilité.

C - Le travail

Dans un contexte de technologie rudimentaire, le travail est peu différencié. L'outillage élémentaire permet une grande homogénéisation des techniques culturales et des tâches du paysan. Le travail fait essentiellement référence à l'emploi de la force physique. La division du travail agricole est quasi inexistante : le rythme des saisons impose un déroulement diachronique des diverses opérations agricoles. L'ensemble de ces caractéristiques permet de dresser la charge type d'un cultivateur, c'est-à-dire l'évaluation d'une unité standard d'exploitation pour tout actif agricole. Dans ces conditions, plus les paysans sont nombreux, plus l'étendue des cultures est importante, plus le niveau de production est élevé.

Mais si la quantité de terres cultivées et le nombre d'agriculteurs dégagent un rapport stable, les rendements décroissants des sols, dus à la fertilité inégale, ne permettent pas d'établir une relation fixe entre la quantité de travail et le niveau de production. La productivité est variable mais elle s'ordonne selon le choix des terres.

Au-delà de cette approche, reste encore posé le problème de la fourniture de ce travail. Il paraît s'imposer dans l'agriculture vivrière, tant il est lié à la survie des individus. Mais, cette activité sera-t-elle au maximum avec une productivité faible et des avantages marginaux dérisoires ? Sera-t-il assumé pour la création régulière d'excédents si précisément le pouvoir s'intéresse à leur confiscation ? Des solutions devront être apportées à ces difficultés. Nous aurons à y revenir.

Les facteurs de production agricole présentent une véritable série de caractéristiques avec des influences hétérogènes (cf. Fig. IV). Les amplitudes climatiques imposent des stocks de sécurité pour prévenir une productivité variable et se présentent

Fig. IV - Les facteurs de production agricole

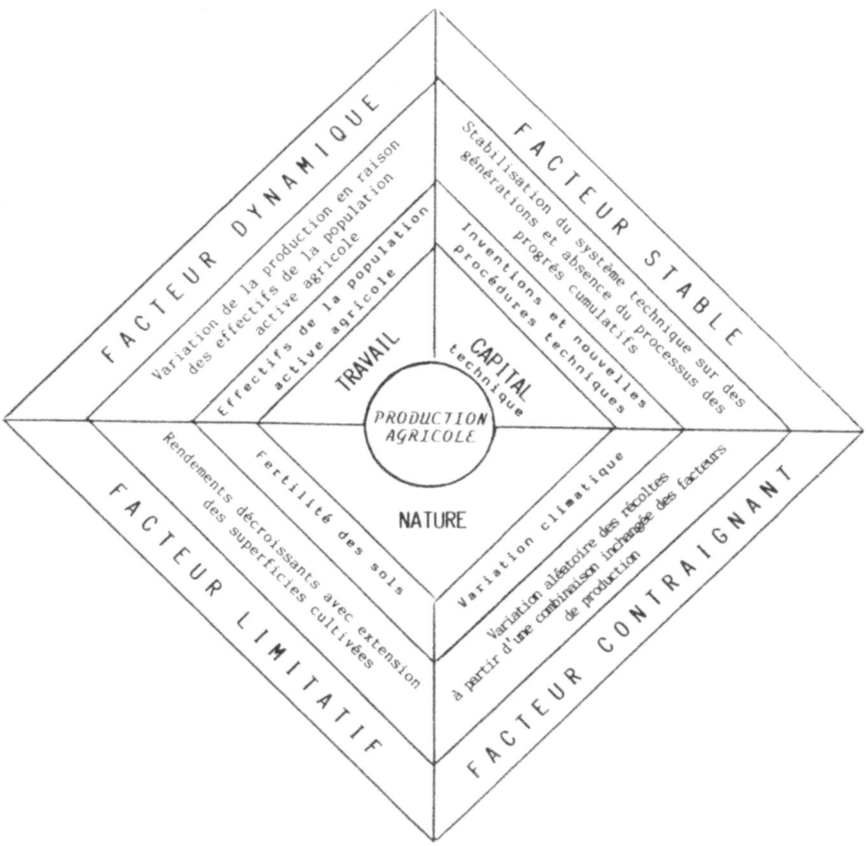

comme un facteur contraignant. La fertilité inégale des terres fixe un seuil démographique qui donne à ce facteur un caractère limitatif. Le capital technique offre une très grande stabilité avec des innovations rares. Enfin le travail, qui se démultiplie avec la démographie paysanne, constitue le facteur dynamique de l'ensemble.

Il est certain que la stabilité du facteur technique limite les possibilités d'évolution du système, tarit l'impulsion démographique et rend plus pesantes les contraintes des facteurs naturels. Stuart Mill s'emploie, par une élégante métaphore, à tracer le subtil effet de cette combinaison.

La limitation de la production agricole « ne ressemble pas à l'obstacle que nous oppose un mur, qui reste immobile dans une place particulière et n'offre qu'un obstacle au mouvement, celui de l'arrêter entièrement. Nous pouvons plutôt le comparer à un tissu très élastique et très extensible qui ne peut être étiré avec tant de force qu'on ne puisse l'étirer encore davantage, mais dont cependant la pression se fait sentir longtemps avant que la limite ne soit atteinte et se fait sentir d'autant plus fort qu'on approche davantage de cette limite. » (13)

3. Les structures de distribution du produit vivrier

Levi Strauss soulignait que la structure est plus qu'une forme, plus qu'un agencement, c'est un système. La recherche de son intelligibilité doit porter simultanément sur les éléments et sur les relations : Les premiers ne pouvant être découverts indépendamment des secondes (1). C'est ce que nous allons nous employer à faire apparaître à partir de l'économie vivrière. Les physiocrates avec le « Tableau économique » du docteur Quesnay, avaient déjà procédé à la ventilation du produit agricole entre les cultivateurs, les propriétaires et la « classe stérile » (2). Pour intéressante que soit cette approche, elle met en relief une institution précise, la propriété, prévalant dans une société donnée, la France du XVIIIe siècle. Notre propos est de cerner les exigences de la distribution vivrière auxquelles doit se conformer une société sans, pour l'instant, faire référence à une institution particulière. Davantage que le problème de la circulation, ce sont les contraintes et les effets de seuil qui retiennent notre attention.

Nous avons répertorié quatre servitudes fondamentales. La récolte doit couvrir en premier lieu les besoins énergétiques de l'agriculteur. Elle doit satisfaire ensuite les besoins de la famille à charge — celle qui ne peut plus, ou pas encore, participer aux travaux agricoles. Cette récolte doit être également suffisante pour répondre aux besoins nutritifs de la fraction de la population qui s'adonne à d'autres activités que l'agriculture. Enfin, elle doit prévenir les besoins permanents de la communauté pour lui assurer des secours et la pérennité en cas de crise vivrière. C'est en constituant des stockages préventifs que l'on répondra à ce besoin « sociétal ».

A - Les besoins énergétiques de l'agriculteur

Le rendement énergétique de l'agriculteur est fondé sur le rapport travail/nourriture. Cette relation est essentielle dans les types de production faisant peu appel à la machine. L'énergie musculaire est à la base de ce type d'agriculture. Plus l'actif agricole fournit des efforts productifs, plus sont importantes les superficies cultivées et la production, mais, plus il aura besoin de s'alimenter afin de maintenir son métabolisme. Inversement, on ne pourra produire davantage parce que mal nourri, ni améliorer son alimentation par suite d'une production insuffisante. Autrement dit, nous voyons apparaître les éléments d'un cercle vicieux de pauvreté à la manière de Ragnar Nurkse (3). Les exigences de cette relation entre le niveau nutritionnel et le travail fourni ont été redécouvertes plus récemment par les entrepreneurs. René Rondière cite, à cet égard, le cas d'une cimenterie qui accusait dans une ville du tiers monde « une production ridicule et des résultats démoralisants ». Après enquête, il fut décidé d'instaurer l'obligation pour tous, de manger dans la cantine de l'entreprise. On observa deux mois plus tard, un changement si important dans le comportement des ouvriers que l'usine était devenue une entreprise rentable (4) !...

Les nutritionnistes, à la suite des travaux de Michel Cépède et Maurice Lengellé, ont distingué à cet effet « la ration d'entretien d'une ration de production » (5). Cette dernière s'ajuste en définitive, à la stratégie de production de l'agriculteur selon qu'il déploie des activités limitées ou un travail intensif. « L'insuffisance quantitative de l'alimentation et l'adaptation obligatoire de l'organisme placé en permanence dans cette situation fournissent l'explication de la fameuse paresse des populations des régions équatoriales » explique Josué de Castro. « Elle joue le rôle du signal d'alarme d'une chaudière qui diminue l'intensité de son foyer ou même s'arrête automatiquement quand le combustible vient à manquer. »(6) Cette relation du rendement énergétique du cultivateur n'est bien sûr opérationnelle qu'à l'intérieur de certaines limites : la capacité de l'estomac n'est pas indéfiniment extensible. Au-delà de 4 000 calories, toute nouvelle augmentation de l'alimentation occasionnerait un accroissement de travail des plus minimes (7). Le serait-il davantage, les impératifs du calendrier agricole ne permettraient pas à ce paysan d'accroître sans limite, les superficies cultivées. Certaines opérations devant être conduites entre des dates précises, le budget temps en réduirait la possibilité.

Les moyennes nationales de 1985 qui apparaissent sur les tables de la Banque mondiale font ressortir les consommations extrêmes de 1 504 calories pour le Tchad et de 3 881 pour l'Irlande. Autrement dit, l'écart moyen serait de 1 à 2,5 (8). Les données publiées par la FAO en 1946, faisaient apparaître un rapport de 1 à 1,7 entre les populations les moins et les plus nourries qui étaient à l'époque la Corée et la Nouvelle-Zélande (9). Les écarts alimentaires se seraient donc amplifiés à l'image des décalages économiques. Cette différence serait accrue si l'on considérait les calories directement consommées sous forme végétale, ou indirectement, sous forme de viande. On admet que la production d'une calorie animale nécessite la combustion de 7 calories végétales. Cette considération relève le rapport des consommations agricoles directes ou indirectes dans des proportions de 1 à 4 pour 1946. Les indications obtenues pour les années soixante-dix montrent que cet écart ne s'est pas réduit. L'Américain aurait utilisé directement ou indirectement 10 000 calories végétales lorsque l'Indien en consommait 2 300 (10).

Cette approche sous l'angle exclusif du régime calorique simplifie en fait les exigences alimentaires de l'organisme humain. Son équilibre vital dépend de l'existence en quantité suffisante de cinq constituants essentiels, à savoir : l'eau, les protéines, les lipides, les sels minéraux et les glucides. L'équilibre qualitatif doit se combiner aux impératifs quantitatifs. Mais cette observation ne remet pas en cause la liaison énergétique précédemment établie. Par contre, les études menées par Josué de Castro attestent une diminution du métabolisme de base en zone tropicale. Celle-ci serait due à l'effet du climat sous l'action conjugée de deux facteurs : la température et l'humidité relative à l'air. Le métabolisme est plus bas sous les climats chauds et humides ce qui constitue un avantage pour les pays tropicaux. La diminution des combustions internes de l'organisme humain représente un processus d'adaptation fonctionnelle étant donné les difficultés que le milieu oppose aux pertes de chaleur. Cette réduction du niveau d'équilibre représente dans la région amazonienne 20 % du total standard des calories nécessaires à l'homme en général (11). Ces données réduiraient quelque peu la gravité des écarts précédemment constatés mais laissent peser néanmoins un déséquilibre.

B - Les besoins vivriers de la famille

La production agricole peut donner lieu à un calcul du rendement social énergétique. Celui-ci dépend de la proportion des inactifs dans la société considérée. Plus la population active agricole est en mesure de nourrir un nombre important d'inactifs, plus le rendement social est élevé. Il est donc en étroite relation avec la productivité par tête des agriculteurs. Ce rapport transparaît dans la structure familiale, c'est-à-dire d'une façon globale, avec la pyramide des âges. Plus la population est jeune ou plus le nombre de vieux est grand, plus la charge nutritive reposant sur les paysans, est lourde.

Si les besoins de l'actif agricole varient selon la quantité de travail, ceux de la population inactive diffèrent selon l'âge, le sexe ou la situation de la femme enceinte, allaitante ou non (12). (Cf. tableau I) Les ressources vivrières dégagées par l'agriculteur déterminent les possibilités concrètes de l'entretien d'une famille plus ou moins nombreuse et conditionnent la survie des enfants dès le plus jeune âge. Si les apports caloriques complémentaires sont impossibles pour la femme qui porte ou nourrit un enfant, le taux de mortalité infantile dépassera les 50 % et la croissance démographique sera rendue extrêmement difficile. Les difficultés liées au sevrage posent également avec acuité le problème de la malnutrition pour déboucher sur le marasme nutritionnel, le kwashiorkor et le pellagre. Par ses implications sur les chances de survie des nouvelles générations, le rendement social énergétique détermine directement le potentiel de l'expansion démographique.

Tableau 1 — La table des coefficients caloriques

Ages	Hommes	Femmes	Ages	Hommes	Femmes*
0 - 1 an	Allaitement		16 à 19 ans	1,12	0,75
1 à 2 ans	0,20	0,20	20 à 27 ans	1,00	0,72
2 à 3 ans	0,41	0,40	30 à 39 ans	0,97	0,63
4 à 6 ans	0,53	0,52	40 à 49 ans	0,94	0,67
7 à 9 ans	0,66	0,66	50 à 59 ans	0,86	0,62
10 à 12 ans	0,78	0,78	60 à 69 ans	0,80	0,57
13 à 15 ans	0,97	0,91	70 et plus	0,69	0,50

* Femmes enceintes ou allaitantes : besoins supérieurs de 8 % à ceux de leur classe d'âge.

Tableau 2
La table des capacités caloriques des produits

Produits	Calories/kg	Produits	Calories/kg
Mil-Sorgho	3120	Autres légumes	300
Riz décortiqué	3590	Fruits	400
Maïs	2630	Condiments	300
Fonio	3100	Beurre de	2840
Pain-biscuits	2560	Huile coton ou autre	8840
Manioc	1130	Sucre	3870
Patate	970	Poisson frais	690
Igname	1010	Poisson séché	2820
Arachide coque	3880	Volaille	1220
Lait concentré	1700	Oeufs	1440
Lait frais	700		

C - Les besoins d'entretien des autres actifs

A partir du moment où une communauté d'individus cherche à vivre ensemble, un minimum de division du travail s'impose. Des actifs se retirent du domaine agricole pour s'adonner à d'autres activités. Les archétypes de cette division du travail apparaissent avec le chef qui coordonne le groupe et organise la justice, la défense et la répartition des récoltes ; avec le féticheur ou le grand prêtre qui cherche à concilier les faveurs des forces célestes ou telluriques, à l'avantage du clan, pour une nature généreuse et des récoltes abondantes (les anthropologues parleront en cette occasion de l'intercession des dieux céréaliers) ; enfin avec le forgeron qui complète cette trilogie en fabriquant armes et instruments aratoires. Or chacun d'entre eux ne participe plus aux travaux champêtres. Il convient de les nourrir en distrayant une fraction de la récolte à leur profit en échange des services qu'ils rendent à la collectivité. Sous forme de contribution pour le chef, d'offrande pour le féticheur ou de troc pour le forgeron, les ressources vivrières indispensables leur seront assurées.

Au fur et à mesure que la société devient plus complexe, elle doit retirer de l'agriculture une fraction plus importante de sa population. Cette évolution implique le développement d'excédents agricoles. Au-delà des besoins énergétiques du cultivateur et de sa famille, il faut faire apparaître un « surplus » qui pourra être affecté à ces couches sociales. Ce préalable est indispensable dans la mesure où les possibilités de ravitaillement par la cession volontaire des ressources d'une autre communauté, sont extrêmement limitées. Les excédents réduits, les faibles capacités de transport et leur grande lenteur rendront ce recours très marginal jusqu'au XIXe siècle. Dans ces conditions c'est parce qu'une société réussit à dégager un surplus qu'elle parvient à inscrire les marques de son rayonnement. Comment envisager les pyramides des Egyptiens, la Grande Muraille de Chine ou les prestigieuses cathédrales gothiques sans une couverture vivrière préalable pour ceux que l'on avait assignés à ces travaux ?

La fraction de la population active retirée de l'agriculture illustre les possibilités de division du travail. Celle-ci est affectée au service de la puissance et de la gloire du Prince ou à l'extension des besoins de la population. Mais la question vivrière demeure le verrouillage de la diversification des tâches et de la structuration sociale. Si l'on se réfère aux études de Paul Bairoch, il apparaît que cette population non agricole n'a jamais excédé les 20 % de l'ensemble de la communauté dans les sociétés prénewtoniennes (13).

D - Le besoin sociétal de pérennité

Les trois éléments précédents impliquaient directement la répartition démographique dans une société donnée. La nouvelle exigence que nous abordons maintenant, relève de l'impératif inhérent à toute société, celui de se pérenniser. Nous parlerons de besoin « sociétal » pour valoriser, comme Edmond Marquès, le caractère global (14). L'analyse des facteurs de production agricole a souligné précédemment l'impact des variations climatiques pour les récoltes. Le stockage apparut comme un moyen adéquat pour conjurer les aléas du sort qui pouvaient réduire un peuple à la famine et à sa disparition.

Lorsque l'on parle de stockage, on regroupe, en fait sous cette même nomenclature, des fonctions très distinctes qui sont au nombre de trois. Le premier rôle du stockage consiste à conserver des semences pour amorcer la prochaine campagne agricole. C'est ce que François Quesnay fait ressortir par la différence entre le produit brut et le produit net. La seconde fonction du stockage vivrier est de réaliser un lien temporel entre une récolte ponctuelle et une consommation continue. C'est à cet aspect dont il est fait plus généralement référence. Mais il existe un troisième objectif. Il vise à jouer le rôle de régulateur cyclique dans le cas où les récoltes d'une ou plusieurs années seraient insuffisantes. Les déficits devraient alors être comblés par des réserves préalablement constituées.

Dans le cadre de cette analyse, c'est cette troisième fonction qui retient notre intérêt. Elle joue le rôle d'assurance pour la survie de l'ensemble de la société faute de quoi, la démographie est en péril, la division du travail est menacée, la survie des agriculteurs est exposée. Cette sécurité nutritive n'est pas négligeable puisque nous avons déjà noté que l'amplitude moyenne dans des régions entières sises en zones tempérées, pouvait atteindre 25 % de la récolte. Tant qu'une société n'a pas atteint un niveau de productivité suffisant pour couvrir ses ambitions démographiques, sa répartition sociale et sa sécurité, elle reste à la merci d'une disette ou d'une famine susceptible de remettre en cause son système social. La maîtrise des incertitudes du futur exige donc, une stérilisation d'une part importante des récoltes. Outre les problèmes de conservation qu'il ne faut pas négliger, le stockage soulève des difficultés d'arbitrage avec d'autres objectifs que le pouvoir serait tenté de maximiser dans l'immédiat. Dans ces conditions, ces sociétés sont incitées à y substituer un recours polémologique, espérant que la prédation guerrière compensera les carences de la prévoyance.

Au détour de cette répartition de la production vivrière, nous voyons surgir des notions capitales sous-jacentes à son optimisation : la place du travail dans la société, le choix d'une dynamique démographique, l'éventail des besoins à satisfaire ou des objectifs de puissance à réaliser, la détermination d'une politique de prudence ou de rapine. Leur combinaison constitue les bases d'une organisation sociale capable de se traduire en véritable principe de civilisation.

4. L'approche cybernétique du phénomène vivrier

Après avoir décrit les caractéristiques de la production agricole et les modalités de sa ventilation dans les structures sociales, il devient pertinent d'analyser comment ces divers éléments s'insèrent dans un même système. L'approche systémique s'est développée depuis les années cinquante à la suite des travaux du biologiste Ludwig Von Bertalanffy (1) et de l'ingénieur Jay Forrester (2). Elle a reçu une large audience depuis la publication du rapport du MIT réalisé par l'équipe de Dennis Meadows, à la demande du Club de Rome (3). Le principe d'analyse a l'avantage d'offrir une vision globale des diverses interactions possibles entre un ensemble d'éléments. Nous en reprendrons la méthode pour établir les bases de fonctionnement de l'économie vivrière. Nous chercherons à découvrir les liaisons et les boucles de rétroaction susceptibles d'infléchir, de dérégler ou de transformer le système. Ceci conduira à la mise en évidence de l'éventail des choix qui s'offrent à toute société pour résoudre cette inévitable question alimentaire. Les arbitrages déterminent une stratégie sous contraintes qu'il s'agit de faire apparaître. L'équilibre vivrier constitue la pierre angulaire de l'édification et de la consolidation d'une civilisation.

A - Les éléments du système

Nous avons obtenu jusqu'ici deux sous-ensembles centrés sur les facteur de production (travail, capital, nature) et les composantes du corps social (actifs agricoles, non-actifs et autres actifs). Il existe, entre ces deux séries, des liens qu'il s'agit d'inventorier.

En tout premier lieu, le potentiel démographique est directement dépendant de la capacité vivrière. Cette relation globale fixe un niveau de population d'autant plus élevé que la production vivrière est importante.

Mais il existe un deuxième type de liaison. En effet, si la totalité de la communauté doit impérativement se nourrir, seule une partie d'entre elle concourt à son alimentation. Les agriculteurs ont, à l'image de Janus, deux visages. Par leur travail, ils sont un facteur de production. En tant que fraction démographique, ils sont des consommateurs. Ils apparaissent donc, simultanément comme agent et produit du milieu. (cf. Fig. V)

Fig. V - Système de l'équilibre vivrier

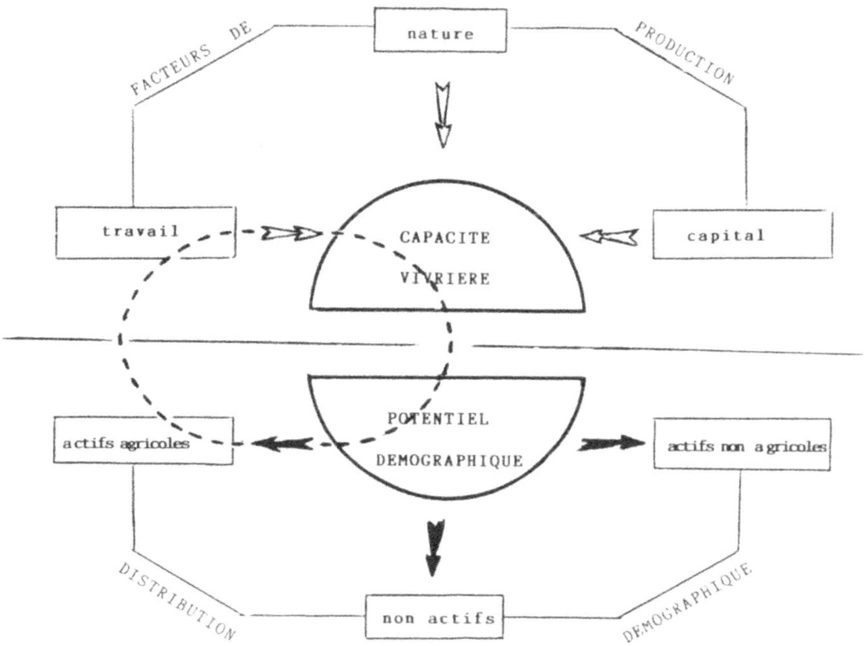

Cela détermine des contraintes dans la répartition démographique.

Il y a, en effet, à la base de l'équilibre vivrier une double règle. 1) Il est nécessaire que le niveau de population soit conforme à la capacité vivrière. 2) Il faut que la population agricole soit suffisante pour satisfaire les exigences de ladite production, en référence aux normes techniques du moment. Mais ce système recèle les bases d'une certaine instabilité puisque les non-actifs entraînent une croissance démographique plus ou moins forte. Le système ne se reproduit pas spontanément à l'identique comme dans le cadre du tableau économique des physiocrates. Cette perturbation pose l'existence de boucles de rétroaction en mesure de réguler ou de bloquer le fonctionnement de relations équilibrées.

B - Les boucles de rétroaction

Joël de Rosnay explique que les rétroactions peuvent être de deux types : positives, elles ont pour effet d'accroître les divergences ; négatives, elles ramènent le système vers un point d'équilibre (4). Que se passe-t-il dans le système de l'économie vivrière lorsque la dynamique démographique crée une tension entre la capacité nutritive et les besoins de la population ?

On peut distinguer deux situations. En premier lieu, nous évoquerons l'hypothèse qui s'inscrit dans le cadre des énoncés ricardo-malthusiens (5) (6). Le gonflement de la population provoque la mise en culture de sols de moins en moins fertiles. L'implication du facteur nature entraîne la réduction de la productivité marginale. Le développement des ressources vivrières est de plus en plus faible, au fur et à mesure que se démultiplient les cultivateurs. Les possibilités de croissance démographique et de diversification sociale se restreignent. La production vivrière tend vers un plafonnement. Toute poursuite de la croissance démographique ne peut déboucher que sur la famine et l'élimination des populations excédentaires. Une densité excessive va même accélérer le processus par une dégradation des conditions naturelles avec une surexploitation des sols. Nous avons dans cette analyse, le mécanisme d'une boucle de rétroaction négative qui tend à ramener, par la ponction démographique, le système à un certain niveau d'équilibre. (Cf. Fig. VI)

Fig. VI - Les boucles de rétroaction

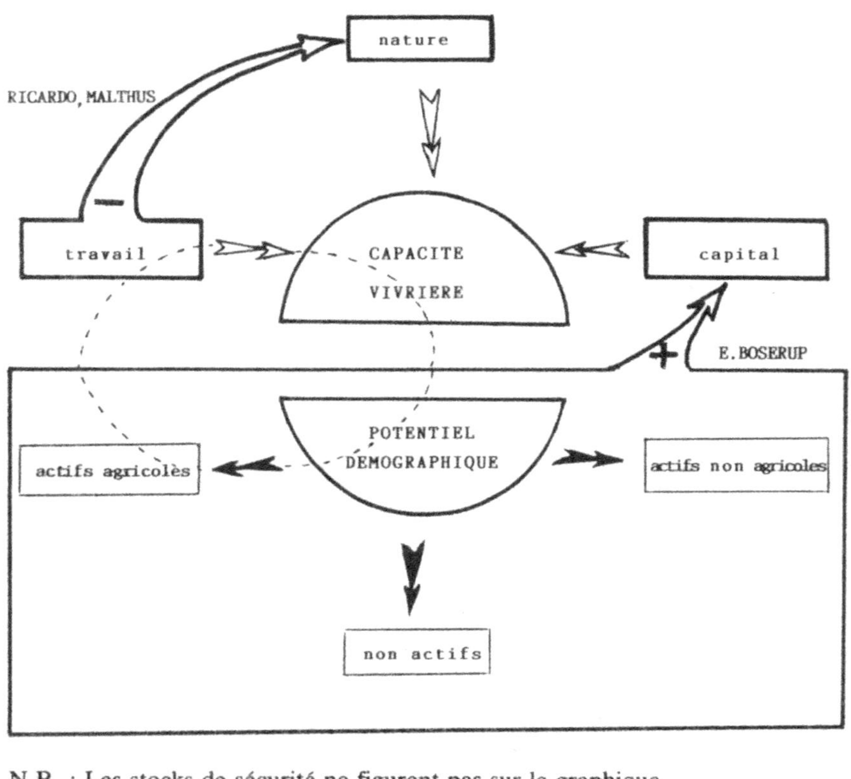

N.B. : Les stocks de sécurité ne figurent pas sur le graphique.

La deuxième hypothèse se place dans les perspectives dégagées par l'économiste danoise Ester Boserup (7). L'idée développée par cet auteur tend à montrer que la pression démographique sur les ressources vivrières est en mesure de susciter une amélioration de la productivité agricole. Elle a pour effet de provoquer une modification des techniques agricoles et débouche sur une amélioration de l'outillage. Cette rétroaction positive ne stabilise plus le système mais lui permet, au contraire, d'accéder à de nouvelles dimensions. Bien que cette thèse soit pertinente, puisqu'elle est en mesure d'expliquer la genèse des progrès techniques agricoles, il faut convenir que les dix mille ans d'histoire des sociétés agraires révèlent parcimonieusement ce phénomène. Rare et exceptionnelle, l'innovation a pris davantage un caractère « transcendantal » pour parler comme Schumpeter que systématique...

On observe que ce modèle ne fait pas intervenir de liaisons extérieures susceptibles de procurer des compléments importants de ressources vivrières. Cette impasse volontaire reste dans le cadre des sociétés pré-industrielles dont les possibilités de transferts commerciaux de produits céréaliers sont réduites à la portion congrue. Nous y reviendrons ultérieurement.

L'absence de boucles positives régulières capables de transformer le système et les échéances inévitables des rétroactions nécessitent de composer avec un certain nombre de contraintes, pour éviter que la société ne s'enlise dans des tensions permanentes entre capacités nutritives et besoins démographiques.

C - Les arbitrages sous contraintes

Obéir aux règles de l'équilibre vivrier, ce n'est pas seulement résoudre un ajustement calorique entre des besoins et des satisfactions, c'est aussi se positionner vis-à-vis d'une série de questions fondamentales pour assurer une certaine stabilité.

— L'énergie appelle le travail. Le niveau d'activité du cultivateur traduit la place du travail dans le système de valeurs de la société. L'arbitrage entre l'indolence et l'activité productive correspond à un choix de société mais implique également la consommation vivrière. Les sociétés industrielles ont porté le travail comme l'expression cardinale d'une valeur morale. Peu disposées à imaginer d'autres sociétés où il n'en soit pas ainsi, elles exposent davantage une particularité de leur civilisation qu'une valeur pérenne. L'état des techniques dans les sociétés traditionnelles n'en sera que plus déterminant.

— La croissance démographique menace les équilibres écologiques. Le succès de l'espèce humaine met en péril le milieu qui sape, de ce fait, les assises de son expansion et provoque à terme, son déclin. De telles perspectives n'ont pas manqué de frapper les sociétés passées, même si ces phénomènes n'avaient pas encore le caractère planétaire. Dans ces circonstances, le combat contre la mortalité ne se pose pas nécessairement sur les bases d'une fécondité maximum qui correspond davantage à des clichés d'idées reçues sur les sociétés traditionnelles qu'à des observations appropriées. La maîtrise de la dynamique démographique, et partant de la natalité, devient un souci majeur.

— La division du travail est directement dépendante du surplus dégagé. En fait, nous touchons dans cette approche une double difficulté : l'une concerne la capacité du système à générer ce surplus, l'autre pose les arbitrages de son affectation. La division du travail débouche sur deux grandes options. Elle peut être conçue comme un renforcement des attributions du pouvoir (armée, administration, politique somptuaire et monumentale). Mais elle peut viser le développement des besoins d'une population à satisfaire. Jérémy Bentham en a explicité clairement les données en soulignant l'opposition entre le droit positif légué par la coutume qui confère les prérogatives d'un pouvoir despotique et le bonheur collectif fondé sur un agrégat de bonheurs individuels. L'hédonisme personnel doit traduire un accès toujours plus large à la satisfaction de nouveaux besoins (8). Aspirations des populations en terme de besoins et philosophie du pouvoir se fondent sur les mêmes bases et se concurrencent dans un contexte de surplus limité. Les sociétés traditionnelles privilégieront la puissance au détriment d'une diversification des besoins.

— Les besoins « sociétaux » expriment avec les stocks de précaution, la nécessaire assurance à laquelle doit souscrire toute société qui cherche à se perpétuer. Sa plus ou moins grande prudence met en jeu son existence ou provoque des comportements de substitution pour ravir par l'agression et la rapine les ressources des populations voisines.

Nous pouvons constater que le verrou de la production agricole vivrière soulève des questions capitales qui ne peuvent être durablement transgresser sans s'engager sur une voie suicidaire. Il reviendra aux civilisations de trouver une combinaison optimum de ces éléments que des institutions tenteront de fixer. Les répercussions, plus ou moins directes, sur l'équilibre alimentaire, justifient les exigences des dieux protecteurs céréaliers qui entendaient obtenir des humains un strict ordonnancement de la vie sociale. Effectivement les écarts et les déviations ne pouvaient conduire qu'à la remise en cause des fragiles équilibres vivriers déjà menacés par les caprices du climat.

*
**

Ce modèle d'analyse sera appliqué successivement à trois types de société : sociétés prénewtoniennes, Grande-Bretagne du XVIIIe-XIXe siècle et Afrique noire contemporaine.

— Les sociétés prénewtonniennes, compte tenu d'une faible productivité agricole, ont apporté des réponses adaptées à des moyens restreints pour parvenir à perdurer. Les solutions retenues vont souvent à l'encontre des arbitrages effectués par les sociétés occidentales.

— Les ruptures de la société britannique déclenchées au XVIIIe siècle avec l'espérance de développer le progrès technique et le désir d'expérimenter, durant la vie terrestre, certaines formes de bonheur, renversent l'ordre des propositions antérieures en tentant d'ajuster les moyens au projet de société.

— L'impasse vivrière de l'Afrique noire qui pensait faire l'économie de cette problématique par les retombées du développement industriel, repose aujourd'hui, en termes nouveaux, mais avec acuité, ces questions fondamentales dans un contexte de société troublée, désarticulée et impatiente.

La confrontation des réponses devrait être en mesure d'éclairer quelques aspects du débat contemporain sur le développement et d'approfondir les implications du leitmotiv de l'autosuffisance alimentaire.

NOTES BIBLIOGRAPHIQUES

Chapitre I

Section 1

(1) — MAUSS Marcel, *Essais de sociologie*, coll. Points, 1968, pp. 170-173.

(2) — RIBEIRO Darcy, *Frontières indigènes de la civilisation*, Union Générale d'Edition, coll. 10-18, 1979.

(3) — CIPOLLA Carlo M., *Histoire économique de la population mondiale*, Gallimard, coll. Idées, 1965, p. 98.

(4) — HARRIS Marvin, *Cannibales et monarques*, Flammarion, Nouveaux Horizons, 1979, p. 22.

(5) — CARLES Jules, *Le premier homme*, PUF, coll. « Que sais-je? », 1981.

(6) — BIRABEN Jean-Noël, *Essai sur l'évolution du nombre des hommes*, Population, Janv. Fév. 1979, pp. 13-24.

(7) — SAUVY Alfred, *Eléments de démographie*, PUF, coll. Thémis, 1976, p. 337.

(8) — HARRIS Marvin, *op. cit.*, pp. 23-27.

Section 2

(1) — HARRIS Marvin, *op. cit.*, pp. 30-45.

(2) — SERGERY Etienne, *Histoire de l'Europe, L'Europe a deux mille ans*, Hachette, 1972, p. 14.

(3) — CHAUNU Pierre, *Histoire et décadence*, Perrin, 1981, p. 155.

(4) — BAIROCH Paul, *Le tiers monde dans l'impasse*, Gallimard, coll. Idées, 1971, pp. 20-21.

(5) — KAMARCK Andrew M., *Les tropiques et le développement économique*, Economica, 1976, p. 19.

(6) — GEMÄHLING Paul, *Les grands économistes*, Sirey, 1933, p. 244.

(7) — TURGOT Robert, *Ecrits économiques*, Calmann-Levy, 1970.

RICARDO David, *Principes de l'économie politique et de l'impôt*, Calmann-Levy, 1970, pp. 45-59, chap. II.

MALTHUS Robert, *Principes d'économie politique*, Calmann-Levy, 1970.

MILL John Stuart, *Principes d'économie politique*, Guillaumin, 1873, livre I, chap. XII.

(8) — BRRAUDEL Fernand, *La Méditerranée*, Flammarion, coll. Champs, 1985, p. 29.

(9) — GALBRAITH John Kenneth, *Le temps des incertitudes*, Gallimard, 1978, p. 45.

(10) — SAUVY Alfred, *Théorie générale de la population, Economie et population*, T.I., PUF, 1952, pp. 58-81.

(11) — DUBY Georges, *L'économie rurale et la vie des campagnes dans l'Occident médiéval*, Flammarion, coll. Champ historique, 1977, pp. 176-225.

GIMPEL Jean, *La révolution industrielle au Moyen Age*, Le Seuil, coll. Points Histoire, 1975, pp. 49-78.

(12) — GERNET Jacques, *Le monde chinois*, A. Colin, 1972.

(13) — GEMÄHLING Paul, *op. cit.*, p. 244.

Section 3

(1) — LEVI-STRAUSS Claude, *Anthropologie structurale*, Plon, 1984.

(2) — QUESNAY François, *Tableau économique des physiocrates*, Calmann-Levy, 1969.

(3) — NURKSE Ragnar, *Les problèmes de la formation du capital dans les pays sous-développés*, Cujas, 1968, p. 11.

(4) — RONDIÈRE Pierre, *Rendez-vous 1980*, Payot, PBP n° 126, 1968, pp. 69-70.

(5) — CÉPÈDE Michel et LENGELLÉ Maurice, *Economie alimentaire du globe, Essai d'interprétation*, Médicis, 1953.

(6) — DE CASTRO Josué, *Géographie de la faim*, Seuil, coll. Points, 1972, pp. 50-51.

(7) — MAYER André, *L'état de nutrition des populations du monde et de l'économie mondiale*, Bull. Soc. Science hygiène alimentaire, Paris, 1948.

(8) — Banque mondiale, *Rapport sur le développement dans le Monde 1984*, BM 1984.

(9) — CÉPÈDE Michel et LENGELLÉ Maurice, *L'Economie de l'alimentation*, PUF, coll. « Que sais-je ? », 1954, pp. 105-108.

(10) — BRUN Thierry, *« L'homme système d'énergie »*, in *La crise alimentaire mondiale*, Les dossiers de *Jeune Afrique*, n° 2, janvier-juin 1975.

(11) — DE CASTRO Josué, *op. cit.*, pp. 48-49.

(12) — GAUD Michel, *Les premières expériences de planification en Afrique noire*, Cujas.

(13) — BAIROCH Michel, *Le Tiers Monde dans l'impasse*, Gallimard, coll. Idées, 1971.

(14) — MARQUÈS Edmond, *Le bilan social : l'homme, l'entreprise, la cité*, Dalloz-Gestion, 1978, p. 18.

Section 4

(1) — BERTALANFFY Ludwig Von, *Théorie générale des systèmes*, Dunod, 1978.

(2) — FORRESTER Jay, *World dynamics*, Mit Press Cambridge, 1970.

(3) — MEADOWS Dennis, *Quelles limites ?* Seuil, 1974.

(4) — ROSNAY Joël de, *Le macroscope*, Seuil, coll. Points, 1975, p. 100-101.

(5) — RICARDO David, *Principes de l'économie politique et de l'impôt*, Calmann-Levy, 1970.

(6) — MALTHUS Robert, *Principes d'économie politique*, Calmann-Levy, 1970.

(7) — BOSEPUP Ester, *Evolution agraire et pression démographique*, Flammarion, 1970.

(8) — BENTHAM Jeremy, « Manual of policital Economy » dans *Jeremy Bentham's economic writings*, Ed. par W. Stark, I, Londres, Allen and Unwin, 1952.

SECONDE PARTIE

TROIS PROFILS

CHAPITRE II

LE PROFIL BAS DES ÉQUILIBRES PRÉNEWTONIENS

Les paléontologues ont reconnu, aujourd'hui, différents foyers d'inventions de l'agriculture au Moyen-Orient, en Asie, en Amérique et en Afrique noire. Mais la diffusion de cette technologie se développe à une vitesse extrêmement lente. Il fallut plus de 3 000 ans pour qu'elle parvienne en Egypte et en Europe depuis la Mésopotamie (1) ! L'invention de l'agriculture, en se propageant, bouleverse la vie sociale et ouvre de nouvelles possibilités de peuplement. Pourtant, si cette révolution du Néolithique représente un bond considérable, le plafonnement technologique ne peut éviter de faire des ressources vivrières, le nœud déterminant de l'évolution sociale et démographique.

Bien que pendant près de dix millénaires, l'emprise des dieux céréaliers demeure le recours pour conjurer l'inconstante nature, les sociétés prénewtoniennes, pour reprendre l'expression de W.W. Rostow, tentent de combiner un ensemble cohérent entre le rôle du travail, la dynamique démographique et l'emprise des besoins (2). Les solutions retenues tranchent sur les canons récents de nos sociétés industrielles où « l'économique et le vivant » ont été dissociés (3). Elles font apparaître dans chaque cas, un profil bas qui se traduit par une absence de valeur travail, une faible croissance démographique et une limitation des besoins. L'équilibre bio-économique qui réglemente ces combinaisons, est un impératif hors duquel tout écart a une portée suicidaire. Tout se passe alors, comme si le profil bas apporté aux différentes questions soulevées abaissait le centre de gravité de l'ensemble social pour lui conférer une plus grande stabilité.

1. Une valeur travail minimisée

La place assignée au travail relève d'un ensemble de considérations dont l'équilibre physiologique constitue la pierre angulaire. Au-delà, la valorisation des activités s'oriente vers d'autres fins et abandonne le travail à l'état de non-valeur. Ce constat est à relier au faible niveau technologique qui ne permet l'émergence que d'un surplus réduit, dépourvu d'intérêt pour son créateur. Pourtant l'agrégation d'une multitude de surplus résiduels fournis par une communauté d'agriculteurs présente un intérêt d'une toute autre envergure. Le pouvoir va s'efforcer de l'accaparer pour lui donner une signification qu'il n'a pas au niveau de chaque producteur. La puissance publique ambitionne d'en assurer une gestation permanente pour s'en approprier la dérivation. Pour ce faire, elle associe le travail aux obligations statutaires de certaines catégories sociales et promeut un système politico-religieux qui en facilite la cession à son profit.

A - L'équilibre physiologique

Dans les sociétés prénewtoniennes, la machine s'interpose peu dans le travail du cultivateur. Les outils sont fréquemment rudimentaires. La production agricole dépend, pour l'essentiel, de l'énergie musculaire (4). Or le rendement énergétique de l'actif agricole est en relation étroite avec son alimentation. Il existe, de ce fait, deux modes de régulation du rapport travail-nourriture :

1) régler son alimentation sur son appétit et ses besoins avec des produits riches en protéines et en vitamines. Le corps humain fonctionne alors dans les meilleures conditions de rendement pour un travail maximum ;

2) régler ses dépenses énergétiques — c'est-à-dire son travail — sur les ressources alimentaires absorbées. Ce réflexe physiologique assure par priorité l'entretien du métabolisme de base du cultivateur, et réduit le travail à sa portion congrue.

Ces deux hypothèses proposent une alternative entre un équilibre « haut » fondé sur un ajustement de la nourriture à un travail maximum et un équilibre « bas » orienté vers une activité restreinte mais compatible avec une alimentation limitée.

L'écart entre ces deux régimes alimentaires est-il important ? La réponse est positive. Alors que le régime moyen normal paraît s'établir au niveau de 2 500 calories, l'homme adulte ayant une activité modérée se contente de 1 600 calories par jour, témoigne Colin Clark (5). Dans une autre étude, Jean Trémolières expose que les besoins énergétiques varient selon une amplitude de 1 à 3 (6).

La modulation du travail issue du régime alimentaire n'est pas négligeable non plus, si l'on se réfère à une publication de l'université du Minnesota citée par Pierre Rondière : au terme d'une expérience menée par trente-deux volontaires des Etats-Unis consistant à vivre pendant six mois avec une ration de « pays sous-développés », leur force musculaire avait diminué de 30 % et la précision de leurs mouvements de 15 à 20 %. La tendance des comportements est alors, d'éviter les efforts prolongés qui ébranleraient un équilibre aussi précaire... (7)

En fait, on observe que la solution d'un équilibre bas prévaut dans la plupart des sociétés agricoles avec une alimentation réduite et une capacité de production limitée. Plusieurs justifications s'y rapportent : prélèvements maximisés du pouvoir central dont les membres ont d'ailleurs un régime alimentaire supérieur à celui des producteurs agricoles, restriction sur la nutrition des esclaves, valorisation des activités non productives afférentes au clan, à la cité ou au ciel, répercussion d'une certaine densité démographique qui exprime la proposition de Chayanov : plus grande est la capacité relative du travail de la communauté, moins ses membres individuels travaillent effectivement... (8).

B - La non-valeur travail

La faible productivité du travail a un corollaire : la non-valeur travail. Jacques Ellul nous rappelle que les sociétés traditionnelles ne connaissent pas l'idéologie du travail portée au pinacle par le monde industriel (9). En fait, non seulement le travail est relégué au dernier rang de l'univers ordinal, mais l'absence d'un étalonnage du temps le prive de toute mesure capable d'apprécier sa productivité. Ce sont donc les activités non liées au travail qui vont se charger d'une valeur positive.

a) Le travail apparaît d'abord comme une damnation. L'étude sémantique du mot est déjà révélatrice. Travail vient du latin « tripalium », instrument de torture composé de trois pieux auquel le patient est attaché. Autant dire que le travail évoque la souffrance. Cette allusion est corroborée par diverses conceptions philosophiques et théologiques.

Lorsque l'antiquité grecque aborde ce thème, l'enseignement de Socrate, les conceptions idéalistes de Platon, les prolongements de son élève Aristote convergent pour tracer les grandes lignes d'une société nouvelle où l'homme, pour s'élever, doit s'affranchir à l'égard des sujétions que provoquent l'activité matérielle et la recherche de la richesse. Libéré de cet asservissement, l'individu peut se consacrer à la culture de l'esprit et à la politique. Il s'élève en devenant le serviteur de la Cité (10).

Plus tard, les conceptions médiévales de l'Occident chrétien assimilent le travail à une malédiction. Le travail, c'est la peine du péché, un frein à la concupiscence. « Le travail au Moyen Age, souligne André Philip, n'est jamais une fin, ni une valeur en soi. Il n'est pas non plus un moyen de s'enrichir. La poursuite de la richesse est repoussée et condamnée (11). » Lorsque Bernard de Clairvaux classe la population selon les échelons de mérites croissants, les moines occupent sur l'échelle sociale, la marche la plus élevée, car ils prient et se préparent à la vie éternelle. Les producteurs se placent au dernier rang après les chevaliers (12). Même le médiéviste soviétique Aaron Gourevitch convient de cette minimisation du travail dans la hiérarchie des valeurs au cours de cette période lorsqu'il aborde « les catégories de la culture médiévale » (13).

Confiné dans une ardente obligation vivrière, assumé comme une expiation, le travail ne peut pas, de toute façon, exprimer une réelle valeur économique en l'absence d'un étalonnage rigoureux du temps.

b) Le temps est, en effet, privé de mesure. Il est d'abord perçu au travers du rythme de la nature. Il s'impose aux hommes par le renouvellement des saisons et le mouvement du soleil qui partage chaque journée entre les lumières et les ténèbres. « La première mesure du temps, écrit Jacques Attali, dans son *Histoire du Temps*, est certainement liée à la nécessité de prévoir l'apparition de la pluie et du soleil, pour suivre et contrôler le renouvellement des réserves alimentaires, pour organiser la continuité des moyens de survie de la communauté (14). » C'est dans ces circonstances d'ailleurs que les dieux céréaliers apparaissent simultanément comme les dieux du temps !

Le temps dont il est question, ne répond pas, aux normes du monde moderne. Il est perçu comme un écoulement révélé par le vieillissement des êtres et le dépérissement des choses et comme une régénerescence ressentie avec le renouvellement du cycle de la nature. Il n'y a aucun vécu d'un temps éthéré, médiatisé par une horloge égrenant des heures équinoxiales d'égales durées. Le temps ne représente pas une succession de séquences stables mais une référence à des activités. Les observations conduites par Evans Pritchard à propos du peuple nuer, illustrent parfaitement cet aspect. C'est le caractère logique du déroulement des activités pastorales qui sert de référence chronologique aux événements. Les activités se déroulent sans vitesse, sans lenteur : le temps n'est pas quelque chose que l'on peut perdre ou gagner (15). Cette démarche qui consiste à se référer à l'acte pour capter un repère temporel procède d'une attitude exactement inverse aux exigences de la productivité. En effet dans ce dernier cas, c'est l'activité qui doit s'insérer dans un temps abstrait prédéterminé.

Cette approche productiviste du temps reste inintelligible aux sociétés prénewtoniennes. Lorsqu'au Moyen Age des mesures plus abstraites sont mises au point à l'aide de sabliers et de cierges, elles sont utilisées à des fins religieuses pour l'application plus rigoureuse de la règle monastique de Saint-Benoît qui fixe à sept le nombre des louanges quotidiennes au Seigneur. Dans ce cadre, le rythme d'un temps abstrait devient une référence pour partager des activités. Mais plutôt qu'une tentative de valorisation ou de gain de temps pour telle ou telle tâche, la mesure du temps va permettre d'ériger la vie monacale en un mouvement perpétuel respectueux des règles canoniques. Elle devient le gage d'une paix intérieure qui ne peut être distraite ou troublée par les aléas de la vie séculière. L'application de cette ébauche d'horloge au monde du travail pour en mesurer les rendements, reste étrangère aux mœurs du temps. La journée d'un ouvrier continue à se définir entre l'aube et le crépuscule, ce qui entraîne une variation du temps réel de huit heures trois quarts en hiver à douze heures et demie en été (16).

La Chine de Su Song a inventé dès le XIe siècle, l'horloge. Mais la maîtrise du temps est l'apanage des dieux. Par cette connaissance l'Empereur peut réellement s'identifier à un Fils du Ciel et il garde jalousement au fond de son palais le secret de son pouvoir. Hélas ! le précieux mécanisme s'égare à l'occasion des bouleversements dynastiques. Les Chinois perdent de ce fait l'avenir d'une précieuse invention que l'Europe n'effectuera qu'au XIVe siècle, avec Wallingford en Angleterre et De Donde en Italie, et que la Chine redécouvrira, plus tard, avec les Jésuites (17) !

Avec l'horloge, on mesure le temps, on le compte, on le rationne. Mais avec elle, l'Eternité cesse progressivement d'être la mesure ou le point de convergence des actions humaines (18). Cette atteinte au rythme immanent est fort bien ressentie par les chrétiens orthodoxes qui refusent d'installer des horloges sur les clochers de leurs églises. Cet acte aurait paru blasphématoire et incompatible avec l'Eternité...

Il faudra, en fait, attendre près de quatre siècles pour voir tout le parti à tirer de cette précieuse mécanique, « maillon capital de l'ère industrielle » comme l'affirme encore Lewis Mumford.

c) Le travail n'entre donc pas dans les catégories des systèmes de valeurs prénewtoniens. Valeur marginalisée, il apparaît essentiellement sous la forme d'une contrainte pénible et le plus souvent inévitable. Le travail est alors une entrave à la liberté. « La liberté... c'est quand on n'est pas obligé de travailler » songe l'esclave du camp de Spartacus (19). Voici une considération bien lointaine des approches occidentales contemporaines où le travail est présenté comme une véritable libération. N'évoquons, à cet égard, que certains manifestes des mouvements féministes des années « soixante » (20) !...

L'attention et la minutie se portent vers d'autres activités qui mettent en jeu l'obtention de la vie éternelle. Le temps social et ses prolongements communautaires ou religieux cristallisent l'échelle des véritables valeurs. Mais ce comportement axé sur la sanction du Jugement dernier fait dire à l'économiste que l'individu maximise mieux son intérêt, qu'il ne l'aurait fait avec des préoccupations matérielles dont la satisfaction est, en regard, très fugitive et surtout très aléatoire.

Cet intérêt pour un temps autre que celui consacré au travail, apparaît encore avec l'indolence. Malthus qui a consacré à ce thème plusieurs développements, a remarqué cette préférence pour le luxe de l'oisiveté à celui des objets qui embellissent la vie (21). Près de deux siècles plus tard, les observations de Jacques Austruy reprennent comme un écho « dès que la satisfaction des besoins élémentaires tels qu'ils sont ressentis à partir des structures de consommation traditionnelle, est permise, le loisir devient l'objectif prioritaire » (22). Ce comportement a l'avantage de garantir plus aisément l'équilibre physiologique à partir d'une dépense d'énergie limitée. L'analyse des valeurs médiévales apporte une touche complémentaire puisque parmi les péchés capitaux, la paresse occupe le dernier rang et intéresse peu les sermons dominicaux faute de valeur travail tandis que l'envie et la gourmandise ont les toutes premières places (23)... Ici encore, l'abstinence l'emporte sur la maximisation des fonctions productives et l'interdit souligne une fonction vivrière fragile.

C - Les rendements, le surplus et le pouvoir

L'analyse du facteur travail montre, par sa productivité, qu'il n'est guère susceptible de développer d'importants surplus agricoles. Au niveau de chaque producteur, les excédents vivriers disponibles apparaissent tout à fait résiduels. Pourtant l'importance sociale de ce reliquat dans la stratégie du pouvoir est considérable. Cette contradiction apparente nécessite quelques éclaircissements. (Cf. Fig. VII) :

Fig. VII - La logique d'un surplus résiduel faible

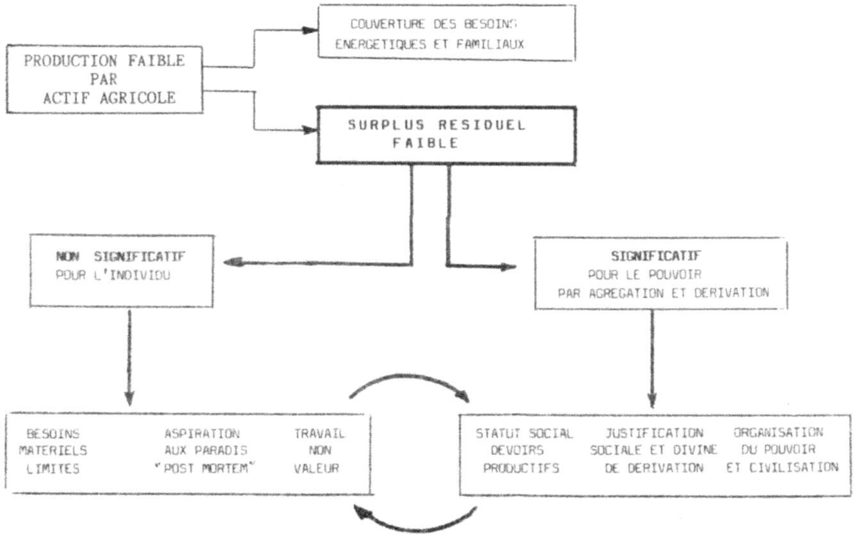

— Le surplus par actif agricole est trop faible pour susciter un véritable intérêt pour son instigateur. Trop limité, il est quasiment intransformable, donc inutile. Le système idéologique issu des valeurs sociales, mythiques ou religieuses écarte de sucroît l'intérêt du développement des besoins matériels. Dans ce contexte, le surplus créé manque de significations pour les individus. Si 15 à 20 % de production constitue le surplus, cela peut apparaître comme un surplus non négligeable. Mais ce pourcentage se réfère à une ressource dont le montant absolu est lui-même minime. Cette part résiduelle partagée entre les membres du groupe familial aurait peu de chance d'assurer une réelle amélioration du niveau de vie. Aujourd'hui on peut admettre que le surplus des pays industrialisés représente 20 à 50 fois les ressources nécessaires à la couverture de leurs besoins alimentaires.

— Les surplus agrégés des actifs agricoles acquièrent, par contre, une forte signification au niveau du pouvoir central. Inconsistant et incertain au niveau individuel, le surplus prend une masse critique et de nouvelles caractéristiques par agrégation. Les lois statistiques du nombre le rendent plus stable. Son importance constitue une réelle occasion susceptible d'être transformée en l'affectant à l'entretien d'une structure administrative et militaire ou à l'édification d'une œuvre monumentale à vocation civile ou religieuse. Il reste à en justifier la dérivation. Plus le surplus vivrier dérivé est important, plus le pouvoir mobilise serviteurs, soldats, ouvriers.

Le professeur Jacques Austruy a développé dans *Le Prince et le Patron*, cette identification du surplus et du pouvoir animé par la volonté de puissance (24). Cette dialectique du pouvoir polarise les sociétés traditionnelles, car comme le souligne l'anthropologue américain Richard Posner, dans une société où la variété des biens de consommation disponibles est réduite, les affectations essentielles de cette richesse restent l'accumulation du pouvoir politique (25). Mais l'accaparement du surplus ne s'avère efficace qu'au terme de deux stratégies :

1) Le mode archaïque est explicité par l'auto-exploitation du « Big man » de Marshall Sahlins (26). L'effort productif auquel un individu — le Big man — consent et contraint ses proches familiaux doit aboutir à manifester auprès de sa communauté une prodigalité sans défaillance qui puisse le faire reconnaître comme le chef. L'expérience contée par Levi-Strauss, à propos d'un de ses périples chez les Nambikwara du Brésil central illustre parfaitement cette hypothèse. Le premier et le principal instrument du pouvoir se manifeste par la générosité du « leader ». Mais pour l'assumer, il doit développer adresse et ingéniosité, un dynamisme qui contraste avec la passivité de la bande lors des difficultés de l'expédition (27).

2) Le mode classique se caractérise par une dérivation des surplus de la communauté au profit du pouvoir central. Il révèle une inversion complète du schéma précédent qui contraint le chef à dégager un surplus pour le redistribuer au groupe. Désormais, le

chef fait état de son rôle et des services qu'il rend à la communauté en l'organisant et en la guidant, pour justifier un prélèvement auprès de tous. Il tente, pour affirmer ce droit, de frapper les imaginations en présentant avec éclat et ostentation un pouvoir apparenté aux dieux. Il entretient une armée puissante qui stabilise sa puissance et impressionne les récalcitrants. Enfin, il fait édifier des œuvres colossales, des palais et des tombeaux qui constituent les marques les moins périssables de la civilisation en gestation.

Le temple de Borobodur en Indonésie, le plus grand monument bouddhique du monde, offre une illustration intéressante. On a estimé que 30 000 sculpteurs et travailleurs de pierre et 15 000 carriers et des milliers de maçons ont travaillé de 20 à 75 ans pour construire cet édifice. A cette époque, la population du centre de Java comptait moins d'un million d'habitants. Cela représente une participation de, peut-être, 10 % de la force de travail pour cette seule production. « Est-ce la fin spirituelle ou la force spirituelle cohercitive qui a mené tant de travailleurs à créer ce bâtiment de pierre ? » Ce qui est clair, c'est que le gouvernement des Sailendra a été capable de prélever du riz sur les uns et du travail sur les autres. Le moyen le plus durable était de convaincre les cultivateurs que leur meilleur intérêt était de donner une part de la production aux dieux. Le monument de Borobodur venait incarner et renforcer une foi qui avait précisément permis la création du temple (28) !...

Ce degré de complexité n'est obtenu que lorsque le pouvoir central est en mesure d'assurer d'une part, la régularité du travail agricole d'une multitude d'individus, et d'autre part, une dérivation institutionnelle du surplus. Or l'absence de valeur travail constitue plutôt un handicap au maintien d'une force productive efficiente. Il semble alors, que la définition de statuts sociaux liant diverses catégories sociales en droits et devoirs soit une solution pertinente au problème posé.

D - Le travail associé à un statut

Ce n'est qu'au XXe siècle que le travail en tant que marchandise négociable selon les lois du marché devient une règle générale. Il apparaît dans l'analyse de Marx comme une aliénation grave de l'individu à la société capitaliste, mais n'oublions pas que dans un premier temps la possibilité de négocier son travail et de choisir son métier correspond à la conquête d'une nouvelle liberté. Antérieurement, la naissance rivait les individus à leur avenir. Le travail salarié n'était pas inconnu pour autant, mais il représentait une organisation marginale et dépréciée. On retrouve cette désapprobation, par exemple, chez Aristote, qui condamnait la vente de son travail contre de l'argent (29).

La définition d'un statut paraît donner une organisation en mesure de résoudre deux types de problèmes : 1) faire assurer la production d'un excédent ; 2) en permettre la dérivation au profit du pouvoir central. Effectivement, si l'on reprend la classification de Jean Baechler, on distingue trois méthodes pour obtenir du travail (30) :

— L'enthousiasme, c'est-à-dire le don volontaire que l'on fait de ses forces et de son temps pour l'accomplissement d'une tâche. Cette méthode reste un idéal, car mis à part quelques périodes limitées, répondant à des objectifs précis, ce mécanisme ne peut durablement jouer, a fortiori lorsqu'il doit s'exercer au profit d'une hiérarchie.

— Le travail forcé, il est imposé en permanence à une fraction de la population, sous forme d'esclavage par exemple. Cette organisation entraîne une faible productivité et des frais de surveillance considérables. Mais elle tend à conférer à la société, une très grande stabilité.

— Le besoin, il suscite l'envie et la nécessité de le satisfaire. Le travail se fait fonction du désir. Cette méthode suppose que l'emprise sur la nature et les techniques de production soit suffisamment efficace pour y répondre. Elle aboutit à une société contractuelle dont le moteur et l'objectif sont la consommation.

Dans une société où les moyens sont limités et les besoins culturellement restreints (cf. supra section 3), l'approche la plus efficace est à l'évidence la deuxième. Elle reçoit des assouplissements avec le glissement de l'esclavage en servage ou des aménagements plus sophistiqués avec la diversification des classes, ou encore une codification très élaborée avec le système de castes. Mais dans chacune de ces hypothèses, prérogatives et obligations sont transmissibles par la naissance. Les contraintes de travail sont définies par les obligations statutaires de sa catégorie sociale. Cette organisation répond simultanément aux deux problèmes posés : elle favorise la permanence du surplus en fixant des attributions définitives. Elle rend naturelle la dérivation des surplus en faveur du centre en posant le principe d'une société inégalitaire et différenciée.

Empire ou micro-société, les mécanismes fondamentaux dès lors s'apparentent. Ainsi dans les sociétés tribales africaines, où les petites collectivités sont menacées par des voisins rivaux ou par les fléaux naturels, le travail de chacun est intégré dans celui du groupe, commandé par la place de l'homme dans la classe d'âge, dans le clan, dans la parenté. L'expérimentation constitue un risque prohibé et l'initiative individuelle une désertion. Il revient aux hindouistes d'avoir poussé à l'extrême cette organisation statutaire avec la création de castes : brahmanes (classe sacerdotale), kxatriyas (militaires et administration), vaiçyas (commerçants), cúdra (ouvriers et agriculteurs) et hors castes, les parias ou intouchables...

Le pouvoir a toutes les raisons de se garder d'initiatives et d'innovations incontrôlées. En cas d'échec, elles provoquent disparition du surplus et famine. La hiérarchie est privée de ses dotations et la communauté est menacée dans son existence. En cas de succès, elles invitent, un pouvoir concurrent, à s'affirmer. La libre disposition de ce nouveau surplus donne à son possesseur, les moyens de s'attribuer une fraction de pouvoir. Elle menace directement les prérogatives et les fonctions de la hiérarchie.

Le pouvoir cherche, non seulement, à institutionnaliser la régularité de la production et de la dérivation, mais aussi à éliminer les variations. Nous verrons (cf. chapitre II section 4) qu'il y parvient avec une politique de stockage et les effets de la consumation. Ainsi, en conférant aux individus, un statut et aux excédents un exutoire, le pouvoir stabilise au mieux les structures de la société qu'il contrôle. En retour, cependant, les ambitions de toute volonté de puissance sont elles-mêmes contingentées par les structures sociales.

Si le pouvoir tente d'augmenter ses prélèvements en accroissant le travail, il risque d'ébranler vainement les valeurs et les fondements de la société qui le porte. En effet, compte tenu de la faiblesse et de la rigidité technologique, une augmentation de travail risque de n'être compensée que par une majoration très limitée du surplus. L'accroissement du travail risque de mordre sur l'équilibre nutritif en réclamant un niveau de satisfaction vivrière plus élevé. Le rallongement du temps de travail a, de surcroît, pour effet de réduire le temps social dont la fonction communautaire et religieuse est de première importance. On peut penser que bien des soulèvements, des jacqueries et des révolutions de palais ont eu pour origine de telles tentatives...

Si la puissance publique essaie d'augmenter ses prélèvements en réduisant de façon drastique, les disponibilités des producteurs, elle menace directement un équilibre privé de réelles marges de manœuvres. Un sucroît de prélèvement ne peut manquer de se répercuter sur la satisfaction vivrière des cultivateurs et les données démographiques. Le pouvoir maximise sa part dans l'instant mais fragilise son avenir en entamant les sources vives de sa puissance.

Cette difficulté d'accentuer le niveau de travail ou d'accroître la part de dérivation impose au pouvoir des limites à sa puissance. Celle-ci reste tributaire du rythme de la croissance démographique et de l'extension du contrôle de plus vastes régions. Dans cette hypothèse, l'aphorisme de Jean Bodin : « Il n'y a de richesse que d'hommes » prend toute sa véracité, jusqu'à ce qu'il bute sur les rendements agricoles décroissants.

2. Une dynamique démographique contenue

Le mouvement d'une population doit être en mesure de répondre à deux défis naturels :

— Offrir un taux de natalité au moins égal au taux de mortalité généralement élevé dans les sociétés agraires.

— Adapter un dynamisme démographique aux conditions du terrain, c'est-à-dire aux potentialités agricoles sujettes aux échéances des rendements décroissants.

Une société doit donc s'efforcer de dynamiser, puis de contrôler, ses rythmes démographiques. Ces considérations soulèvent deux types de questions auxquelles il faut tenter de répondre :

1° Existe-t-il une population qui occasionne l'apparition d'un surplus agricole maximum ?

2° Peut-on maîtriser et stabiliser cet optimum démographique ?

A - L'optimum démographique de puissance

La détermination d'une population optimale nécessite quelques observations liminaires. « Tout optimum relève d'un résultat préalablement proposé à l'examen des conditions de sa maximisation » soulignait en guise d'avertissement le professeur Luc Bourcier de Carbon dans ses *Eléments de démographie économique* (1). Ainsi, on définira à loisir, une dimension et une structure de la population en fonction du temps de libre pour un revenu global donné, ou de l'occupation spatiale rurale et urbaine, ou encore de la stabilité politique et sociale sans que cette liste soit close si l'on se réfère à la diversité des objectifs concevables proposés par Alfred Sauvy (2).

Cependant, notre analyse se place dans une économie de type agraire, c'est-à-dire une société où l'éventail des choix est précisément fermé par la capacité nutritive des actifs agricoles. En dernier ressort, la structuration de la population, la quantité de travail dégagé ou le niveau de besoins satisfaits relèvent des données vivrières. Le contexte reste celui d'une société où la productivité agricole demeure insuffisante pour se dégager des risques de famine, et où les concours extérieurs restent insignifiants.

Dans ce contexte, la théorie ricardienne est en mesure de concourir efficacement à la détermination d'un optimum démographique fondé sur la production agricole vivrière.

a) La détermination d'un surplus agricole maximum correspond à un niveau de population optimale. Nous avons établi que les sociétés traditionnelles entretiennent une relation relativement étroite entre les effectifs agricoles et les superficies cultivées (cf. chapitre I, section 2). Nous pouvons, dès lors, présenter un schéma où les productions moyennes et marginales sont directement fonction de la population active agricole. La production agricole est assimilée à une production vivrière évaluée en capacité nutritive. Il est possible de dégager un besoin nutritif moyen susceptible de satisfaire le paysan et sa famille. Tout ce qui est produit en plus, donne le surplus vivrier. Celui-ci dégage à son tour une capacité d'entretien d'hommes retirés, avec leur famille, de l'agriculture, et affectés à d'autres tâches : activités artisanales, emplois sous les armes ou main-d'œuvre pour de grands travaux (palais, tombeaux, cathédrales...). Etant donné que ce surplus a pour vocation d'être dérivé par le pouvoir central, nous pourrions reprendre le terme « d'optimum de puissance » pour la démographie correspondant au surplus maximum. Cette expression a déjà été dégagée par Alfred Sauvy pour des paramètres quelque peu différents (3).

Le surplus maximum est atteint lorsque le dernier actif agricole est en mesure de satisfaire les stricts besoins vivriers nécessaires à son existence et à celle de sa famille (cf. Fig. VIII). En deçà, les excédents produits ne sont pas au maximum, puisque des

Fig. VIII - Le niveau de population optimum

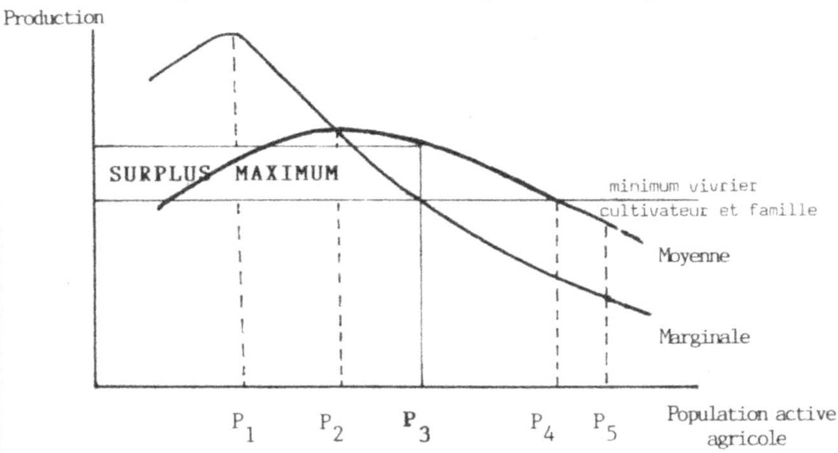

P_1 — Niveau de population agricole active à partir duquel des terres de moins bonne qualité sont mises en culture.

P_2 — Niveau de population agricole active à partir duquel la production moyenne commence à décliner.

P_3 — Niveau de population agricole active permettant de dégager le surplus maximum, une fois les divers besoins de l'actif satisfaits. Tout actif supplémentaire ne serait plus en mesure de couvrir ses besoins et ceux de sa famille et, par conséquent, ne dégagerait plus aucun surplus complémentaire. P_3 est le niveau de population optimum pour un état de technique donné.

P_4 — Niveau de population maximum pour une couverture globale des besoins vivriers. Les déficits des cultivateurs P_4-P_3 sont couverts par les excédents des cultivateurs jusqu'en P_3. La production moyenne ne dégage aucun surplus. Cela implique que toute la population active ne peut être qu'agricole. Les contraintes de civilisation fixées par l'émergence d'un surplus ne sont plus assurées.

P_5 — Niveau de population faisant apparaître un déficit vivrier global. Cette situation débouche sur la disette ou la famine et des actions guerrières pour confisquer les excédents voisins.

cultivateurs supplémentaires seraient en mesure de produire un surplus additif. Au-delà, le surplus disponible est amputé puisqu'une fraction des excédents devrait être affectée aux paysans dont la production est insuffisante pour couvrir leurs propres besoins. Faute de ce transfert, cette population marginale serait condamnée à la famine. Le surplus maximum est défini par le produit de la population active agricole et du surplus moyen dégagé au niveau où la production marginale couvre les besoins nutritifs, sans déficit ni excédent.

Le modèle se différencie de celui proposé par Alfred Sauvy par les critères retenus. Dans ce dernier cas, il s'agit de production générale et non de production vivrière, il s'agit de population agricole et non de population active agricole (4). Daniel Villey a aménagé deux hypothèses particulières en introduisant des inactifs en proportion constante ou en volume fixe (5). Notre schéma s'insère dans une autre perspective, celle d'une formulation gigogne. Nous avons deux types de population : l'une, agricole (actifs et famille) détermine le niveau des besoins minimums vivriers. L'autre, non agricole, est contingentée par l'enveloppe globale du surplus qu'ont fait apparaître les paysans. Cette dernière catégorie ne présente pas forcément une structure équivalente. La classe dirigeante peut avoir un niveau de consommation par tête plus élevée, hypothèse retenue par Jacques Austruy (6). Mais les populations retirées de l'agriculture et affectées à de grands travaux peuvent avoir été réduites en esclavage. Dans ce cas, leurs besoins familiaux sont nuls. Le renouvellement est assuré par le produit des conquêtes. Le surplus potentiel des esclaves en est d'autant renforcé.

b) Si la structure familiale confrontée aux risques de mortalité dégage une croissance démographique, l'optimum contient de fait, une clause redhibitoire. La dynamique qui portait la société vers un seuil optimal, la précipite désormais vers le déclin. En poursuivant sa croissance, la population agricole dégage un surplus de plus en plus faible. Nous tenons les éléments d'un cycle démo-économique qui rejoint le cri célèbre de Paul Valéry : « Nous autres civilisations, nous savons maintenant que nous sommes mortelles (7). » En mettant en correspondance graphique, l'évolution de la population active agricole et celle du surplus, nous faisons apparaître une phase ascendante, une maturité et une période de déclin ajustées sur le potentiel de surplus dérivable. Celui-ci concrétise la capacité d'entretien d'une population non agricole, pour satisfaire des besoins autres que vivriers (cf. Fig. X).

Il est intéressant de replacer ce raisonnement dans une continuité historique. Le Moyen Age français est en mesure d'illustrer ce cycle démo-économique. A la fin des Grandes Invasions, les campagnes offrent une juxtaposition de clairières très peuplées, où les disettes sévissent de façon endémique, et des étendues couvertes de landes et de forêts mais inhabitées. Au

Fig. IX - Le cycle démo-économique

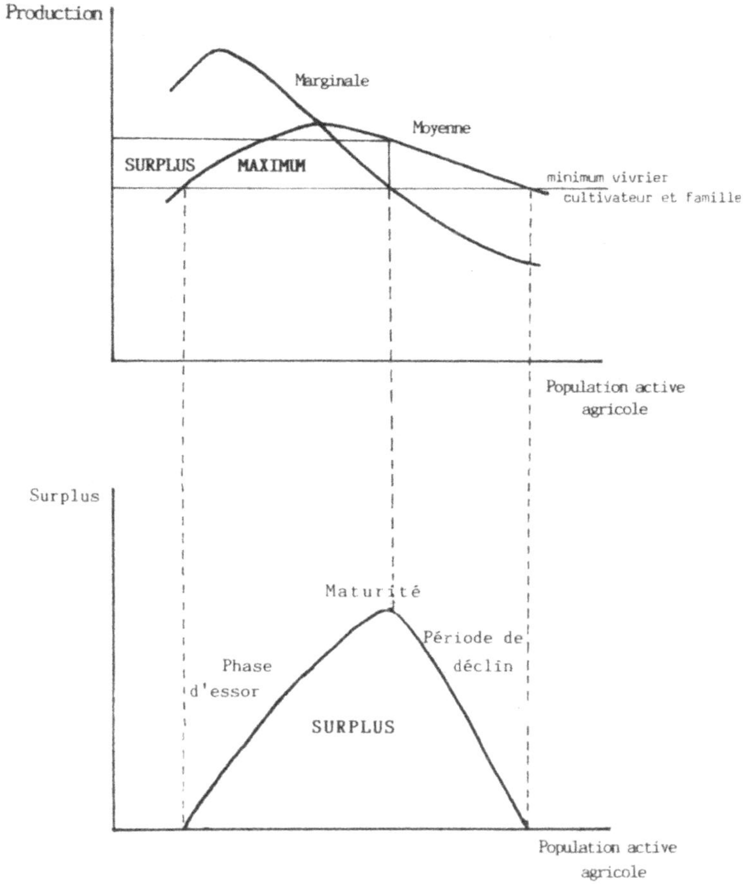

IXᵉ siècle, à la faveur de la régression de ces menaces extérieures, les populations commencent à sortir des terroirs habituels pour — et c'est la grande nouveauté — partir à la conquête de ces déserts (8). Etablissement de nouveaux habitats, colonisation de sols vierges, extension des surfaces urbaines, nouvelles implantations monastiques traduisent une expansion démographique (9). Les moines cisterciens seront, dans la conquête agricole, un élément moteur. Saint-Bernard de Clairvaux exhorte ses disciples à aller chercher d'abord les meilleures terres, en choisissant les vallées au creux des forêts « car c'est là que l'on trouve des terres grasses et fertiles (où) les épis lourds rendent cent pour un (10) ». Des améliorations techniques se diffusent : substitution du fer au bois pour retourner la terre, usage des charrues à roues et à versoir pour défoncer les sols lourds et profonds, reconstitution de l'humus par le marnage, recours à la herse, extension des canaux d'irrigation, ferrure des bêtes de trait, attelage en file, collier d'épaule pour le cheval, joug frontal pour les bœufs, remplacement de la rotation biennale par l'assolement triennal (11). Des auteurs ont pu parler d'une véritable « révolution agricole » du Moyen Age à l'exemple de Jean Gimpel (12). En l'espace de trois siècles, la population de la France atteindra celle du Premier empire, un demi-millénaire plus tard ! Les campagnes françaises de ce XIIIe siècle sont aussi peuplées que dans les années « 30 » (18 à 20 millions de ruraux) à cette différence près que durant le Moyen Age elles faisaient vivre 23 à 25 millions d'habitants contre plus de 40 millions avant guerre.

Cette montée économique et sociale transparaît dans les grandes entreprises médiévales. La plupart des églises romanes commencent au cours du XIe siècle et le « temps des cathédrales » pour reprendre une image chère à Georges Duby, culmine sans doute avec l'achèvement de la cathédrale d'Amiens en 1280, dans le gothique le plus parfait (13). La première croisade est prêchée par le pape Urbain dès 1095, l'élan se poursuit pendant deux siècles et traduit le dynamisme démographique de toute cette période. Le règne de Saint-Louis (1226-1270) qui s'achève avec la dernière croisade apparaît à bien des égards comme le symbole du sommet de la civilisation médiévale et sera ressenti comme tel par les populations du XIVe siècle. Or, ce vaste mouvement n'aurait pu se produire sans un préalable agricole. « Les grands approvisionnements nécessités par la préparation des croisades, l'entretien de chantiers de constructions nombreux et importants pour fortifier les villes, pour construire des châteaux forts, pour ériger des églises, tous ces bras ne travaillant pas la terre, tous ces immenses besoins alimentaires à satisfaire, témoignent aussi d'une grande prospérité agricole. Si l'agriculture française n'avait pas été extraordinairement féconde, elle ne serait pas parvenue à nourrir un tel surcroît de consommateurs (14). »

Mais à la fin du XIIIe siècle, sous la pression d'une population toujours plus abondante, l'agriculture a atteint ses limites extrêmes compte tenu d'une technologie désormais stabilisée pour de nombreux siècles (15). Les possibilités d'essartages et de défrichements se font plus rares. Sur les terrains les plus riches, les forêts ont disparu. Les sols moins fertiles, après quelques bonnes moissons se sont épuisés rapidement. Les stocks de précaution deviennent insuffisants. La sous-production alimentaire se généralise. Un refroidissement climatique qui s'étendra sur un siècle et demi accentue la crise. Le XIVe siècle enregistre, en effet, une série de mauvaises récoltes à l'issue d'hivers précoces et de printemps tardifs. La disette frappe deux années sur trois (16). D'importantes famines se déclarent comme celles de 1315-1317 préparant un terrain de prédilection aux épidémies. La peste noire (1348) ramenée de Crimée par les Génois, ravage l'Occident chrétien jusqu'au XVe siècle. Les premiers effets sont terrifiants : le tiers de la population succombe et disparaît (17). La France voit trois siècles de croissance démographique subitement éliminés. Les criquets migrateurs s'en mêlent. Absents depuis plus de trois cents ans, ils s'abattent sur les récoltes en vagues successives (1338/40 — 1353/54 — 1363/65 — 1373/74) avant de disparaître à nouveau pour deux siècles (18) ! Pour couronner ce temps des malheurs, la France s'enfonce dans la guerre de Cent ans (1337-1453)...

Jean Gimpel a déjà tenté d'établir un cycle de civilisation correspondant à l'époque médiévale. Il le rend « tributaire des rapports étroits qui existent entre le dynamisme global d'une population et son développement technologique (19) ». Il délimite ainsi une période ascendante du Xe au XIIIe siècle à laquelle

Fig. X - Le cycle démo-économique médiéval de l'Occident

PÉRIODES	PHASES	CARACTÉRISTIQUES
X^e milieu-XIIIe siècle	Essor	- Amélioration des techniques agricoles (attelage, assolements...). - Diffusion et intégration des nouvelles techniques. - Extension des terres défrichées et cultivées. - Croissance démographique et augmentation de la population agricole. - Augmentation du surplus. - Cristallisation du surplus par la civilisation des cathédrales.
1254-1277	Maturité	- Le surplus est à son maximum. - Le niveau démographique est optimum (il est remarquable que la période de maturité proposée par Gimpel corresponde seulement à une génération).
Fin XIIIe-XIVe siècle	Déclin	- Poursuite de la croissance démographique entraînant l'exploitation de sols de faibles valeurs avec des techniques inchangées. - Réduction du surplus disponible (il ne couvre plus les stocks de sécurité...). - Déclenchement de disettes... - Accident démographique avec famine (1315-1317) et épidémies (peste noire 1347-1350). - Tension démographique (Guerre de Cent ans 1337-1453).

succèdent une brève phase de maturité (1254-1277), puis une période de déclin qui s'étire jusqu'au XVe siècle.

Si notre analyse est en mesure de reprendre pour l'essentiel ce découpage chronologique, elle repose, par contre, sur des bases différentes, à savoir les liens entre la population, la production vivrière et le surplus. Ces relations sont en mesure de fournir l'explication de la variation du surplus disponible.

Or, si la corrélation de Jean Gimpel entre dynamisme de la population et développement technologique ne paraît pas discutable au cours de la première phase, il n'y a pas d'explication proposée au renversement des tendances, si ce n'est le constat d'un arrêt simultané du dynamisme et du développement.

Par ailleurs, l'auteur a vu dans la dernière période un caractère plus militaire sans, toutefois, l'assortir de justifications. Les études polémologiques de Gaston Bouthoul ont mis en évidence le rôle de la surpopulation comme cause fondamentale du déclenchement des conflits (20) (21). Cette explication illustre et argumente notre modèle. Lorsque le dynamisme démographique au lieu de démultiplier les micro-surplus, les absorbe, le pouvoir, pour retarder les échéances du déclin de ses ressources, s'ouvre facilement à une politique de prédation, espérant prélever sur ses voisins, les surplus qu'il ne parvient plus à extraire de ses propres populations.

Analyse ricardo-malthusienne et interprétation de pouvoir se combinent pour justifier les variations démographiques et les processus de civilisation. Périodes d'expansion et précipitation dans les abîmes ont sans doute été le lot de nombreuses sociétés au cours de la centaine de siècles de civilisations agraires. Mais n'ont-elles jamais pu dégager certaines dispositions pour pérenniser les phases de maturité et maîtriser un optimum démographique ?

B - La maîtrise de l'optimum

L'optimum de peuplement, défini par un surplus maximum dérivé, se révèle extrêmement fragile. Nos développements précédents soulignaient que si le perfectionnement technologique n'était pas absent des sociétés traditionnelles, celui-ci était rare, concentré sur une période limitée et suivi d'une très longue période de stabilisation. La pression démographique comme cause d'une avancée technologique, selon la thèse d'Ester Boserup paraît exceptionnelle (22). L'argumentation de Gaston Bouthoul considérant qu'une population trop dense et trop nombreuse, est une gêne supplémentaire à l'éclosion d'innovation, paraît plus déterminante. Des institutions rigides, étouffant tout esprit novateur, répondent plus volontiers à cette situation.

La moindre perturbation est réputée dangereuse, compte tenu du manque d'élasticité des ressources et de l'emploi (23). En l'absence de variation technologique, la stabilisation démographique paraît le seul recours.

a) La dynamique démographique rend précaire le niveau d'optimisation.

En effet, l'optimum de la population est défini à partir des courbes de productions moyennes et marginales et du niveau des charges nutritives du cultivateur. (cf. Fig. XI)

Les courbes de productions se réfèrent à un certain ordre d'utilisation des sols mais aussi à l'efficacité technique et au degré de fertilité des sols. Si le premier élément est réputé stable, le second n'est pas invariable. En effet, une densité accusée de la population active agricole entraîne une surexploitation des sols, avec une réduction des périodes de jachère. La limitation des terres allouées aux troupeaux, suite à l'extension des cultures, provoque le surpâturage. Une concentration humaine excessive dénude les environs au-delà des capacités régénératrices de la nature, compte tenu des besoins en bois de chauffe. Ces processus déterminés par une pression démographique excessive débouchent sur les phénomènes de dégradation des sols, voire d'érosion et de désertification.

Ce système de fertilité déliquescente prend de nouvelles proportions lorsqu'il rétroagit négativement sur des terres présentant pourtant de bonnes conditions d'exploitation. Ainsi lorsque les populations doivent s'écarter des vallées fertiles pour défricher les pentes des collines et déboiser les versants montagneux, les précipitations pluviométriques ne tardent pas à raviner le sol et à rendre en quelque temps, le sol impropre aux cultures. Dans la vallée, les répercussions ne se font pas attendre. Les alluvions dévalent les pentes, comblent les rivières et provoquent des

Fig. XI - Les critères de détermination du surplus

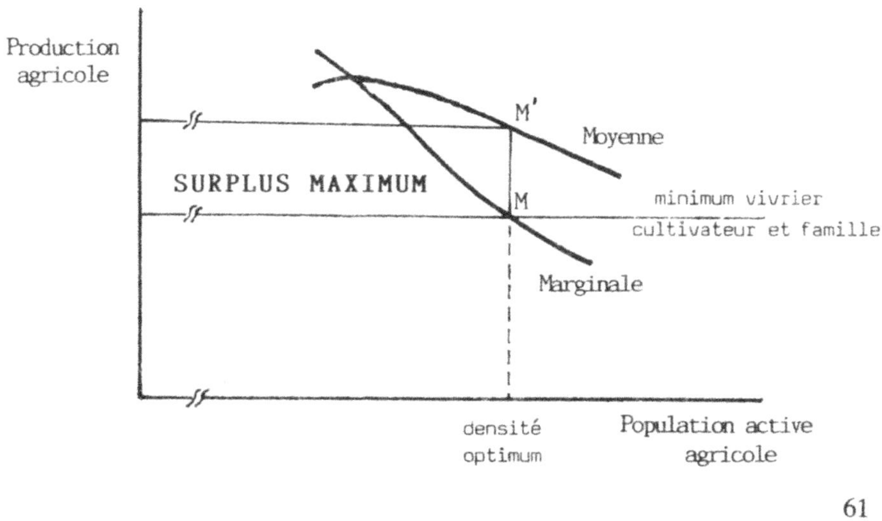

inondations. Les canaux d'irrigation s'envasent et sont obturés. La montagne qui ne peut plus retenir les eaux, les laissent se déverser à flot, durant la saison des pluies, pour laisser mourir un filet d'eau le reste de l'année. Les plaines du Pérou coincées entre le Pacifique et le massif andin illustreraient, tout à fait, ce cas de figures. Ces développements pourraient être poursuivis avec la salanisation des sols (rives de barrage d'Assouan) ou d'émergence de cuirasses lateritiques (Afrique sahélienne)...

La suroccupation des sols entraîne une déperdition des caractères acquis du sol. « Les ruines éparses et les paysages stériles laissés par des dizaines de civilisations anciennes doivent nous rappeler que les hommes ont souvent détruit leur patrimoine pendant des milliers d'années », rappelle Erik Eckholm lorsqu'il décrit la dégradation des systèmes agricoles (24). Le cas le plus frappant est, sans doute, celui de la Mésopotamie puisqu'elle fut un des berceaux de l'agriculture. Un écologiste américain a estimé qu'elle devait compter à son apogée 17 à 25 millions d'habitants (25). Aujourd'hui, l'Irak a une population de l'ordre de 16 millions d'habitants avec des terres, pour celles qui n'ont pas été abandonnées au désert, possédant les rendements moyens à l'hectare parmi les plus faibles du monde (26)...

Le niveau des besoins vivriers est le second élément nécessaire à la détermination de l'optimum démographique. Le paysan doit couvrir ses dépenses énergétiques et les besoins de sa famille. Ces derniers sont fonction du nombre d'enfants qui expriment le potentiel de croissance démographique corrigé par la mortalité infantile. Une première remarque permet de souligner que plus la dynamique démographique est puissante, plus brève risque d'apparaître la phase de maturité. Nous ajouterons également que lorsque les charges nutritives sont élevées, les possibilités de dérivation de surplus sont réduites, autrement dit la puissance effective est amputée.

b) Plus la dynamique est forte, plus elle permet d'atteindre rapidement l'optimum, mais plus les risques de son caractère éphémère sont accentués. La stabilisation de la population à ce niveau de surplus maximum représente un objectif de première importance que certains pays semblent avoir été en mesure d'atteindre. Nous citerons à cet égard le Japon. « Les Nippons, rapporte Gaston Bouthoul, pratiquaient une politique démographique très particulière, consistant ni à encourager ni à décourager la procréation, mais instituant pour chaque province un plafond de population. Lorsque celui-ci était crevé, les moyens les plus énergiques — infanticides, avortements obligatoires — étaient mis en œuvre par l'autorité. C'est ainsi que le Japon garda pendant près de huit siècles une population stable : 25 millions d'habitants environ pour l'Empire tout entier. Grâce à ce système, son peuple enserré dans des îles peu étendues et peu fertiles, put garder une civilisation raffinée et jouir d'une certaine aisance (27). » Avec l'Ere Meïji (1868), le Japon rompit avec cette tradition séculaire et se lança dans une inflation démographique agressive et volontaire pour atteindre aujourd'hui la base des 100 millions d'habitants.

Sparte constitue un deuxième exemple qui sert de référence à Platon lorsqu'il développe les méfaits de la surpopulation d'Athènes dans la « République ». Pour lui, la population de l'Etat doit rester stable et divisée en castes, c'est ce que réalisait la cité spartiate au prix d'institutions éliminatrices sévères (28).

La stabilisation séculaire de la Chine pourrait constituer un autre exemple. Evaluée à 40 millions d'habitants 200 ans avant Jésus-Christ, la population chinoise n'est que de 56 millions en l'an 1000, douze siècles plus tard (29).

La maîtrise de la croissance dynamique est pourtant difficile et complexe. Les démographes ont souvent été frappés par la plus grande souplesse du taux de mortalité (élément passif) et de la plus forte rigidité du taux de natalité (élément actif). Ce paradoxe n'est d'ailleurs compensé par aucune adaptation automatique comme la loi logistique d'occupation des sols qui semble s'appliquer à certains animaux. On peut faire référence aux expériences sur les rats et les lemmings dotés d'une sorte d'intelligence de l'espèce.

La reproduction de l'homme ne s'apparente pas non plus à une fécondité maximum de type zoologique. Dans cette hypothèse, une femme assumerait une trentaine de maternités (*)... Aucune société ne présente un tel taux de fécondité. Il est même remarquable que la natalité réelle soit fort éloignée de cet archétype. En fait, la mise en place d'usages et d'institutions à portée malthusienne assure une reproduction modérée. Au-delà des données naturelles qui limitent la natalité ou suppriment une fraction de la population avant qu'elle ne parvienne à l'âge de la procréation, le système social facilite, encourage ou impose des pratiques complémentaires (cf. Fig. XII). Celles-ci paraissent si nombreuses qu'elles permettent de penser qu'un des grands soucis des sociétés agraires fut d'assurer la stabilité démographique au lieu de provoquer la plus grande croissance possible comme cela est souvent avancé.

Certes, le croît naturel est limité par les maladies, comme le paludisme ou la syphilis dont les effets stérilisateurs et abortifs frappent d'importantes couches de population. La croissance est également réduite par les fièvres puerpérales qui empêchent nombre de jeunes femmes de parvenir au terme de leur vie féconde. Enfin, la mortalité infantile et juvénile frappe durement et supprime, pour beaucoup, l'espoir de parvenir à l'âge de la procréation.

Mais à ces données, se sont ajoutés des institutions et usages à portée malthusienne. Le modèle beauvaisien du XVIIe siècle établi par Pierre Goubert en est une illustration (30) : l'espérance de vie

---

(*) Le *Nouvel Observateur* du 24/30 juillet 1987 fait état du record de naissances pour une femme : 69 en 27 couches.

Fig. XII - Les freins de la croissance démographique

	Données « Naturelles »	*Usages sociaux*	*Impacts*
FÉCONDITÉ	Maladies vénériennes, paludisme, stérilité	Neutralisation sociale par la continence. Ex. : ordres religieux	Proportion des femmes ne pouvant enfanter
	Espérance de vie de la femme	Exposition aux risques de maternité. Ex. : mariages tardifs et morale sexuelle stricte	Durée de la vie féconde
	Allaitement	Contraception	Espacement des enfants
MORTALITÉ	Malformations, maladies, accidents	Infanticide	Mortalité post-natale
	Données naturelles du sexe ratio	Modification du sexe ratio aux dépens des femmes par infanticide	Renouvellement des femmes en âge de procréer
	Epidémies	Conflits guerriers	Ecrêtement des générations et élimination d'une fraction de la population

est réduite, de l'ordre d'une trentaine d'années ; l'âge de mariage est tardif, il s'établit à 24 ans pour les femmes et 27/28 ans pour les hommes ; le nombre d'enfants est limité, quatre en moyenne par ménage ; la mortalité infantile énorme entraîne la disparition de 40 à 50 % des enfants avant l'âge de 20 ans. Il en résulte un taux de croissance extrêmement faible dont la responsabilité incombe pour une large part aux usages sociaux.

On peut répartir l'ensemble des pratiques sociales stérilisantes en diverses rubriques. Au-delà de la contraception ou de l'avortement, nous pouvons citer la valorisation du célibat ou l'institution esclavagiste. Quand ces pratiques se révèlent insuffisantes, des dispositions éliminatrices comme l'infanticide ou la guerre jouent un rôle complémentaire et efficace.

1) La valorisation du célibat a permis de neutraliser une fraction importante de la population. La société médiévale chrétienne a insisté sur ce style de vie en se référant à la vie du Christ. La vie monacale est portée au pinacle des valeurs sociales et engage grand nombre de croyants dans les ordres (31). Le

monarchisme tibétain constitue une autre illustration. Il offre la mystique et la morale d'un pays surpeuplé. La fonction démo-économique du Lamaïsme, décrite dans l'œuvre de Georges Bataille, est un monument élevé au célibat et à l'infécondité (32).

D'autres sociétés stérilisaient plus brutalement une fraction de leur communauté. Pour servir le « Fils du Ciel », la Chine imposait la castration. Tavernier rapporte qu'en 1657, l'on fit dans l'une des provinces de l'Empire Moghol, 22 000 eunuques (33). Dans l'Empire ottoman, « on estimait au début du XIXe siècle, à un million, le chiffre total d'eunuques (34) ».

Enfin des institutions assuraient un célibat transitoire en retardant l'âge du mariage pour des raisons de dot ou de situation sociale. Les empêchements économiques contribuaient à freiner le croît démographique.

2) L'esclavage, institution dominante des sociétés antiques, a le double avantage de légitimer un prélèvement maximum (aucune famille à entretenir) et de contenir la croissance démographique (renouvellement par la capture ou le marché). Les rapprochements d'observations menées à des époques et des lieux différents, sont tout à fait convergents à cet égard.

Chez les Grecs, Xenophon dans « L'économique » recommande de séparer le logement des esclaves et des servantes. Les historiens ont effectivement constaté que les esclaves ne se reproduisaient pas dans des conditions naturelles à Athènes et que leur remplacement était assuré par des sources extérieures commerciales ou militaires (35).

Dans l'Empire romain, le déclin de l'esclavage s'accélère à partir du milieu du IIe siècle. Les guerres extérieures ne procurent plus de nombreux captifs, les marchés d'Orient sont en pleine décadence et les unions fécondes sont assez rares. Une véritable réorganisation sociale s'impose. L'esclave devient un colon attaché à une terre où il devra entretenir une famille (36).

L'élan démographique observé entre le VIIIe et le IXe siècle, en Europe, par les médiévistes est justifié par la libération des esclaves qui, devenus serfs, fondent des familles (37).

Enfin, un exemple de la Martinique rapporté par le gouverneur Fénelon en 1764 souligne le faible dynamisme de la population noire en esclavage et l'explique par une nourriture médiocre et un excès de travail (38).

Autrement dit, l'acquisition d'un nouvel esclave s'avérait plus avantageuse que le support des frais afférents à l'éducation de sa descendance. A cet argument s'ajoute celui de l'esclave présenté par Pierre Chaunu. L'esclave coupé de son sol, de ses morts, de tout lignage, de toute structure tribale ou familiale « n'a aucun intérêt à la reproduction de la vie de sa vie (39) ».

3) La prévention des risques de fécondité limitait davantage les possibilités du croît démographique. La pratique d'un allaitement très long réduisait les probabilités d'une nouvelle naissance. Elle pouvait s'étendre sur des périodes longues de 18 à 24 mois. On

retrouve ces comportements aussi bien dans les sociétés africaines que dans les tribus indiennes du Brésil central (40).

Les interdits sexuels renforçaient ces dispositions naturelles. Les dispositions religieuses du Moyen Age européen en témoignent. Au VIIIe siècle, Louis Flandrin calcule que la continence aurait amené les couples dévots à ne s'unir que 91 à 93 jours par an, sans compter les périodes d'impureté de la femme (règles, grossesse, période post partum). Un canoniste allemand du XIe siècle récapitule les préceptes : « Tu dois conserver la chasteté vingt jours avant Noël, et tous les dimanches et pendant les jeûnes fixés par la loi, et pour la nativité des apôtres et pendant les fêtes principales et dans les lieux publics. Si tu ne l'as pas conservée, tu feras pénitence quarante jours au pain et à l'eau (41). » On remarquera la contre-partie alimentaire.

La réprobation très forte de certaines sociétés envers les filles mères et les bâtards retenait la tentation d'une vie sexuelle hors mariage. La moralité des familles bourgeoises de l'Europe du XIXe siècle et du début du XXe en est une illustration. Le discrédit que l'on encourait, représentait un coût social trop élevé.

La gérontocratie maritale doublée fréquemment de la polygamie et de l'interdiction du remariage des veuves aboutissait à l'accaparement des jeunes épouses par les vieillards et à la réduction de la période de fécondité exposée. Aux Indes, la crémation des épouses sur le bûcher du mari défunt (le sati) interrompait effectivement tout risque de natalité nouvelle...

Lorsque l'on rappelle que l'espérance de vie était courte et que les risques de mortalité à l'accouchement étaient très élevés, on constate que la société était notablement répressive en matière de reproduction.

4) La contraception et l'avortement sont des procédés connus depuis de longues dates, même si leur maîtrise restait souvent incertaine. Les nombreuses feuilles, écorces, racines présentées sur les étals des marchés africains traduisent une pharmacopée à préoccupations sexuelles fort anciennes. Levi-Strauss indique à propos des Nambikwara de l'Amazonie : « Quand il le faut, les femmes n'hésitent pas à recourir à des moyens mécaniques ou à des plantes médicinales pour provoquer l'avortement. » L'auteur invoque la nécessaire prudence démographique à laquelle ce peuple forestier est contraint (42).

5) L'infanticide intervient dans le cadre des mesures limitatives du croît lorsque toutes les dispositions préventives adoptées par la société se révèlent insuffisantes. L'importance de la suppression des nouveau-nés dans les sociétés primitives est attestée par la place des enfants abandonnés dans les récits sacrés ou mythiques : Moïse, Oedipe, Remus et Romulus... pour ne pas évoquer le sacrifice d'Abraham. Les holocaustes d'enfants au culte de Baal-Moloch dans la Carthage Punique en systématisent le principe par une fonction religieuse. Mais la suppression des nouveau-nés se retrouve dans la Grèce classique, la Rome impériale, la Chine

traditionnelle, le Mexique des Aztèques ou le Japon du Shogunat. La proportion plus grande des filles condamnées marque bien la volonté d'enrayer la croissance démographique (43).

6) La guerre, « l'infanticide différé » pour reprendre la formule de Gaston Bouthoul, peut avoir deux types de conséquences, ou elle élargit le surplus disponible par les prélèvements opérés sur les vaincus (cf. chapitre II, section 4), et/ou elle exerce un effet de relaxation démographique. Mais les guerres, auxquelles Malthus ajoutait les épidémies, ne constituaient pas les seules causes qui avaient ainsi évité d'atteindre rapidement la surpopulation et la famine (44).

L'idée d'une démographie moderne, marquée par la diffusion de l'esprit de prévoyance et l'intrusion du contrôle de la procréation, n'est donc pas aussi nouvelle que semblent croire nos sociétés occidentales contemporaines. L'absence d'une fécondité naturelle répondant au rythme d'expansion biologique maximum et la présence de procédures et institutions malthusiennes très vivantes dans les sociétés traditionnelles montrent que, très tôt, une volonté sociale combinée à un esprit de prévoyance, est intervenue en matière démographique. Stuart Mill en avait perçu le sens :« Rien n'aurait pu prévenir une détérioration générale de la condition de la race humaine, si en réalité, le développement de la population n'eût été restreint (45). » La démographie devait choisir, elle aussi, un profil bas de croissance pour ne pas se précipiter dans les abîmes de la décadence, de la famine et de la maladie. L'élément novateur du contrôle démographique contemporain apparaît davantage dans l'appropriation individuelle de sa fécondité. Elle se substituera efficacement aux dispositions institutionnelles et sociales lorsque se posera le choix entre une famille prolifique et un niveau de vie amélioré. Or cette alternative entre une diversité de besoins à satisfaire et une progéniture nombreuse ne se pose pas dans les sociétés traditionnelles...

3. Un inventaire de besoins restreints

Gaston Bouthoul après s'être livré à l'examen de 71 traités d'économie politique, nous apprend que seulement six d'entre eux analysent et définissent, mais en général très sommairement, la notion de besoins (1). On peut s'en étonner puisque ceux-ci paraissent déterminer et conditionner la production. En fait, ce paradoxe est levé par l'analyse de Jean Baudrillard. Il nous explique que la science économique pourrait fort bien se passer du concept de besoins dans ses calculs puisqu'elle opère au niveau de la demande solvable, par contre, elle en a impérieusement besoin comme support idéologique (2).

Effectivement, les besoins possèdent cette ambiguïté qui les fait relever simultanément des domaines physiologiques et psychologiques. Même dans les sociétés les plus archaïques, il n'apparaît pas que l'homme se limite à la satisfaction d'un minimum vital anthropologique qui serait celui des besoins primaires, zone irréductible, liés à la survie (3). Ses motivations dépassent les seuls soucis de se prémunir contre la faim, la soif ou les intempéries. Par ses besoins, l'homme affiche une culture dont la fonction est tout à la fois de manifester son intégration à un groupe, et d'apporter des éléments de différenciation conformes à son caractère (4). Mais l'éventail des catégories matérielles qu'ils recouvrent, n'a pas été toujours aussi diversifié que dans nos sociétés occidentales contemporaines. Le corps social et le pouvoir n'ont pas manqué d'en canaliser l'expression, mais alors une triple interrogation s'impose à notre démarche : dans quelle mesure s'organise une juste adéquation entre les moyens et les fins, c'est-à-dire entre les capacités productives et le niveau des besoins ? De quelle latitude disposent les sociétés traditionnelles pour poursuivre la diversification de leurs aspirations ? Est-ce qu'un « surmoi » tant social qu'individuel est susceptible d'imposer les arbitrages dans les consciences et les structures pour créer un ensemble cohérent (5) ?

A - L'alternative

Toute société a deux façons d'appréhender son organisation dans une perspective d'équilibre. Soit elle postule que l'ensemble de ses besoins matériels doit être strictement contingenté. Elle accède à un niveau d'ambition avec des moyens réduits et peu diversifiés. Seuls les besoins sociaux les plus élémentaires sont alors satisfaits. Soit elle imagine que ses besoins sont infinis. Elle engage toutes ses forces dans l'assouvissement de cette aspiration et oriente le développement de sa production vers la satisfaction et la création de besoins toujours plus étendus.

En fait, cet arbitrage débouche sur deux ambitions sociales fort différentes : la puissance et l'abondance. L'objectif de puissance s'identifie à la nature du pouvoir central et s'ajuste à la volonté du Prince. Ses besoins l'extraient du commun des mortels et participent à la sacralisation de son pouvoir tandis que ceux de la population demeurent strictement limités. Le Prince transfert les excédents prélevés sur les producteurs agricoles pour satisfaire les besoins du personnel qui compose son armée, son administration, sa main-d'œuvre. Il y a transformation du surplus vivrier en services ou biens ouvragés. Au contraire, l'objectif d'abondance associe l'ensemble du corps social à une plus large consommation. Celle-ci a émergé avec l'ère industrielle qui invente le bonheur à l'aune des besoins satisfaits et le fixe en perspective à des couches toujours plus étendues de la société. Si l'objectif de puissance pouvait s'accomoder d'une productivité faible en rendant significatif, par agrégation, la dérivation d'une multitude de surplus résiduels, l'objectif d'abondance ne peut s'y résoudre.

A ces deux catégories correspondent deux formes de travail. La première nécessite un emploi statutaire imposé par les structures sociales et la volonté du Prince. La seconde substitue le besoin à la coercition pour justifier le travail et le dynamiser (6).

Ce choix entre un profil bas fondé sur des satisfactions matérielles réduites et, un profil haut axé sur le développement des besoins reste hypothéqué par les conditions de production.

B - La contrepartie

Répondre à des besoins diversifiés implique qu'une fraction plus ou moins grande de la population doit être retirée de l'activité agricole pour se consacrer à la production de ces biens ou de ces services. Or ces actifs à défaut de produire des biens vivriers continuent à les consommer avec leur famille. L'éventail des besoins à satisfaire renvoie donc à la division du travail et à la productivité agricole.

Emile Durkheim expliquait la division sociale du travail à partir d'une combinaison de volume et de densité morale et matérielle de la société (7). Par volume, il entendait le nombre d'individus relevant de cette collectivité. Par densité morale et matérielle, il signifiait d'une part, l'intensité des échanges et des communications entre les individus et d'autre part, leur nombre rapporté au territoire. Pour en analyser le mécanisme, Durkheim recourait au concept darwinien de lutte pour la vie. Plus les individus sont nombreux, plus la lutte pour la vie est intense. La différenciation sociale est la solution pacifique de cette lutte. Chacun cesse d'être en compétition avec tous, mais devient en mesure de tenir son rôle et de remplir une fonction. On passe d'une société à solidarité mécanique où la plus grande partie de l'existence est commandée par des interdits et des impératifs qui ont pour origine le groupe dans lequel les individus sont d'ailleurs interchangeables, à une société à solidarité organique qui traduit une réduction de la sphère de la conscience collective au profit d'une plus grande latitude d'interprétation individuelle des impératifs sociaux (8).

L'interprétation du développement de la division du travail par un concept darwinien est vivement discutée. Auguste Comte lui préférera l'esprit scientifique, la recherche du plaisir et la quête du bonheur (9). Mais cette combinaison de volume et de densité morale et matérielle conditionnant la spécialisation des activités offre une argumentation intéressante. En effet, si la division du travail est soumise à la capacité des cultivateurs à nourrir ceux qui se sont retirés de l'activité agricole, cette observation prend un relief particulier. Une communauté de quelques individus n'a pas l'occasion d'étendre la division du travail au-delà d'un archétype composé du chef, du féticheur et du forgeron comme on le retrouve en Afrique ou en Asie. En Polynésie, le charpentier se substitue dans cette trilogie au forgeron (10). Inversement, un monarque qui a les moyens de contrôler un territoire étendu et peuplé, peut soustraire un surplus important capable d'entretenir diverses catégories sociales. Supposons effectivement que la production par agriculteur soit de 100 et que ses besoins, famille comprise, s'élèvent à 96 ; vingt-quatre actifs agricoles sont nécessaires pour entretenir un individu retiré des travaux agricoles avec sa famille et présentant les mêmes besoins (24 × 4 de surplus = 96). Si la population agricole est composée de 2 400 cultivateurs, on peut en déduire qu'ils seront en mesure d'entretenir 100 personnes à d'autres activités. Nous observons donc que cette condition de nombre et d'appartenance à une même communauté recoupe cette idée de volume et de densité morale et matérielle proposée par Durkheim.

Mais en dehors de cette contrainte de peuplement, la division du travail reste également soumise au seuil de la productivité agricole. En effet, supposons qu'au lieu de produire 100, le cultivateur soit en mesure de fournir 120 unités. Si toutes choses sont égales par ailleurs, le surplus s'élève désormais à 24. Pour entretenir un individu et sa famille en dehors de l'agriculture, ce ne sont plus 24 paysans qui sont nécessaires, mais seulement 4 (4 × 24 de surplus = 96). Deux mille quatre cents paysans n'entretiennent plus cent personnes mais six cents que le Prince affectera à son armée, à son administration ou à la construction de son palais, voire de son tombeau... Les observations de Paul Bairoch nous indiquent que les performances des sociétés traditionnelles n'ont jamais permis d'extraire un excédent de plus de 20 à 25 %. La division du travail bute donc sur ce seuil de productivité agricole qui est en mesure de se cumuler avec une densité maximum lorsque la productivité des dernières terres mises en culture régresse fortement. (Cf. supra Fig. II et III)

En choisissant un éventail restreint de besoins matériels, les sociétés traditionnelles effectuent un choix cohérent qui les met en mesure d'ajuster des aspirations limitées à une production réduite.

C - La cohérence

Toutefois, il reste à préciser la logique de ce besoin restreint pour qu'il soit intériorisé, simultanément par la société et les individus. Jean Baudrillard souligne que les besoins ne sont pas l'expression mouvante et originale d'un sujet, mais la réduction fonctionnelle d'un système (11). Pour parvenir à un comportement d'unanimité quasi parfaite, il est nécessaire que les individus s'approprient cet arbitrage. L'austérité est dictée tout autant par les structures collectives que par leurs propres références éthiques comme le furent l'ascétisme et la chasteté des villages français pendant l'âge classique (12).

Dans le cadre de besoins limités, la satisfaction aboutit plus aisément. Cela incite Marshall Sahlins à voir dans l'âge de pierre, un âge d'abondance (13). Des sociétés plus complexes ont été amenées à examiner le problème de la richesse et à prôner le détachement des biens matériels. La philosophie taoïste en Chine ou la théologie médiévale de l'Occident en ont parfait le principe. Ainsi le Moyen Age chrétien canalise les aspirations des hommes vers le ciel. Les polyptiques, les censiers ou les coutumiers médiévaux ne parlent guère de pauvreté au sens où nous l'entendons aujourd'hui. Le mot pauvre prend même une dimension mystique (14). Il est plus gratifiant d'œuvrer par la prière pour l'éternité que de chercher à satisfaire des besoins multiples aux satisfactions fugaces. Quant au riche, c'est l'aumône qui constitue son passeport pour l'éternité céleste. La réussite sociale n'est pas encore le signe que Dieu a fait de vous, un élu, comme Max Weber l'explique à propos du protestantisme (15). Les valeurs fondamentales sont préservées avec une attitude de rigueur, de frugalité voire d'ascétisme. Le grand mouvement monachiste médiéval illustre parfaitement l'impact et la force de ce courant. Les ordres mendiants en renforceront encore la pratique avec l'action de Saint-François avec les frères mineurs (les cordeliers) et de Saint-Dominique avec les frères prêcheurs (les jacobins). Le désintérêt pour l'amélioration du quotidien et cette primauté du sacré concourent à rendre possible l'équilibre social qui aurait éclaté si les appétits de consommation diversifiée avaient été aiguisés. La richesse est ressentie d'abord comme un attribut du pouvoir avant d'être vécue comme une inégalité sociale. C'est donc une différence de nature, pas un problème d'équité. Et, s'il en était, l'ordre divin rétablirait la justice dans l'Au-delà. Les médiévistes soulignent d'ailleurs que les révoltes et les jacqueries traduisent le désordre d'une crise alimentaire mais n'ont pas pour objectif la remise en cause de l'ordre social (16).

Même lorsque Adam Smith examine dans la théorie des sentiments moraux, les conditions du progrès et de l'activité industrieuse qui sont en train de naître en Angleterre, il ne peut s'empêcher d'exprimer des réserves. Il souligne comment le désir d'améliorer sa condition est génératrice de tensions, d'anxiétés, de souffrance et finalement de tristesse et de malheur. Il rejoint en cela le précepte bouddhiste qui condamne le désir car il est perçu comme la source des douleurs. Il paraît déjà regretter que les hommes ne soient pas suffisamment rationnels pour comprendre que la poursuite des richesses est vaine, que les avantages de la richesse sont généralement illusoires et que seule la vertu de la prudence peut les conduire au bonheur (17)... Ce sont là, les dernières réserves envers un système qui s'annonce et balaiera les convictions multiséculaires. Aujourd'hui encore, la façon dont le système contemporain s'efforce d'être un mode de production social des besoins pour assurer les débouchés d'une production, tend à montrer que leur démultiplication infinie n'est sans doute pas aussi naturelle que les sociétés de consommation feignent de le croire (18).

L'ajustement du système social à des contingences économiques se renforce d'un modèle de comportement individuel tout à fait cohérent. Le professeur Jacques Austruy produit une argumentation sur le mode du pari pascalien : « Si Dieu est probable et le monde d'ici-bas, un monde d'épreuves éphémères, le renoncement aux biens de ce monde pour "gagner" le paradis éternel est une forme d'épargne dont l'intérêt dépasse infiniment tout ce qui a été connu depuis lors, dans l'aménagement de la vallée des larmes (19). » On raconte que Socrate se serait écrié sur l'agora d'Athènes : « Que de choses dont je n'ai pas besoin »... » (20) Cette parole du philosophe est celle du sens commun des sociétés traditionnelles, pourtant peu prolifiques en commodités. Si les besoins sont limités, il est naturel que les individus restreignent leur travail à la couverture de leurs obligations et qu'en cas d'un accroissement de rémunération, ils réduisent leurs activités productives. Les auteurs hispaniques du XVIe et du XVIIe siècle analysent cette réaction comme un comportement normal. Il sera donné, à William Petty de l'observer également en Angleterre : « L'ouvrier ne gagne que ce qu'il lui faut pour vivre... Si vous lui accordez le double, il ne fait que la moitié du travail qu'il aurait pu faire ! » et il ajoute que la plupart des individus ne travaillent que pour manger et pour boire (21). On pourrait conclure à l'identique de ce qu'écrivait E. Evans Pritchard à propos des Nuer : « La richesse les laisse froids (22). »

La perception non économique de la pauvreté a déjà retenu l'attention de certains auteurs comme Ivan Illitch (23). Son intérêt apparaît avec l'équilibre qu'elle assure dans un contexte soumis aux faibles performances de la productivité agricole. Le Tiers Monde n'aura plus cette occasion d'ajustement puisque ses besoins éclateront avant que son économie ne soit en mesure d'y répondre de façon appropriée. Cela ne signifie pas, pour autant, que les équilibres des sociétés prénewtoniennes soient totalement assurés. Les aléas de la production vivrière invitent à prendre des dispositions pour s'assurer d'un minimum de recours en cas d'inajustements.

4. Des recours intermittents et subsidiaires

Le pouvoir des sociétés traditionnelles cherche, non seulement à s'assurer de la dérivation du surplus, mais aussi à contrôler les mouvements erratiques de la production, en cas d'échec ou d'insuffisance, il doit s'ouvrir à des politiques de substitution.

A - La gestion de la pénurie et des excédents

Les récoltes sont soumises à des aléas qui confrontent la société à un double problème : éviter la pénurie et neutraliser les excédents. Ils sont tous deux susceptibles d'apporter des troubles graves dans le fonctionnement de la société. L'une des premières dispositions est donc, de stabiliser le système agraire qui présente quelques efficacités. Marcel Mauss avait eu l'occasion de souligner que « les sociétés de type archaïque vivent d'une façon si adaptée à leurs milieux internes et externes qu'elles ne sentent vigoureusement qu'un besoin : c'est de continuer ce qu'elles ont toujours fait. C'est en cela que consiste le conformisme social, de ce point de vue, ajoute-t-il, les paysans du monde entier se ressemblent qu'ils soient en Afrique ou à Madagascar, qu'ils soient des agriculteurs ou des horticulteurs distingués comme les papous » (1). Néanmoins, la crise peut survenir. Nous avons déjà noté que même avec des intrants constants, les résultats agricoles sont susceptibles de connaître d'importantes variations. L'idée d'utiliser les excédents d'une période, pour se prémunir contre les risques de pénurie, remonte aux temps les plus anciens. On la retrouve dans la Bible lorsque Joseph annonçait au pharaon que sept années de « vaches maigres » seront consécutives aux sept prochaines années de « vaches grasses ». Elles doivent inciter, conseille-t-il, à prévoir des réserves et à organiser un stockage. « Il imposera au cinquième le pays d'Egypte pendant les sept années d'abondance, ils ramasseront tous les vivres de ces bonnes années qui viennent, ils emmagasineront le blé sous l'autorité du pharaon, ils mettront les vivres dans les villes et les y garderont. Ces vivres serviront de réserve au pays pour les sept années de famine qui s'abattront sur les pays d'Egypte, et le pays ne sera pas exterminé par la famine (2). »

Le stockage répond à diverses fonctions en dehors des réserves de semences. Il doit résoudre les contradictions entre une récolte ponctuelle et une consommation. Le stockage a aussi pour objet non plus une régulation « intracyclique » mais « intercyclique ». Pour cela, il faut emmagasiner les excédents sur les besoins permanents pour faire face aux déficits éventuels des récoltes ultérieures. L'Egypte ancienne, Sumer, Babylone ou encore le Pérou sont quelques exemples de sociétés qui ont su instituer de vastes systèmes d'emmagasinage (3). Les stocks sont une assurance contre la famine, mais les techniques de conservation ne sont pas toujours efficaces. Ainsi, pour le Moyen Age, Jean-Louis Goglin note que « les rats et les mulots s'attaquent aux sacs de grain, les charençons et les blettes s'installent dans les légumes secs, le lard est rance, le fromage pique et le vin s'aigrit. La soudure est malaisée à faire, ainsi la moindre variation climatique peut être une catastrophe (4) ». La Chine a mis en place très tôt, depuis les dynasties Sui et Tang (VIe et IXe siècle) et surtout Song (Xe-XIIIe siècle), une organisation administrative complexe pour la conservation des excédents vivriers. On y répertorie « le grenier de Justice » qui est alimenté par des contributions volontaires, « le grenier communautaire » qui fonctionne en autarcie dans le cadre de la communauté locale et le « grenier à prix toujours normal » qui amortit les variations de prix en vendant en période de cherté et en achetant en période d'abondance. La parfaite maîtrise de ce système par la dynastie Mandchoue permettra de faire exploser la démographie chinoise de 150 à 300 millions d'habitants entre 1750 et 1800 (5). Cette croissance évalue le rôle et l'intérêt d'une bonne maîtrise des mesures administratives et techniques de stockage et de conservation. Les répercussions démographiques sont même supérieures aux résultats pourtant importants obtenus en Angleterre, à la même époque, à la suite des effets du progrès technique agricole (6). (Cf. chapitre III) Une politique réussie de stockage assure donc la pérennité d'une structure sociale et en favorise l'épanouissement. Faute de cette maîtrise, une société se retrouve en proie à recommencer indéfiniment une structuration que les ruptures d'équilibre entre les besoins et les satisfactions ne cessent de remettre en cause.

Mais si une société doit se prémunir des risques de pénurie pour durer, elle doit également se garder d'excédents non maîtrisés. L'objectif est alors de contrôler ou de détruire ce que Georges Bataille appelle « la part maudite ». « Si l'excédent ne peut en entier être absorbé, il faut nécessairement le perdre sans profit, le dépenser volontiers ou non, glorieusement ou sinon de façon catastrophique » (7). Il s'agit d'éviter l'accaparement par un rival qui défierait l'exclusivité du pouvoir et de confirmer les institutions économiques dans une fonction consumatrice et dépensière et non productiviste et accumulatrice. En édictant cérémonies, règles et interdits, le pouvoir oriente la destruction de l'excédent en consommation collective. Le luxe du Prince renforce les mécanismes de sa puissance. A l'image du soleil qui donne sans jamais recevoir la partie somptuaire associe le pouvoir au rythme cosmique. En frappant les esprits par la prodigalité d'un cérémonial fastueux, le Prince se fait « Fils du ciel » et partant, inaccessible. En édictant fêtes et potlatchs, les membres de la société réduisent à néant leurs excédents occasionnels. Mais s'ils en retirent quelque prestige et vanité, c'est au prix de la destruction des assises d'une certaine puissance que seul le pouvoir central est en mesure de reconstituer par la dérivation massive du surplus. C'est pourquoi, non seulement, il ne faut pas que des individus ou des groupes puissent accaparer des excédents qui pourraient concurrencer et remettre en cause le pouvoir en place, mais il convient que cette éventualité ne puisse se présenter. La structure du pouvoir sera alors verrouillée par les mécanismes de contrôle du seul surplus qui paraît disponible, le temps. « Si le surplus du temps, explique le professeur Jacques Austruy, n'est pas stérilisé ou au moins socialement contrôlé, le moyen de transformation des structures de base existe et devient une menace pour la pérennité de l'organisation (8). » Le mode de production agricole devient alors, avec toutes ces dispositions, un processus régulé, stabilisé et contrôlé.

B - Le commerce et les prédations guerrières

Néanmoins, des déséquilibres peuvent survenir. Une insuffisante maîtrise du système de stockage et de conservation, ou une série de variations climatiques intempestives sont de nature à perturber un équilibre malgré tout fragile. Des causes démographiques s'y ajoutent, soit lorsque la densité de peuplement est devenue trop forte pour des conditions techniques inchangées, soit lorsque la structure démographique devient incompatible avec la productivité des cultivateurs.

Cette dernière situation peut être provoquée par les recrutements excessifs d'une armée ou l'embauche massive pour de grands travaux laissant à la terre nourricière une population agricole trop faible. Dans ces hypothèses, le négoce ou la guerre paraissent, seuls, être en mesure de réajuster la situation.

a) On sait que Carthage secourait Rome en blé et que l'Italie du « Quattrocento » faisait venir une partie de son grain de Byzance. Ces exemples de commerce céréalier pourraient être démultipliés. Mais que représentaient-ils ? Une évaluation faite par Fernand Braudel à propos de la Méditerranée du XVIe montre que le trafic n'excédait pas 1 % de la consommation totale (9). Pourtant, ce commerce se réalisait dans les meilleures conditions puisqu'il s'effectuait par voie maritime. Ce n'est en effet que par ce moyen que des transferts céréaliers, de quelque importance, pouvaient être réalisés. Lorsque l'on suit les mouvements de grains inter-provinciaux de la Chine mandchoue, on constate que les opérations s'effectuent sur les côtes de la Mer de Chine, sur les fleuves Jaune et Yang-Tsi et sur le Grand Canal qui relie Pékin aux fertiles plaines céréalières (10). Bien que continentale, la puissante Chine doit recourir à ses voies d'eau pour donner une certaine mobilité à ses récoltes. Une évaluation des transports terrestres faite par Fernand Braudel montre qu'en Angleterre, au XIIIe siècle, le grain augmente de 15 % chaque fois qu'il franchissait 80 kilomètres (11). L'approche de Paul Bairoch « avant l'emploi du moteur à vapeur », donne des résultats sensiblement équivalents : les frais de transport pour le blé, s'élèvent de près de 100 % du prix de la production pour une distance routière de l'ordre de 400 à 500 kilomètres (12). Les moyens terrestres présentaient de lourds handicaps : de capacités réduites, soumis à de longs délais et présentant un coût très élevé, leur recours ne pouvait être que très marginal. D'ailleurs les souverains ont préféré déplacer leur cour sur leurs différents domaines pour y consommer les récoltes stockées plutôt que de les faire venir jusqu'à eux.

Mais outre le caractère dissuasif du transport céréalier, on peut s'interroger sur les possibilités réelles d'un important transfert céréalier d'une zone à l'autre. Cela suppose au préalable que des excédents céréaliers soient constitués et disponibles. Cette hypothèse ne peut être retenue puisque le faible niveau technique des sociétés agraires ne permet pas de dégager d'importants excédents. Par ailleurs, toute opération de transfert international de céréales entre en concurrence avec les propres objectifs de puissance du fournisseur potentiel. Seule une opération belliqueuse est en mesure d'en assurer le contrôle, en substituant l'obligation de tribut à la volonté commerciale.

b) Le recours polémologique se développe à la faveur de deux circonstances : ou la société est acculée dans une situation de grave déficit et son impulsion belliqueuse s'apparente à une alternative de survie/disparition ou il s'agit d'un acte délibéré, créé artificiellement, pour élargir les prébendes de la puissance conquérante. Dans cette dernière hypothèse, le retrait important d'hommes des opérations productives agricoles pour d'autres affectations (ex. la mobilisation militaire) est capable de développer une structure explosive, de provoquer une pénurie, de traduire paradoxalement un besoin de terres (13). Quatre procédures principales de confiscation des surplus sont alors envisageables : la saisie des stocks, l'asservissement des producteurs, le contrôle des terres, l'enlèvement des femmes.

La prise des stocks intervient à l'occasion du déplacement des armées qui ne manquent jamais de vivre sur les ressources de l'adversaire. La victoire est l'occasion de confisquer au peuple vaincu, ses troupeaux, et de vider ses greniers. « Les pillars Nuer passaient plusieurs semaines en pays Dinka et ils y restaient parfois durant toute la saison sèche, vivant du lait et de la viande du bétail capturé, du grain volé et de poisson (14). » Cette attitude d'un peuple du Sud soudanais décrite par Evans-Pritchard forme une illustration type pour toutes les latitudes. Menée systématiquement, cette politique aboutit à celle de la terre brûlée. Elle maximise le prélèvement à court terme au détriment d'une dérivation plus mesurée mais institutionnalisée. Un exemple nous est fourni en Afrique de l'Ouest par Samory Touré qui déplaçait les assises de son Empire sur des centaines de kilomètres en fonction de l'épuisement des ressources et du sort des armes (15).

L'asservissement des vaincus est une solution plus élaborée. Les sociologues admettent qu'au début de l'existence de l'humanité, l'homme errait par petits groupes sur la terre. Lorsqu'éclatait une guerre entre peuplades ennemies, les vainqueurs exterminaient les vaincus et se nourrissaient de leurs corps. On a supposé qu'un jour de bataille, ayant fait des prisonniers en trop grand nombre, les vainqueurs ne purent les manger tous à la fois. Ils en conservèrent vivants pour les tuer plus tard et ils eurent, semble-t-il, l'idée de les occuper à divers travaux. Ils observèrent qu'ils avaient tiré de ce travail un certain avantage et comprirent qu'ils avaient plus intérêt « à faire travailler » les vaincus qu'à se repaître de leur chair. L'esclavage était né. (16) Cette évolution, pour reprendre le point de vue de Saint-Simon, fut à l'époque une institution philanthropique puisque son établissement a sauvé la vie à des milliers d'hommes (17). Mais cette analyse pourrait être complétée par une remarque. Il y a une concordance vraisemblable entre la mise en exploitation des hommes et l'apparition de l'agriculture. La réduction en esclavage permet une dérivation du surplus plus systématique et draconienne qu'elle ne peut être organisée dans une économie de collecte. Par ce biais, le pouvoir central s'assure un prélèvement maximum du surplus. Les besoins des esclaves sont réduits à leur plus simple expression, l'absence de famille rend la dérivation encore plus aisée (cf. chapitre II, section 2). Dans le cadre d'une faible productivité agricole et du renouvellement par l'extérieur de la main-d'œuvre, c'est une organisation très efficace pour maximiser la population entretenue par le surplus, et partant les effets de la puissance.

La conquête des terres offre une autre opportunité. Dans les sociétés traditionnelles, les migrations s'effectuent massivement avec, le plus souvent, partition d'une même souche en fractions rivales. Lorsque la reine Pokou quitte le pays des Ashantis (actuel Ghana) pour s'installer en pays « Baoulé » (Côte-d'Ivoire) en 1717, c'est toute une population qui migre pour aller s'installer sur de nouvelles terres (18). Les historiens ont expliqué, par la raréfaction des ressources nutritives, les grandes migrations des peuples germaniques, normands ou slaves au Haut Moyen Age et leur installation sur de nouveaux territoires (19). Les exemples pourraient être démultipliés au hasard des pages de l'histoire. Cette stratégie s'apparente au peuplement par essaimage des périodes préagraires. Mais la conquête de terre peut également donner lieu à des annexions de territoires plus riches que ceux qui restaient à mettre en culture. Ce principe justifie l'extension des empires et des royaumes pour prélever un surplus encore plus grand.

Le rapt des femmes est la dernière composante de ce processus guerrier. L'enlèvement des Sabines, l'exemple le plus populaire dans la culture occidentale, a été à la base du développement de Rome. La confiscation des femmes permet d'accélérer la croissance démographique en renforçant la polygamie. De nombreux enfants issus de ces unions démultiplieront la population pour élargir ultérieurement les effectifs de guerriers et de paysans. Mais cette stratégie n'est opérationnelle que durant la phase ascendante du cycle démo-économique (cf. chapitre II, section 2). Les armées d'Alexandre le Grand s'étaient engagées dans le même processus lorsque chaque soldat fut invité à prendre pour épouse une femme perse à l'image de l'union du conquérant grec avec Roxane (20). Dans les sociétés peu nombreuses, le facteur rare est l'accès aux femmes comme le rappelle le professeur Austruy (21). Ce sont elles qui conditionnent la survie du groupe. Cette possibilité devient cruciale pour certaines tribus amazoniennes décimées par les maladies à l'occasion de leur confrontation avec la « civilisation » (22).

En fait, on remarque que le processus guerrier joue davantage par son impact démographique que par ses transfertttts de disponibilités vivrières. Il est plus facile d'occuper des sols ou de consommer des stocks sur place que de les emporter. Il est plus aisé de prélever des hommes et des femmes sur le pays conquis que de rapporter du grain. Autrement dit, la mobilité humaine l'emporte sur la viscosité céréalière.

*
**

Les civilisations prénewtoniennes délimitées par une technologie agricole peu performante s'équilibrent en combinant un travail réduit, un peuplement plafonné et des besoins restreints. L'ajustement s'opérant, le cas échéant, avec des précautions de stockage ou des politiques d'agressivité conquérante. L'ensemble de ces choix, lorsqu'il est maîtrisé, forme un tout cohérent, au profil bas, certes, mais d'une grande efficacité pour le maintien des équilibres. Tout manquement à ces préceptes se révèle socialement suicidaire.

La civilisation des dieux céréaliers semble basculer et se soustraire à leur haute autorité avec l'émergence de la société industrielle initiée par la Grande-Bretagne. Mais ainsi qu'Adam Smith l'avait remarqué dans ses essais philosophiques, on ne trouve en aucun lieu et en aucun temps, un dieu pour la pesanteur (23). Les lois de la mécanique ouvrent de nouvelles perspectives, car elles vont permettre de lever l'hypothèque agricole qui mesurait jusque-là chichement son surplus.

NOTES BIBLIOGRAPHIQUES

Chapitre II

Section 1

(1) — SERGERY Etienne, *Histoire de l'Europe*, Hachette, 1972, p. 14.

(2) — ROSTOW W.W., *Les étapes de la croissance économique*, Seuil, coll. Points, 1970, p. 13.

(3) — PASSET René, *L'économique et le vivant*, Payot, PBP, 1979.

(4) — MEISTER Albert, *Le développement de l'Afrique orientale*, PUF, 1966, p. 88.

(5) — KLATZMAN Joseph, « Que sait-on de la situation alimentaire mondiale ? » *Journal de la société statistique de Paris*, 1981 (*Problèmes économiques* n° 1753 du 23 décembre 1981).

(6) — TRÉMOLIÈRES Jean, *Partager le pain*, Robert Laffont, 1975.

(7) — RONDIÈRE Pierre, *Rendez-vous 1980*, Payot, PBP n° 126, 1968, p. 12.

(8) — CHAYANOV A.V., *The Theory of peasant economy*, Homewood, Illinois Richard Irvin for the American Economic Association, 1966.

(9) — DRANCOURT Michel, *La fin du travail*, Hachette, coll. Pluriel, 1984, p. 36.

(10) — BARRÈRE Alain, *Histoire de la pensée économique et analyse contemporaine*, tome I, Cours de droit, Editions Montchrétien, 1974, p. 72.

MOSSÉ Claude, *Le travail en Grèce et à Rome*, PUF, coll. « Que sais-je ? », n° 1240, 1980.

(11) — PHILIP André, *Histoire des faits économiques et sociaux*, Aubier-Montaigne, 1963, p. 34.

(12) — MOULIN Léo, *La vie quotidienne des religieux au Moyen Age x-xie siècle*, Hachette, 1978.

HEERS Jacques, *Le travail au Moyen Age*, PUF, coll. « Que sais-je ? », 1982.

(13) — GOUREVITCH Aaron J., *Les catégories de la culture médiévale*, Gallimard, NRF, 1983.

(14) — ATTALI Jacques, *Histoire du temps*, Fayard, 1984, p. 17.

(15) — EVANS-PRITCHARD E., *Les Nuer*, Gallimard, NRF, 1968, p. 127.

(16) — GIMPEL Jean, *La révolution industrielle au Moyen Age*, Seuil, coll. Points Histoire, 1975, p. 108.

(17) — GIMPEL Jean, *op. cit.*, pp. 140-160.

(18) — MUNFORD Lewis, *Techniques et civilisations*, Seuil, 1950, pp. 23-24.

(19) — KOESTLER Arthur, *Spartacus*, Le livre de poche, 1978, p. 272.

(20) — DRANCOURT Michel, *op. cit.*, p. 38.

(21) — MALTHUS Robert, *Principe d'économie politique*, Calmann-Levy, 1969, p. 276.

(22) — AUSTRUY Jacques, *Le scandale du développement*, Rivière, 1968, p. 155.

(23) — DELUMEAU Jean, *Le péché et la peur, la culpabilisation en Occident XIII-XVIIIe siècle*, Fayard, 1984.

(24) — AUSTRUY Jacques, *Le prince et le patron*, Cujas, 1972.

(25) — POSNER Richard A., « Anthropologie et économie », *Problèmes économiques*, n° 1706 du 14 janvier 1981.

(26) — SAHLINS Marshall, *Age de pierre, Age d'abondance*, Gallimard, coll. NRF, Sciences humaines, 1976, p. 182-190.

(27) — LEVI-STRAUSS Claude, *Tristes tropiques*, Plon, coll. Terre humaine, 1955, pp. 368-370.

(28) — HOEFER Haus Johannes, *Indonesia*, Apa production, 1986, p. 128.

(29) — ARISTOTE, *Politiques*, livre I, chap. XI, Nathan, 1983.

(30) — BAECHLER Jean, *Les origines du capitalisme*, Gallimard, coll. Idées, 1971.

Section 2

(1) — BOURCIER DE CARBON Luc, *Eléments de démographie économique*, Cours de droit, Cujas, 1972-1973, p. 414.

(2) — SAUVY Alfred, *Théorie générale de la population, Economie et population*, tome I, PUF, 1952, pp. 52-53.

(3) — SAUVY Alfred, *op. cit.*, pp. 68-81.

(4) — SAUVY Alfred, *op. cit.*, pp. 82-123.

(5) — VILLEY Daniel, *Leçons de démographique*, Montchrétien, 1957, pp. 298-312.

(6) — AUSTRUY Jacques, *Le prince et le patron*, Cujas, 1972, pp. 61-62.

(7) — VALERY Paul, « La crise de l'esprit », *La nouvelle revue française*, n° 71.

(8) — CHEDEVILLE André, *La France au Moyen Age*, PUF, coll. « Que sais-je ? », 1965, p. 43.

(9) — GUILLEMAIN Bernard, *L'éveil de l'Europe*, Histoire universelle, livre de poche, 1969, p. 167.

(10) — MOULIN Léo, *La vie quotidienne des religieux au Moyen Age, X-XVe siècle*, Hachette, 1978, p. 253.

(11) — GUILLEMAIN Bernard, *op. cité*, pp. 168-169.

(12) — GIMPEL Jean, *La révolution industrielle du Moyen Age*, Seuil, coll. Points, 1975, pp. 49-78.

(13) — DUBY Georges, *Le temps des cathédrales*. Gallimard 1976.

(14) — BRASSE-BROSSARD Lucien, *Le destin de l'agriculture française*, PUF, coll. « Que sais-je ? », 1949, p. 19.

(15) — LE ROY LADURIE Emmanuel, *Le territoire de l'historien*, Gallimard, NRF, tome II, 1978, pp. 16 et 28.

(16) — LE HARDOUIN Gilles, *Moyen Age, L'insécurité déjà*, Historama, janvier 1986.

(17) — CHAUNU Pierre, *Histoire et décennie*, Perrin, 1981, p. 278.

(18) — DELORT Robert, « La longue marche des criquets », *L'Histoire* n° 37, septembre 1981.

(19) — GIMPEL Jean, *op. cité*, pp. 230 et suivantes.

(20) — BOUTHOUL Gaston, *La surpopulation*, Payot, coll. PBP, n° 61, 1964, p. 5.

(21) — BOUTHOUL Gaston, *Variation et mutations sociales*, Payot, coll. PBP, n° 117, 1963, p. 104.

(22) — BOSERUP Ester, *Evolution agraire et pression démographique*, Flammarion, 1970.

(23) — BOUTHOUL Gaston, *La surpopulation*, Payot, PBP, n° 61, 1964, p. 169.

(24) — ECKHOLM Erik, *La terre sans arbres*, Robert Laffont, 1977, p. 23.

(25) — LOWDERMILK W.C., « Conquest of the land through seven thousands years », U.S. Department of agriculture, *Agriculture Information Bulletin* n° 99, 1953.

(26) — Banque mondiale, *Rapport sur le développement dans le monde, 1984*, Banque mondiale, 1984.

(27) — BOUTHOUL Gaston, *La surpopulation*, Payot, PBP, n° 61, 1964, pp. 90-91.

(28) — BOUTHOUL Gaston, *La surpopulation*, Payot, PBP, n° 61, 1964, p. 112.

(29) — CHAUNU Pierre, *op. cité*, p. 203.

(30) — GOUBERT Pierre, *Cent mille provinciaux au XVIIe siècle. Beauvais et le beauvaisis 1600 à 1730*, Flammarion, coll. Champs, 1968.

(31)— DUBY Georges, *Les trois ordres ou l'imaginaire du féodalisme*, Gallimard, NRF, 1978.

(32) — BATAILLE Georges, *La part maudite*, Seuil, coll. Points, 1971, pp. 135-159.

(33) — TAVERNIER Jean-Baptiste, *Six voyages en Turquie et en Perse*, t. I, Maspero, coll. Découverte, 1981.

(34) — BOUTHOUL Gaston, *Biologie sociale*, PUF, coll. « Que sais-je ? », n° 738, 1964, p. 71.

(35) — MOSSÉ Claude, « L'esclavage en Grèce », *L'Histoire* n° 64, février 1984.

(36) — PETIT Paul, *La crise de l'Empire*, Seuil, coll. Points, 1974, pp. 229-230.

(37) — GIMPEL Jean, *op. cit.*, p. 76.

(38) — SURET-CANALE Jean, *Afrique noire occidentale et centrale*, Editions Sociales, 1979, p. 199.

(39) — CHAUNU Pierre, *op. cit.*, p. 204.

(40) — ALBAGLI Claude et DIAKITE Suzanne, *Eléments de démographie africaine*, NEA, 1984.

(41) — FLANDRIN Jean-Louis, *Un temps pour embrasser. Aux origines de la morale sexuelle occidentale (vi*^{e}*-xi*^{e} *siècle)*, Le Seuil, 1983, pp. 8 et 9.

(42) — LEVI-STRAUSS Claude, *Tristes tropiques*, Plon, coll. Terre Humaine, 1984, p. 331.

(43) — BOUTHOUL Gaston, *Variations et mutations sociales*, Payot, PBP n° 117, 1963, pp. 85-86.

(44) — MALTHUS Robert, *Principe d'économie politique*, Calmann-Levy, 1969.

(45) — GEMÄHLING Paul, *Les grands économistes*, Sirey, 1933, p. 252.

Section 3

(1) — BOUTHOUL Gaston, *Variations et mutations sociales*, Payot, PBP n° 117, 1968, p. 130.

(2) — BAUDRILLARD Jean, *Pour une critique de l'économie politique du signe*, Gallimard, coll. Tel, 1972, p. 71.

(3) — BAUDRILLARD Jean, *op. cit.*, p. 84.

(4) — ATTALI Jacques et GUILLAUME Marc, *L'anti-économique*, PUF, 1975, p. 132.

(5) — LE ROY LADURIE Emmanuel, « Homme-animal, nature-culture, les problèmes de l'équilibre démographique » in *Pour une anthologie fondamentale*, tome III, Seuil, coll. Points, 1974, p. 122.

(6) — BAECHLER Jean, *Les origines du capitalisme*, Gallimard, coll. Idées. 1971.

(7) — DURKHEIM Emile, *De la division du travail*, PUF, 1960.

(8) — ARON Raymond, *Les étapes de la pensée sociologique*, Gallimard, coll. Tel, 1967, pp. 323-329.

(9) — COMTE Auguste, *Sociologie*, Textes choisis par J. Laubier extraits du *« Système de politique positive »*, PUF, 1957.

(10) — MAUSS Marcel, *Essais de sociologie*, Editions de Minuit, coll. Points, 1971, pp. 108 et 128.

(11) — BAUDRILLARD Jean, *op. cit.*, p. 188.

(12) — LE ROY LADURIE Emmanuel, *op. cit.*, pp. 121-124.

(13) — SAHLINS Marshall, *Age de pierre, Age d'abondance*, Gallimard, NRF, 1972.

(14) — GOGLIN Jean-Louis, *Les misérables dans l'Occident médiéval*, Seuil, coll. Points, 1976, p. 53.

(15) — WEBER Max, *L'éthique protestante et l'esprit du capitalisme*, Plon, 1964.

(16) — GOGLIN Jean-Louis, *op. cit.*, pp. 214 et 227.

(17) — PLATTEAU Jean-Philippe, *Les économistes classiques et le sous-développement*, PUF, 1978, p. 58.

(18) — ATTALI Jacques et GUILLAUME Marc, *op. cit.*, p. 169.

(19) — AUSTRUY Jacques, « Marginalia », Congrès des Economistes de langue française, juin 1969.

(20) — BRUN Jean, *Socrate*, PUF, « Que sais-je ? », 1978, p. 31.

(21) — PETTY William, *Les œuvres économiques de W. Petty*, Girard et Brière, 1905, p. 103.

(22) — EVANS-PRITCHARD E.E., *Les Nuer*, Gallimard, coll. NRF, 1968, p. 211.

(23) — ILLITCH Ivan, *Le travail fantôme*, Seuil, 1981, pp. 150-151.

Section 4

(1) — MAUSS Marcel, *Essais de sociologie*, Editions de Minuit, coll. Points, 1971, p. 119.

(2) — *La Sainte Bible*, Editions du Cerf, 1955, Chapitre 41, versets 33 à 36, pp. 64-67.

(3) — POLANYI Karl et ARENSBERT Conrad, *Les systèmes économiques dans l'histoire et dans la théorie*, Librairie Larousse, 1925, p. 24.

(4) — GOGLIN Jean-Louis, *Les misérables dans l'Occident médiéval*, Seuil, coll. Points, 1976, p. 39.

(5) — WILL Pierre Etienne, *Bureaucratie et famine en Chine au XVIII siècle*, Mouton EHESS, 1980.

(6) — CARTIER Michel, « Quand la Chine avait cent millions d'habitants », *L'Histoire*, n° 24, juin 1980.

(7) — BATAILLE Georges, *La part maudite*, Seuil, coll. Points, 1967, p. 60.

(8) — AUSTRUY Jacques, *Le prince et le patron*, Cujas, 1971, p. 32.

(9) — BRAUDEL Fernand, *Civilisation matérielle et capitalisme*, Armand Colin, 1967, pp. 94-95.

(10) — WILL Pierre Etienne, « Chine, la terre des grandes famines », *L'Histoire* n° 44, avril 1982.

(11) — BAIROCH Paul, *Le tiers monde dans l'impasse*, Gallimard, coll. Idées, 1971, p. 29.

(12) — BRAUDEL Fernand, « De César à Napoléon, même lenteur », *L'Histoire,* décembre 1984.

(13) — BOUTHOUL Gaston, *La surpopulation*, Payot PBP, 1964, p. 208.

(14) — EVANS-PRITCHARD E.E., *Les Nuer*, Gallimard, coll. NRF, 1968, p. 153.

(15) — CORNEVIN Robert et Marianne, *Histoire de l'Afrique*, Payot, PBP, 1964, p. 310, tome II.

(16) — BARRET François, *Histoire du travail*, PUF, coll. « Que sais-je ? », 1960, p. 9.

(17) — IONESCU G., *La pensée politique de Saint-Simon*, Aubier-Montaigne, 1979, p. 237.

(18) — KI-ZERBO Joseph, *Histoire de l'Afrique noire*, Hatier, 1972, pp. 260-262.

(19) — CLERC François, « La faim dans le monde est-elle un problème politique ? », *Problèmes économiques* n° 1465, 24 mars 1976.

(20) — VAN EFFENTERRE Henri, *L'âge grec*, Histoire universelle, Larousse, livre de poche, 1968, pp. 353-357.

(21) — AUSTRUY Jacques, *op. cit.*, p. 45.

(22) — RIBEIRO Darcy, *Frontières indigènes de la civilisation*, UGE, coll. 10-18, 1979.

cA3(23) — ARON Raymond, *Les étapes de la pensée sociologique*, Gallimard, 1967, p. 133.

CHAPITRE III

LES RUPTURES DE LA SOCIÉTÉ BRITANNIQUE

En abordant l'Angleterre, nous ne cherchons pas à couvrir l'ensemble des éléments susceptibles d'expliquer le démarrage économique de ce pays. Notre souci reste plus modeste puisqu'il consiste à dégager le rôle initial de l'agriculture vivrière et ses implications les plus directes dans le bouleversement du système socio-agraire précédemment défini. De ce point de vue, la société britannique du XVIIIe siècle reste une société de ruptures. Au niveau de la productivité agricole, une amélioration sans précédent écarte le spectre ancestral et lancinant de la famine. En démographie, la croissance rapide et soutenue, amorcée par l'agriculture et prolongée par la médecine, provoque des densités urbaines encore inconnues. Dans le domaine des activités productives, la substitution d'un marché du travail à des fonctions statutaires et héréditaires balaie les structures sociales traditionnelles. Quant aux besoins, ils incarnent désormais le bonheur mesurable à l'aune du niveau de consommation. Enfin pour compléter ce tableau, il ne faut pas négliger une série d'occasions historiques qui ont assuré cette transition avec plus de souplesse. Celles-ci feront plus tard cruellement défaut aux pays du Tiers Monde. Une nouvelle cohérence s'impose et déborde le jeu multi-millénaire dans lequel les sociétés agraires paraissaient enfermées. Elle introduit l'humanité dans un nouveau champ d'expériences qui débouchent sur le « scandale du développement » pour reprendre le mot de Jacques Austruy (1). La Grande-Bretagne écrit une nouvelle page d'histoire qui constitue « la préface de la révolution industrielle du monde entier ». (2)

1. Le verrou agricole levé

L'Angleterre est souvent créditée du mérite d'avoir initié la révolution industrielle alors que les profondes mutations de son paysage agricole sont généralement passées sous silence. Pourtant ces dernières furent un préalable indispensable pour lever le verrou de la productivité agricole.

A - La révolution agricole du XVIIIe siècle

La société rurale anglaise se transforme à la faveur d'un contexte politique particulier qui favorise la diffusion des progrès techniques en y associant les principes d'une réforme agraire.

a) Lorsqu'en 1689, le Stathouder de Hollande, Guillaume devient roi d'Angleterre, il provoque une étroite imbrication des intérêts hollandais et anglais. L'Angleterre ne manque pas de tirer profit des avantages acquis par les Provinces Unies où figurent en bonne place les techniques agricoles. Les Hollandais avaient, en effet, élaboré une agriculture de pointe à la faveur de l'entretien de ses polders.

Les péripéties dynastiques fournissent bientôt de nouvelles occasions. Les Hanovre montent sur le trône. De 1714 à 1820 règnent les trois premiers Georges, dont le moins que l'on puisse dire, est qu'ils ne provoquent pas une polarisation de la société nobiliaire et de la classe de la gentry autour de leurs personnes. Le premier ne prend même pas la peine d'apprendre l'anglais, Georges II s'occupe de ses maîtresses et laisse faire ses ministres, et le troisième ne tarde pas à présenter des signes de folie. Ce siècle de marginalisation monarchique incite les propriétaires terriens à demeurer sur leurs terres. Mais leur participation très concrète à la vie rurale les pousse à y maximiser leurs intérêts agraires.

Jusqu'ici, la classe dirigeante s'était davantage préoccupée des modalités de la dérivation et du partage du surplus que souciée des problèmes de sa croissance (3). Ce nouvel intérêt pour l'organisation de la production fera de l'Angleterre, pour un siècle, le centre de l'expertise agricole (4).

b) Les progrès agricoles enregistrés durant cette période furent nombreux. Six thèmes essentiels que nous empruntons à l'analyse de Paul Bairoch, en constituent la charpente (5) :

— Suppression progressive de la jachère remplacée par un système de rotation continue des cultures : la conséquence la plus directe en est une extension des terres disponibles pour les cultures.

— Introduction ou extension des cultures nouvelles. On citera les raves, le colza, le houblon, le sarrasin, la carotte, le chou et bien sûr la pomme de terre.

— Amélioration des outillages traditionnels et introduction de nouvelles techniques : le fer est utilisé de plus en plus largement. La faux se substitue à la faucille. Le semoir remplace la semaille à la volée et le labourage par traction animale se perfectionne et se diffuse.

— Sélection des reproducteurs et de semences : l'agriculture devient plus méthodique en améliorant les races les plus performantes et les espèces à haut rendement.

— Extension et amélioration des terres arables : la préparation des sols se fait plus minutieuse. Elle bonifie la productivité des terres déjà mises en culture et rend exploitables des zones qui paraissaient de prime abord, peu aptes au développement de l'agriculture.

— Généralisation de l'usage des chevaux dans les travaux agricoles. Au XVIIe siècle, les bœufs permettaient de labourer une quarantaine d'ares par jour. L'emploi du cheval permet d'étendre les labours d'environ 50 %. L'amélioration de la charrue, à la fin du XVIIIe siècle, porte cette superficie à 80 ares. Le rendement a doublé.

Toutefois la diffusion et l'adoption de ces nouvelles techniques n'ont été réellement possibles qu'à la faveur d'une réforme agraire.

c) Le mouvement des enclosures modifie le cadre juridique de l'économie rurale. Les parcelles nombreuses, intercalées et enchevêtrées appelaient une exploitation agricole dirigée selon des règles communes du fait de l'assolement triennal. Par ailleurs, entre l'époque de la moisson et celle des semailles, soit de fin juillet à début février, les terres privées temporairement de leurs cultures devenaient des pâtures collectives. Ce système « open field » permettait le maintien de la petite propriété tandis que les pauvres restaient tolérés sur les terrains communaux (6).

L'enclosure fut l'opération qui consista à clôturer les champs. Cette mesure favorisant un regroupement des propriétés encouragea l'amélioration des méthodes culturales et facilita la mise en valeur des terres incultes. L'historien économiste anglais Eric Hobsbawm explique que désormais « l'agriculteur soucieux de rentabilité et féru de progrès pouvait ainsi se rendre indépendant de ses voisins vieux jeu et traditionnalistes (7) ». Alors que les pouvoirs publics avaient freiné antérieurement ces opérations de remembrement, le parlement va prendre, au courant du XVIIIe-siècle, les dispositions les plus favorables à l'extension du mouvement des enclosures.

L'importance des progrès réalisés fut telle que, confrontée à l'absence multiséculaire de tout processus cumulatif, elle rendait inimaginable de nouveaux développements de cette révolution agricole. Malthus exprimant le point de vue de ses contemporains sur ce sujet, rappelait que si l'on pouvait admettre que la meilleure administration possible de l'agriculture débouche encore sur un doublement de la production en vingt-cinq ans, il restait impossible de supposer que le produit puisse quadrupler dans les vingt-cinq années suivantes. « Ce ne serait pas conforme avec ce que nous savons sur les diverses propriétés du sol (8). » Bien que cette analyse ne résistât pas aux étonnants progrès de la technologie poursuivis au cours du XIXe et XXe siècle, elle illustre néanmoins l'ampleur des mutations observées à l'époque.

B - Les effets de cette révolution verte

« Les plus gros efforts des agriculteurs pour accroître la productivité semblent être intervenus avant 1750 » (9). En l'espace d'un demi-siècle, le surplus moyen passe de l'ordre de 25 % à un excédent supérieur à 50 %. Jusqu'à cette époque les fluctuations annuelles des rendements des productions agricoles — dont l'amplitude moyenne dépasse 25 % — faisaient peser d'une façon permanente des risques de disette. Désormais, et pour la première fois dans l'histoire de l'humanité, l'augmentation de la productivité agricole dégage la population des menaces de famine (10). Le niveau des exportations céréalières illustre la nouvelle situation. Vers 1750, les exportations anglaises atteignent déjà un sommet de 200 000 tonnes de céréales qui représentent près de 15 % de la consommation nationale (11).

D'une façon générale, la production par actif agricole double durant l'ensemble du XVIIIe siècle (12). Cette donnée est essentielle, car, les améliorations de productivité rendent dorénavant significative une appropriation du surplus individuel. Mieux, elles sont une invite à l'amélioration du bien-être. La logique exclusive d'un surplus marginal et résiduel, issu d'une productivité faible et susceptible d'avoir une affectation par la seule agrégation du Prince, disparaît. Un potentiel inédit s'ouvre aux populations.

Pourtant, lorsque Karl Marx analyse le mouvement des enclosures, il dénonce une mutation qui se fait au profit des grands propriétaires. Compte tenu des frais élevés pour l'installation des clôtures et de la perte des avantages des champs communaux, les petits exploitants sont réduits à la vente de leurs terres. Karl Marx voit dans cette dépossession du petit paysan, la constitution progressive dans les villes, de l'armée de réserve des « sans travail », obligés d'accepter n'importe quel salaire et prêts à fournir une main-d'œuvre bon marché à l'industrie qui va naître (13). Des études récentes révèlent que cette description gomme des aspects capitaux.

Une première observation nous amène à constater que la population britannique augmente à l'issue des progrès agricoles et de la réforme agraire. André Philip conclut à une amélioration des conditions de vie dans les années qui ont suivi (14). Cet avis nous paraît d'autant plus pertinent qu'aucun facteur d'ordre médical n'est en mesure d'expliquer cette croissance démographique du

XVIIIe siècle. (La vaccination de Jenner contre la variole intervient à l'extrême fin du siècle.)

Le second point touche le besoin de main-d'œuvre qui persiste en milieu rural. Paul Mantoux est convaincu que la réforme agraire s'est d'abord traduite par une création d'emplois (15). En fait, les opérations de clôtures, de remembrements et d'aménagement du capital foncier n'auraient pu être menées à bien sans le maintien d'une population rurale abondante. Ce besoin de main-d'œuvre s'est prolongé encore, lorsque l'agriculture britannique dut nourrir une population en voie d'expansion rapide, exprimant des besoins croissants. Cette demande nécessitait la mise en culture de terres laissées en friches ou en pâturages et maintenait le niveau d'emplois agricoles malgré les progrès techniques (16).

Une troisième remarque a trait à l'exode rural. La réforme agricole n'a pas provoqué directement un mouvement d'urbanisation. Roland Marx, étudiant les mouvements de population, ne distingue aucune migration d'importance entre le sud de l'Angleterre où sont intensifiés les progrès agricoles et le nord-ouest où s'élaborent les prémices du démarrage industriel (17). Mieux, les conditions salariales offertes par l'industrie traduisent un appel de main-d'œuvre mal satisfait. « Les salaires industriels, pour misérables qu'ils nous paraîtraient aujourd'hui, étaient cependant supérieurs aux salaires agricoles » et, ajoute Maurice Flamant « cela est d'autant plus vrai que les salariés agricoles n'étaient employés que pendant les deux tiers de l'année » (18). La remise en cause du « domestic system » par le travail en entreprise (« factory system ») accentue même cet écart de revenus. Les travaux à domicile distribués aux paysans pour l'hiver formaient un complément de ressources qui, peu à peu, disparaît. D'une façon globale, on peut dire que l'urbanisation est issue principalement de la croissance de la population, Paul Bairoch relève à cet égard que la population rurale ne progresse pas et reste stable (19).

Le perfectionnement de l'agriculture pose les conditions d'un développement économique général. « Quand par l'amélioration et la mise en culture des terres, le travail d'une famille peut en nourrir deux, le travail de la moitié de la société devient suffisant pour que la nourriture de tous soit assurée. Ainsi, l'autre moitié, ou au moins, la plus grande partie de celle-ci, peut s'employer à produire d'autres choses ou à satisfaire les autres besoins et caprices de l'espèce humaine (20). » Ce texte d'Adam Smith préfigure le mécanisme du développement anglais. De façon interdépendante, la population urbaine croissante eut besoin de plus de denrées alimentaires et les populations rurales eurent davantage envie de biens manufacturés. Cette nouvelle page de l'organisation économique et sociale n'aurait pu s'écrire sans l'émergence rapide, importante et continue du surplus agricole.

2. La transition démographique

L'un des effets les plus directs de la révolution verte s'attache à la perturbation durable de la démographie britannique. Cette rupture avec des données dont les populations ne paraissaient pas pouvoir se libérer, constitue une véritable première dans l'histoire démographique. Mais, pour passer d'une croissance faible dominée par des taux de natalité et de mortalité élevés à une nouvelle croissance faible caractérisée, cette fois-ci, par de faibles taux de natalité et de mortalité, une période transitoire de deux cents ans de bouleversements va s'écouler.

A - Les mutations démographiques

L'histoire démographique se partageait jusqu'au XVIIIe siècle en deux grandes étapes. D'abord, une phase que nous pourrions appeler « naturelle » qui correspond à celle de l'homme prédateur. Elle se distingue peu des autres espèces omnivores. La croissance démographique atteint rapidement un seuil fixé par les capacités d'entretien du milieu et étroitement imbriqué aux péripéties des espèces chassées. Les effectifs sont extrêmement limités. Les résultats des travaux parallèles, mais concordants, de Pierre Chaunu (1) et de Jean-Noël Biraben (2) sont très éloquents. L'homme, depuis 35 ou 40 000 ans, a montré des dispositions novatrices dans le domaine de l'habitat, du foyer, de l'outillage. Mais à la veille de l'invention des cultures, et malgré des fluctuations oscillant peut-être entre 5 et 9 millions, la population plafonnait déjà depuis 25 000 ans !

La deuxième étape commence avec l'invention de l'agriculture. C'est l'occasion de nouvelles possibilités de peuplement, au fur et à mesure que l'économie de prédation du Paléolithique est abandonnée. La densification démographique procède directement de ce nouveau système régénérateur de richesses. Partie de 6 à 7 millions d'individus, la population atteint la cinquantaine, 5 000 ans plus tard. Elle double 1 000 ans avant Jésus-Christ. Au début de notre ère, elle est évaluée à 250 millions pour atteindre au XVIIe siècle un demi-milliard d'individus (3). La diffusion de l'agriculture combinée à de nouveaux acquis ponctuels (assolement, irrigation, double récolte...) oriente la population mondiale à la hausse. Cet élan contraste avec le long plafonnement-saturation de la période précédente. Toutefois, ce mouvement d'ensemble ne doit pas occulter de brusques effondrements : avec la Peste Noire, le collapsus de l'Occident chrétien réduit du tiers la population du XIVe siècle, le choc microbien des conquistadores ramène la population amérindienne du XVIe siècle de 80 millions à quelques millions... La progression générale ne doit pas non plus faire oublier les plafonnements qui interviennent dès que la densité démographique correspond à la pleine exploitation du système agricole. La population mondiale de l'an mil n'est guère différente de celle du début de notre ère (4). Plus localement, les densités démographiques de la France du XIIIe et du XVIIIe siècle sont quasi identiques !...

Au XVIIIe siècle, en Angleterre prend place une nouvelle phase dans le développement démographique, mouvement qui va s'étendre rapidement à l'Europe du Nord, puis à l'ensemble du vieux continent. A la fin du XVIIe siècle, l'Angleterre et le pays de Galles comptent 5,2 millions d'habitants et jusqu'au milieu du XVIIIe siècle leur population progresse peu. C'est seulement vers 1740 que la croissance démographique s'élève, puis s'accélère (5). Cette remarque d'Eric d'Hobsbawm a toute son importance puisque ce n'est qu'une fois que les progrès essentiels ont pu être mis en place dans l'agriculture que la croissance démographique se développe. La population atteint à la fin du siècle 9,1 millions d'habitants. (Elle progresse de 6,9 à 10,7 millions d'habitants au courant du XVIIIe siècle, si on y inclut l'Ecosse) (6). Ce mouvement est prodigieux puisqu'entre 1780 et 1900, la population quadruplera. Comparé à l'évolution de la population mondiale, l'écart est saisissant. Elle avait mis depuis le début de notre ère plus de seize siècles pour doubler. (7)

Le taux de croissance démographique, quasi nul au début du XVIIIe siècle, s'élève pour parvenir au seuil de 1 % vers 1850. Cette date correspond précisément à l'état de maturité économique dans la classification des étapes économiques de W. Rostow (8). Autrement dit, l'explosion démographique accompagne la révolution industrielle de l'Angleterre mais ne la précède pas.

Cette poussée démographique présente des caractéristiques totalement nouvelles. « Désormais, comme le souligne Jean-Marie Poursin, l'évolution démographique n'est plus dominée par les catastrophes qui, à travers les pointes de mortalité, brisaient précédemment le dynamisme. Il y eut pourtant, pendant cette période des crises alimentaires, des épidémies aussi. Mais, pour la première fois, ces crises ne se transforment pas en hécatombes et les subsistances ne commandent plus les mouvements de population (9). » Les lois ricardo-malthusiennes semblent perdre leur vertu d'explication. La théorie de la transition démographique élaborée aux environs de 1930 par deux démographes américains, Warren Thompson et Frank Notestein, présente une identification cohérente des changements intervenus. Elle est dominée par une croissance démographique qui tire sa force du long déclin de la mortalité, auquel succède une brutale chute de la natalité. Au terme de cette période la dynamique démographique redevient faible, mais cette fois-ci, et contrairement à la période initiale, avec des taux réduits de mortalité et de natalité.

Fig. XIII - La démographie de la Grande-Bretagne

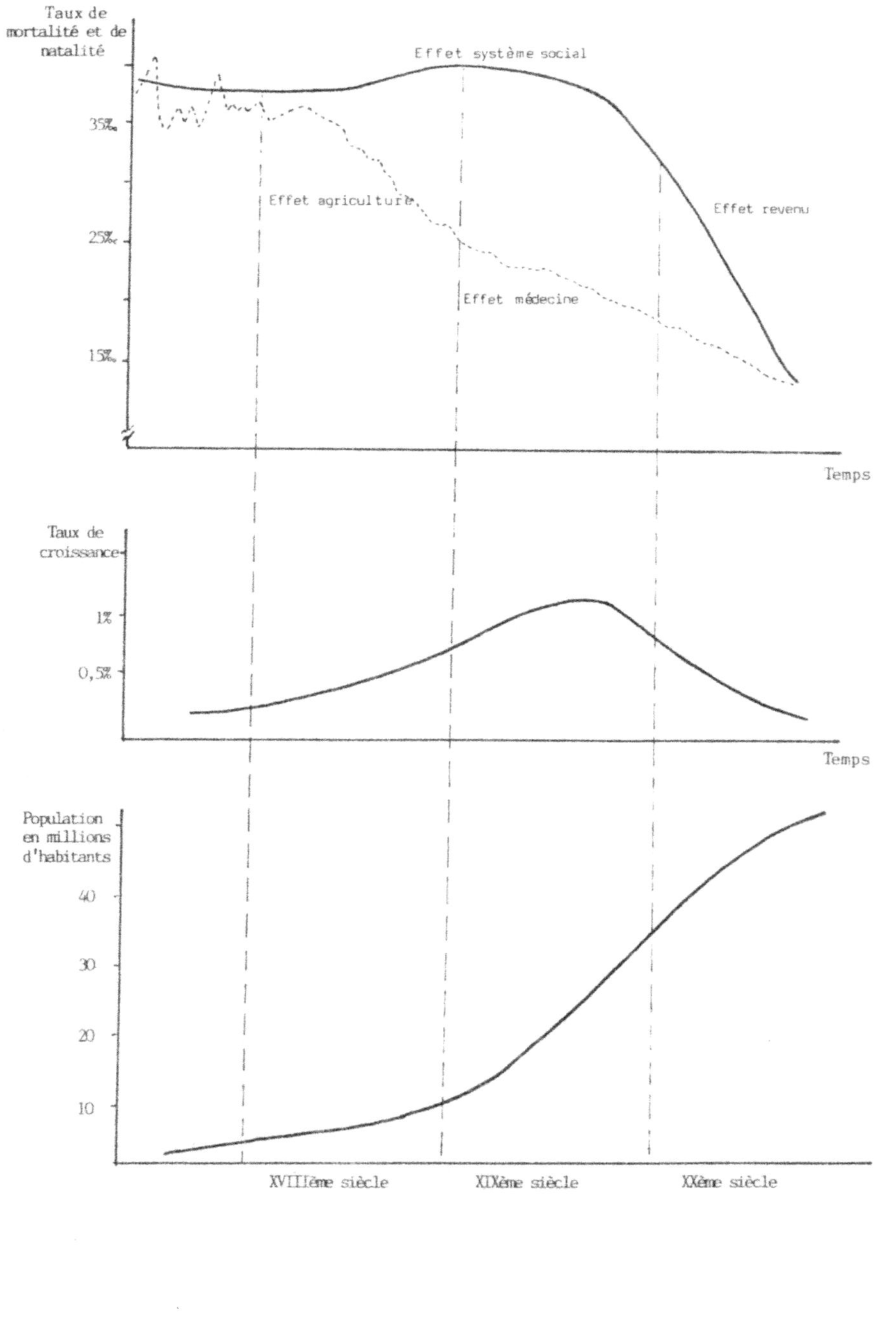

B - Les composantes de la phase transitoire

Quand l'Angleterre amorce cette transition démograhique, sa population est faible (moins du tiers de la population française), sa croissance est quasi nulle, avec un taux de mortalité qui avoisine les 40 ‰. Entre le milieu du XVIIIe siècle et le milieu du XXe, l'Angleterre connaît une réduction importante et continue de sa mortalité, puis à l'extrême fin du XIXe, le début d'une chute brutale de son taux de natalité qui ramène en quelques décennies sa croissance démographique au plus bas. (cf. Fig. XIII)

a) La réduction de la mortalité intervient pour l'essentiel au XVIIIe et au XIXe siècle. En simplifiant, on peut dire que si la démographie du XVIIIe se caractérise par les effets de l'agriculture, celle du XIXe correspond plus particulièrement à la médecine.

En effet, une fois que les perfectionnements des techniques agricoles se sont diffusés dans le monde rural, les disponibilités vivrières se sont accrues. Elles se répercutent directement sur les conditions de survie qui jouent essentiellement sur la baisse des décès parmi les nourrissons, les enfants, voire les adolescents (10). L'accroissement des ressources nutritives évite tout d'abord aux mères de souffrir de graves carences alimentaires qui sont fatales aux nouveau-nés. Les cas de xérophtalmie provoquaient un rachitisme dès la naissance. Une deuxième cause de mortalité importante survenait à l'occasion du sevrage. Les enfants souffraient du kwashiorkor qui résultait de carences protidiques parfois associées à une avitaminose. Or non seulement la sous-alimentation constituait une cause directe de décès mais elle favorisait également la propagation des infections et la transmission des maladies (11). On comprend dès lors la répercussion immédiate d'un meilleur régime alimentaire sur le taux de mortalité. Celui-ci chute du tiers dès la fin du XVIIIe siècle.

Les progrès de la médecine n'interviennent efficacement qu'au siècle suivant. D'abord des résultats décisifs sont obtenus avec la diffusion du vaccin antivariolique de Jenner après 1798. « En moins d'une décennie la variole est vaincue, constate Jean-Marie Poursin, et avec elle, la cause principale de la mortalité infantile. Cette maladie était, en effet, responsable de 30 % des décès d'enfants d'un à quatre ans (12). » Ces progrès sont ensuite renforcés par l'amélioration de l'hygiène qui fait suite aux découvertes de Pasteur. Ces résultats sont d'autant plus décisifs qu'aucun conflit n'est venu remettre en cause ces acquis durant ce que Karl Polanyi appelle « la paix de cent ans » (1815-1914) (13). Le taux de mortalité est à la veille de la Première Guerre mondiale de 15 ‰ (14). Il n'évoluera plus guère. Les tables démographiques de la Banque mondiale donneront pour les années quatre-vingt le taux de 12 ‰ (15).

b) L'évolution de la natalité comporte également deux phases distinctes, mais de directions contraires. L'une traduit une hausse de natalité sous l'effet des mutations du système social, la seconde frappe par sa chute brutale à la charnière du XXe siècle.

Les statistiques présentées par Jean-Marie Poursin (16) ou par Maurice Niveau (17) varient, mais sont concordantes pour en déduire un relèvement du taux de natalité. Il pourrait, entre le début et la fin du XVIIIe siècle, avoir augmenté de plus de 10 %. Ce mouvement est donc significatif et ne doit pas être occulté. Il confirme, à l'évidence, que la fécondité précédente n'était pas maximum et que des usages à portée malthusienne, en assuraient la modération. Diverses causes ressortent de l'analyse.

La toute première est une conséquence directe de la baisse de la mortalité enfantine qui transforme la composition des classes d'âges. Le nombre de femmes parvenant à l'âge de la procréation s'accroît et provoque une relance de la natalité tandis que la réduction des décès en couche augmente la durée d'exposition des femmes à la maternité.

Les effets de la réforme agraire jouent également sur la démographie. La main-d'œuvre traditionnelle était précédemment intégrée dans la famille paysanne et à défaut d'un bon salaire, elle était au moins assurée d'un emploi régulier. Avec une gestion centrée sur la rentabilité, il n'en est plus de même pour les nouveaux travailleurs agricoles. Ils n'habitent plus chez leurs employeurs et ne perçoivent plus de revenus à la morte saison. « S'ils avaient du bon sens, conclut Eric Hobsbawm, ils élevaient une grande famille, car une femme et des enfants signifiaient de nouveaux salaires et parfois une allocation spéciale versée au titre de la loi sur les pauvres (18). »

Le mouvement d'urbanisation est également, durant cette époque, favorable à un relèvement de la natalité. Au milieu du XVIIIe siècle, la population rurale représentait encore 80 % de la population, en 1850 cette population n'est plus que de 50 % (19). Et c'est précisément un moment de l'histoire, souligne Philippe Ariès, où les villes sont plus fécondes que les campagnes. Le célibat qui constituait le principal moyen de restriction des naissances n'est plus concevable dans la promiscuité de la fabrique et du taudis. Ces zones de hautes densités où la sexualité est sollicitée dès le plus jeune âge et à tout propos, caractérisent tout particulièrement cette Angleterre industrielle (20).

Un quatrième élément vient compléter cette argumentation, lorsque l'on prend en compte les modifications de la signification de l'enfant. Yves Lacoste en a exposé l'influence : dans les villes, après la suppression des réglements corporatifs qui limitaient le travail des enfants, les jeunes forment une bonne partie de la main-d'œuvre dans les débuts de la révolution industrielle. Les familles ne considèrent pas l'enfant comme une charge mais comme un avantage et souvent même une nécessité. Les sommes que coûte son entretien dans ses premières années sont plus que largement remboursées par les gains ultérieurs (21).

Autrement dit, les nouvelles chances de survie combinées à

l'effritement des institutions et des comportements traditionnels concourent à renforcer, dans un premier temps, la croissance démographique. Mais, à la fin du XIXe siècle, intervient une nouvelle phase avec la chute brutale du taux de natalité.

Alors que la baisse de la mortalité fut longue et progressive (environ 6 % par décennie), la natalité qui avait fini par fléchir quelque peu au XIXe siècle, s'effondre soudainement au rythme de 20 % par décennie, durant une trentaine d'années. Les explications en sont complexes : progrès dans le niveau de vie, alphabétisation des populations, passage d'un système basé essentiellement sur l'autoconsommation à un autre basé sur l'amplification des besoins, d'un univers où l'enfant participe précocement à la production à un autre où sa formation est longue et coûteuse. L'Angleterre cesse d'être un pays d'émigration. La classe ouvrière a perdu sa compacité de 1850. Une catégorie de « bourgeois du travail » de plus en plus nombreuse et de plus en plus influente donne le ton au climat de l'époque (22). Il traduit un changement de mœurs au profit d'une société où les particularités individuelles s'accentuent, où un mode de vie plus nuancé, moins collectif s'impose...

D'un équilibre à « fort potentiel de croissance » comme le formule Paul Riesman compte tenu des taux de natalité et de mortalité de l'ordre de 35 à 40 ‰, on accède à un nouvel équilibre de faible croissance déterminée, cette fois-ci, par des taux voisins de 15 ‰ (23). Entre-temps la croissance transitoire a permis d'augmenter la population et la densité dans des proportions inconnues, mais en succédant à la révolution agricole et en accompagnant la mutation industrielle. Pour finir, la population se stabilise précisément au moment où elle se dégage des lois de la production vivrière qui constituait jusque-là, le frein dirimant de sa croissance.

3. L'activité productive, symbole d'une société nouvelle

La montée des nouveaux courants de pensée du XVIe siècle prépare en Europe, l'émergence de la valeur travail. Mais c'est la Grande-Bretagne qui en tire, plus rapidement qu'ailleurs, tout le parti possible. En explorant de nouvelles règles d'organisation du travail, elle est conduite au remodelage de sa société.

A - L'émergence de la valeur travail

« Jusqu'au XVIe siècle, remarque l'historien Jean Delumeau, les humanistes distinguent "l'otium", c'est-à-dire le recueillement hors des bruits du monde, du "negotium" qui désigne l'agitation et la dispersion dans d'épuisantes et stériles occupations (1). » L'oisiveté féconde avait été élevée au niveau d'une institution sous l'antiquité. Au Moyen Age, la prière et la contemplation faisaient accéder à la sainteté et la vie éternelle. La morale calviniste renverse ces propositions et les encyclopédistes contribuent à élever le travail au rang d'un mythe dès le XVIIIe siècle.

a) La notion calviniste de prédestination est l'une des origines les plus dynamiques de cette nouvelle éthique. Le Salut ne s'obtient pas par le mérite, mais par la Grâce de Dieu. Or, si le fidèle ne sait pas s'il est élu, il a du moins l'intuition que Dieu ne peut choisir ses élus parmi les pêcheurs. Toute forme de faiblesse humaine doit donc être exclue de la vie du croyant. Cet ascétisme moral s'adjoint trois obligations importantes, à savoir le travail, la vie austère et la science.

Le sociologue Guy Rocher souligne la portée de cette recommandation : « la paresse, l'oisiveté, le désœuvrement étaient les plus grand pêchés, car c'était le refus de participer à l'édification du Royaume de Dieu. (...) Le travail n'apparaissait pas au calviniste comme un mal nécessaire, ni comme la punition d'une faute : il était la contribution positive et nécessaire de l'homme à la manifestation de la gloire de Dieu. Il ne suffisait donc pas de travailler, encore fallait-il que le travail fût bien fait et surtout qu'il servît à des fins utiles, qu'il fût véritablement productif. Le travail devait aussi être continu : il fallait inculquer très tôt, à l'enfant, le sens du travail et de la vocation, et lui apprendre que l'homme doit travailler toute sa vie, sans relâche et sans arrêt (2) ». Le travail devient une « loi de nature » indépendamment du pêché originel. La pauvreté n'est plus une vertu, elle se présente comme le fruit de la paresse. Lewis Mumford évoque le rôle particulier du protestantisme en sa capacité « de transformer l'ascétisme religieux en une méthode permettant de s'attribuer les biens et les progrès terrestres (3) ». L'adoption par l'Angleterre d'une religion réformée a, sans nul doute, contribué à forger et à répandre plus rapidement cette mentalité.

b) Les encyclopédistes concourent à diffuser ce nouvel état d'esprit. Le siècle des lumières projette l'avenir de l'humanité dans une perspective optimiste, dominée par une foi puissante en la rationalité des comportements. Cette foi dans le progrès projette une organisation sociale où le rôle du travail est tenu différemment. « Au XVIIIe siècle, évoque André Philip, le travail prend une valeur, non pas, comme une fin en soi, mais comme moyen de s'enrichir et comme fondement de toute richesse. Sous l'influence des marchands et de l'esprit bourgeois commence à apparaître l'esprit de confiance et d'optimisme qui s'exprime par le mythe du progrès. Le travail est alors un effort calculé soumis au contrôle de la raison réfléchie, ayant le gain pour but. Avec les encyclopédistes, nous sommes vraiment devant une mythologie du travail exalté, il apparaît comme la source de toute propriété. Les premiers économistes libéraux vont en faire la source de toute valeur et l'on tend à oublier son caractère de pénibilité (4). »

Adam Smith n'estompe pas cette dualité, il en souligne une logique dans « La théorie des sentiments moraux » publiée en 1759. Le bien-être doit être la contrepartie de l'effort productif. « Le fils du pauvre homme auquel le ciel dans sa colère a donné l'ambition quand il commence à regarder autour de lui, envie les conditions des riches. Il trouve la chaumière de son père trop petite à son gré et s'imagine qu'il serait mieux logé, à son aise dans un palais... Il apparaît dans son imagination comme l'existence de certains individus qui appartiennent à des catégories sociales plus élevées et pour y parvenir, il se consacre à jamais à la poursuite de la richesse et de la grandeur. Pour obtenir les agréments que celles-ci permettent, il s'astreint (...) à plus de fatigue corporelle et à plus d'inquiétude dans son esprit qu'il n'en aurait enduré durant toute sa vie en en étant privé (5). » Cette approche est reprise et développée, en 1776, dans la « Richesse des nations ». Adam Smith y fait apparaître une notion psychologique capitale : la poursuite de l'intérêt individuel ou « la tendance de chaque homme à améliorer sans cesse son sort » (6). Cette nouvelle perspective débouche sur la remise en cause de quelques principes séculaires d'organisation sociale.

c) Effectivement, les prolongements de cette mutation mentale propagent l'image d'un homme individualiste pour lequel, désormais, le temps est compté, tandis que le pouvoir abandonne ses fonctions prédatrices au profit d'une capacité organisationnelle encore plus prometteuse.

Le système traditionnel veillait à effectuer un contrôle constant du groupe sur chacun de ses membres afin que l'ordre existant, garant d'une certaine pérennité, ne puisse être remis en cause par des actes insolites. C'est ce qui fait écrire à Robert Badouin : « L'individu n'émerge pas ou n'existe que par et pour le groupe (7). » Sans doute, à la fin du XVIIIe siècle, y a-t-il longtemps que l'individu est posé en valeur autonome par rapport à la société. Il y a longtemps que l'on sait que tout individu est unique et qu'il a, par conséquent, une valeur inappréciable. Le christianisme et la Renaissance, l'avaient dit avec force. Mais la primauté du groupe n'est pas niée pour autant. L'individu est encore considéré comme le sous-produit d'un groupe social vigoureux : sans société forte, l'individu dépérit.

Avec les analyses du XVIIIe siècle, l'individu affirme sa primauté. Jean-Jacques Rousseau va même jusqu'à développer l'idée que la nature ne destine pas l'homme à la vie en société (8). Renversement des valeurs, ce n'est plus l'assujettissement de l'individu au groupe qui conduit à l'équilibre social. La poursuite des intérêts individuels et égoïstes donne à l'homme son indépendance pour devoir aboutir plus sûrement à l'harmonie générale.

Une « main invisible » explique Adam Smith transforme les choix individuels en un bien-être collectif (9). L'individu peut, dès lors, s'adonner librement à son travail, guidé par son propre intérêt, à savoir, l'amélioration de son bien-être.

Cette perspective remet en cause l'approche et la perception du temps. Un des traits importants de cette société en gestation est de conférer, au temps, une utilité fonctionnelle. Elle doit répondre à ce nouvel idéal de productivité consigné par Peter Berger dans *Les mystificateurs du progrès* : « L'homme est par-dessus tout l'homo faber. L'essence de l'homme est de travailler, de transformer, de produire et de dominer le monde (10). » Cette civilisation du travail fait du temps un bien rare et le développement du bien-être passe par sa gestion. L'horloge devient la grande ordonnatrice des sociétés contemporaines. Le bonheur n'est plus l'affaire de l'éternité mais celle d'une vie dont la durée est comptée : il convient de faire vite...

Cette intention rationaliste se répercute également sur l'exercice du pouvoir. Dans les sociétés prénewtoniennes, les classes dirigeantes vivaient des prélèvements opérés sur le travail des autres, à savoir celui de la paysannerie. Dans ce contexte, remarque François de Closets, « elles se contentaient de prélever une rente sur la production sans chercher à l'organiser. Classes politiques, classes militaires, classes sacerdotales, elles considéraient précisément que leur principal privilège était d'échapper à l'entreprise de production. Car cette activité était subalterne, les tâches nobles étaient la religion, la guerre, l'exercice du pouvoir, les arts, etc. Mais certainement pas les basses besognes de l'agriculture et de l'artisanat ». Au XVIIIe siècle, cette situation change et lorsque la bourgeoisie conquiert le pouvoir, « elle ne se contente plus de prélever sa part de production, elle organise le travail. Voilà, l'acte révolutionnaire : centrer la civilisation sur la production des biens matériels » (11).

B - La logique du marché

Le recentrage de la société sur la production impose la mesure des coûts comme nouvelle rationalité pertinente. Elle aboutit à l'insertion du travail dans les lois du marché et provoque de nouvelles cohérences.

a) La logique du marché s'impose au facteur travail. Karl Polanyi en a explicité, avec précision, la chaîne de causalités : « C'est à l'aide du concept de marchandise que le mécanisme du marché s'enclenche sur les divers éléments de la vie industrielle. Les marchandises sont ici empiriquement définies comme les objets, produits pour la vente sur le marché (...) Chaque élément de l'industrie est considéré comme ayant été produit pour la vente, car alors, et alors seulement, il sera soumis au mécanisme de l'offre et de la demande, en interaction avec les prix. Cela signifie en pratique qu'il doit y avoir des marchés pour tous les éléments de l'industrie (...) Le travail, la terre et l'argent sont des éléments essentiels de l'industrie. Ils doivent, eux aussi, être organisés en marché. Ils forment une partie essentielle du système économique (12). » L'auteur en tire les conséquences : « Comme l'organisation du travail n'est qu'un autre terme pour désigner les formes de vie des gens du peuple, cela veut dire que le développement du système du marché devait s'accompagner d'un changement dans l'organisation de la société elle-même. La société était devenue, sur toute la ligne, un appendice du système économique. »

L'homme ne devient pas rationnel. Son comportement l'était tout autant avant, en fonction des paramètres à sa disposition. Mais il a changé de système logique. Comme l'observe René Passet, la société traditionnelle était organisée sur des contraintes d'ordre biologique, la société moderne s'organise à partir des données de l'économie (loi du marché, rendements...). L'inanimé l'emporte et fera oublier bientôt les contraintes fondamentales de la subsistance (13).

b) Cette civilisation issue de l'introduction du travail dans le jeu du marché, donne lieu à des appréciations critiques contradictoires. Maurice Flamant et Michel Drancourt en soulignent l'alternative. Le premier déplore les conséquences douloureuses. « Les masses populaires subordonnées de tout temps se sont vues assujetties dans des conditions nouvelles d'incertitudes pour le lendemain, de crainte de perdre leur emploi (14). » Le second argumente une analyse plus optimiste : « La civilisation du travail a procuré aux hommes une chance nouvelle, celle de négocier leur force de travail. On a beaucoup parlé d'aliénation à ce propos. Mais à l'origine, le fait de pouvoir négocier sa capacité de travail était un progrès par rapport à l'état antérieur où 90 % des actifs étaient rivés à la terre et asservis à la faible production qu'ils en tiraient (15). » En fait, le travail est devenu la valeur de base de la société, après avoir été considéré comme une malédiction. Son insertion dans un système de marché stimule l'initiative individuelle et ouvre des perspectives de progrès mais elle détruit le système de protection statutaire au bénéfice de la productivité.

La société bascule sur une organisation sociale où le travail commande toutes les autres activités en en faisant des appendices dépendants. En contrepartie, la société industrielle offre un niveau de vie plus élevé que dans les campagnes. Mais le jeu de la concurrence impose une rigidité à la hausse des salaires et bloque la généralisation du mieux-être. Cette contradiction ne sera vraiment levée que par les innovations du début du XXe siècle qui réduisent la place du facteur travail dans les coûts de production en développant la production en série. La recherche de nouveaux débouchés devient un impératif puissant. Dès lors, les aspirations ouvrières exprimées par les revendications salariales des syndicats s'ajustent, parfaitement, aux nécessités du développement industriel qui y découvrent l'occasion de nouveaux marchés. Les augmentations de salaires transforment une demande potentielle, en demande effective capable d'absorber une production industrielle de masse. Elle participe concrètement à la mythologie d'expansion indéfinie des besoins pour le bonheur de l'homme. Elle provoque l'adhésion à une civilisation du travail puisque désormais « la masse peut prétendre au niveau de vie bourgeois » (16).

L'idéologie du travail notoirement absente des sociétés traditionnelles s'impose au-delà des analyses de la théorie ricardienne et de l'idéologie marxiste. La société glisse, dans ses motivations du pari de Pascal à la parabole de Saint-Simon, d'un comportement axé sur les perspectives du ciel à celles d'un bien-être immédiat. Car, comme se plaît à le souligner Jean Baechler, la raison profonde pour laquelle le système industriel a trouvé les travailleurs qu'il lui fallait, est « la libération des besoins » (17).

4. La dynamique des besoins

Le bonheur est, somme toute, une idée assez neuve, au XVIIIe siècle. L'homme a mis jusque-là, davantage d'espoirs dans les paradis de « l'au-delà » que dans la vie de ce bas monde. Or, la propagation de cette nouvelle aspiration s'inscrit dans une interprétation très matérialiste : le bonheur peut s'évaluer à l'aune des besoins satisfaits, c'est-à-dire, par référence au niveau de consommation. Cette approche est en totale rupture avec l'idéal précédent de pauvreté. La trame de l'idée nouvelle chemine du désir au besoin et du besoin à la satisfaction. Elle n'échappe pas à l'attention des fondateurs de l'analyse économique classique, témoins oculaires des grandes mutations britanniques. Mais désormais, la captation du surplus devient entre le pouvoir et le producteur, un enjeu qui remet en cause la puissance discrétionnaire du prince. Mais, en fixant des perspectives illimitées à la diversification des besoins, cette insatiabilité crée une société sous tension qui reporte toujours au lendemain la grande espérance du bonheur.

A - Un bonheur à portée... de production !

En soulignant l'impact économique de cette aspiration au bonheur terrestre, les « classiques » font œuvre novatrice. Ils mesurent pleinement les conditions nécessaires à son aboutissement, à savoir, l'échange et la division du travail dont la révolution agricole permet maintenant l'extension.

a) Cette idée reçoit une première approche avec Adam Smith qui transpose l'utilitarisme psychologique en un utilitarisme économique. « Le bonheur, écrivait Jérémy Bentham, est toujours une simple affaire de plaisir et de douleur. » L'hédonisme économique qui le prolonge, est perçu sur le modèle d'un homo economicus qui détermine son action, en établissant une comptabilité des peines et des satisfactions. L'évaluation individuelle d'un plaisir ou d'une peine s'exprime alors par le choix économique entre toutes les alternatives (1). Cette approche admet implicitement que les quantités de satisfaction sont plus ou moins proportionnelles aux quantités de produits physiques et que le bien-être de la société est plus ou moins proportionnel au volume produit et au niveau de l'activité économique. Il en résulte que si une société maximise le volume de sa production physique, elle maximise en même temps, le niveau de son bien-être général (2). Sous la plume de Robert Malthus, on en lit les prolongements ultimes : le bien-être matériel est assimilé au bonheur, car il permet à l'individu de se libérer de la misère et du vice et de jouir des conditions de vie plus avantageuses (3).

Mais la présentation la plus achevée de cette analyse semble avoir été faite par Jean-Baptiste Say qui la propose sous forme de syllogisme (4) :

1) le bonheur d'un individu est proportionnel à la quantité des besoins qu'il peut satisfaire ;

2) or, la quantité des besoins qu'un individu peut satisfaire est elle-même proportionnelle à la quantité des produits dont il peut disposer ;

3) par conséquent, le bonheur d'un individu est proportionnel à la quantité des produits dont il peut disposer.

b) Cette adéquation entre le bonheur et le bien-être matériel soulève néanmoins une question. Le système économique est-il en état d'y faire face ? Jusqu'ici, dans les sociétés prénewtoniennes c'est, en définitive, la rétention des besoins qui avait permis l'ajustement économique. L'inflation des besoins rompt cette donnée millénaire. Pourtant, Adam Smith et David Ricardo répondent par l'affirmative. Mais ils assortissent leur point de vue de conditions, à savoir, le développement d'un processus d'échange et l'extension de la division du travail.

Adam Smith analyse dans la procédure d'échange entre les sphères rurales et urbaines, un mécanisme fondamental : « Ceux qui disposent de plus de denrées alimentaires qu'ils ne peuvent en consommer sont toujours désireux d'échanger ce surplus contre des satisfactions de cette autre espèce (biens manufacturés), ce qui reste après l'assouvissement des désirs limités est échangé contre la satisfaction de ces désirs qui ne peuvent être contentés car ils semblent illimités (5). »

David Ricardo complète cette analyse en la rattachant aux possibilités de la division du travail. « Tant qu'il n'y a pas de limites au désir de posséder des choses commodes, des objets d'ornements pour les édifices, l'habillement, les équipages et l'ameublement, il ne saurait y avoir d'autres limites aux capitaux qui peuvent être employés pour nous procurer les objets que celles des subsistances destinées aux ouvriers qui doivent les produire (6). »

Ces analyses appellent quelques remarques : l'accès au bonheur renvoie aux performances de la production agricole. Il rattache le processus au développement du progrès technique. Une forte augmentation de la productivité agricole accroît la capacité nutritive, renforce le surplus disponible et rend possible l'accroissement du bien-être matériel.

Il est possible de compléter cette analyse par l'expérience historique des progrès agricoles accomplis durant le XVIIIe siècle. Leur action ne fut pas neutre à l'égard du développement des besoins. Leur ampleur a largement favorisé le changement du système de valeur. Philippe Platteau relève trois incidences majeures que nous reprendrons (7) :

— Elle permet de faire l'expérience immédiate et concrète d'un niveau de vie plus élevé que celui que les populations avaient toujours connu.

— Elle dégage la possibilité de poursuivre l'expérience pendant des délais suffisamment longs pour transformer cette expérience en habitude.

— Elle provoque un progrès suffisamment discontinu et important pour susciter un changement significatif du mode de vie et assurer un effort critique minimum d'accès.

Si les liens sont bien établis entre la recherche du bonheur, la satisfaction des besoins et les conditions d'accès à ce bien-être matériel, on a encore mal mesuré l'impact sur le système idéologique du pouvoir.

B - Des besoins contre le pouvoir

La faible émergence d'un surplus disponible par producteur rendait son intérêt dérisoire. Inversement, il en facilitait la dérivation par le pouvoir qui, par l'agrégation d'une infinité de surplus, obtenait les moyens d'affirmation de sa puissance. La richesse était indissociable du pouvoir, elle revenait aux « potentes », les puissants, ce qui ne représentait pas, à proprement parler, une inégalité sociale mais faisait appel davantage à une différence de nature (8).

En se donnant les moyens de générer un surplus agricole nettement plus important, grâce au progrès technique, le paysan change la signification de cette part. De fraction résiduelle, elle devient une part faisant l'objet de toutes les convoitises. Désormais, sa masse est suffisante pour participer à l'échange et obtenir en contrepartie d'autres biens. Le surplus agricole est le biais par lequel, le paysan élève son niveau de consommation pouvu que les modalités de l'échange et de la division du travail accompagnent le processus.

Dès lors, le surplus est convoité par le pouvoir mais aussi par le producteur. Les deux protagonistes deviennent concurrents dans son accaparement. La faculté de dérivation du surplus et le privilège de dépenses discrétionnaires détenus par le pouvoir, sont remis en cause. Les forces économiques émergentes vont s'employer à réduire les prérogatives du souverain. Il est notable de remarquer que cette contestation aboutit au contrôle de l'impôt et de son utilisation. Il en résulte une doctrine selon laquelle la puissance publique doit intervenir le moins possible dans le jeu économique. La démocratisation se développe en définitive avec la reconnaissance de la libre disposition du surplus généré par les producteurs. Elle provoque le libéralisme et l'effondrement d'un pouvoir absolu qui puisait sa source dans le droit divin. Il est significatif que transformation du surplus et bouleversements institutionnels interviennent simultanément.

L'Etat d'ailleurs y trouvera bientôt son compte. Il va saisir dans le développement des ressources économiques, de plus amples occasions de prélèvement qu'il n'en avait eues dans la seule dérivation. Le pouvoir découvrira que son influence sera plus grande en se faisant l'organisateur du système de production qu'en en étant le prédateur (9). Il reprendra son importance sur d'autres bases, se dépouillant de ses fonctions discrétionnaires au profit de justifications commandées par le calcul économique.

Les producteurs seront davantage incités à produire puisque le surplus disponible s'avère de plus en plus grand. Encore faut-il que l'imagination provoque incessamment de nouveaux désirs...

C - Une société sous tension

En dehors des besoins physiologiques dont l'expression est immédiate, la sophistication des satisfactions fait d'abord appel à la démultiplication des désirs. Ceux-ci se font les estafettes des nouveaux besoins. Le système industriel pour assurer son développement s'engage dans leur émulation. Il entraîne l'économie dans une course débridée qui tend à rendre obsolète tout besoin satisfait pour y substituer un manque, un vide. C'est la genèse d'une société tendue par des aspirations nouvelles et incessantes qui contraste avec l'apaisement des sociétés prénewtoniennes.

a) Le désir est créateur de besoins. S'il n'est pas talonné par la nécessité de relever un défi, l'homme a généralement tendance à laisser inexploitée une grande partie de son potentiel d'énergie. Faire entrer une population dans l'engrenage des besoins matériels, c'est tranformer en utilité marginale, l'excédent disponible, le surplus. Après tout, l'accroissement de la productivité pouvait être l'occasion de réduire l'activité productive au profit du temps libre. L'habilité de la civilisation industrielle aura été de ne jamais placer les producteurs dans cette alternative. La société prend en charge la démultiplication des désirs. La réussite de son système apparaît avec la transmutation du désir en besoin, puis en son aboutissement avec la satisfaction du besoin.

Le désir fait naître un « plus » potentiel (10). Le besoin provoque l'impression d'un manque à combler dont on espère qu'il sera le stimulant efficace au développement de l'activité pour son assouvissement. Ricardo en illustrait le principe par son appréciation de la société irlandaise : « Donnez aux travailleurs irlandais, le goût du confort et des joies de l'existence dont l'habitude a fait une nécessité pour le travailleur anglais et il sera alors, content de vouer une part supplémentaire de son temps à l'activité qui lui permettra de les obtenir (11). »

Valeurs sociales, aspirations individuelles et capacités productives se confortent pour assigner la société à un aménagement de ces institutions dans un sens favorable à la démultiplication des besoins et des biens. Antérieurement, la nature fournissait le cadre inévitable à l'intérieur duquel l'homme devait composer l'équilibre de besoins limités. Un retournement complet s'opère. Il tend à présenter la nature comme de la matière activée par l'homme. Il peut extraire des quantités de plus en plus grandes de richesses, pourvu qu'il s'organise convenablement (12).

b) Les satisfactions deviennent obsolètes. Le désir, devenu besoin, provoque la dissolution des canons de la vie traditionnelle et ouvre des perspectives infinies. Mais il entraîne une remise en cause perpétuelle des acquis. Il place la société sous tension.

Les lois d'Engel ont souligné le déplacement de la consommation au fur et à mesure que le revenu s'élève. Les biens indispensables, et souvent fongibles, laissent une place de plus en plus grande aux biens à caractère plus secondaire, mais aux caractéristiques plus durables, à l'exception des services. La durée de vie de ses productions soulève une difficulté majeure. Qu'advient-il du système industriel lorsqu'il a satisfait les consommateurs de ces biens durables ? A l'évidence, les unités de production ont perdu leur marché et leur existence n'est plus justifiée.

Pour survivre, le système productif est invité à créer des biens toujours nouveaux et à susciter, par avance et en permanence, d'autres désirs-besoins capables d'animer une nouvelle demande. Cet impératif est d'autant plus important que les unités de production concentrent des masses de travailleurs toujours plus grandes. L'industrie se met à obéir aux lois d'équilibre de la bicyclette : l'impérieuse nécessité d'avancer. Les médias, avec en particulier la publicité, jouent un rôle capital pour porter à la connaissance des futurs consommateurs de nouvelles possibilités.

Mais cette incitation à consommer davantage et différemment n'est pas sans désagrément. Elle crée une incitation permanente au mécontentement envers les biens déjà détenus. L'action des médias provoque une obsolescence artificielle et accélérée de biens proposés antérieurement comme les éléments importants de l'amélioration du bien-être. Cette dévalorisation permanente de l'acquis au profit de biens nouvellement convoités impose le report du bonheur vers un futur immédiat, mais jamais atteint. Il laisse pour le présent, l'homme en situation perpétuelle de manque. Celui-ci découvre, dans cette course au bien-être, un bonheur toujours conjugué au futur. On y voit poindre la désillusion, pourtant la planète entière s'est engagée dans cette boulimie insatiable, même si la plus grande part de l'humanité reste dans un état de manque avancé.

A l'évidence, la société induite par l'Angleterre comporte davantage de stress que n'en avaient connu les sociétés traditionnelles. Mais, en fait, c'est grâce à l'opportunité d'une série de circonstances exceptionnelles que ce pays fut en mesure de proposer cette société de la « deuxième vague » comme l'appelle Toeffler, et de se dégager d'un cycle de civilisations aux contraintes millénaires (13).

5. Les opportunités d'ajustements structurels

Les ruptures de la société britannique interviennent simultanément au niveau des valeurs, des techniques, des besoins et de la démographie. Un tel bouleversement n'est pas sans risque de déséquilibres d'autant qu'il est né, avant tout, de la conjonction d'événements fortuits et d'initiatives non concertées. Une série de circonstances exceptionnelles constitue l'occasion historique du passage inexpérimenté d'une société fondée sur l'équilibre stable (?) à une organisation axée sur le développement infini (?). De ce fait, il ne pourra être réitéré, par d'autres, selon le même processus. « Un facteur historique n'agit pas d'une manière absolue, son influence dépend d'un contexte particulier, d'une conjoncture, du jeu de certaines conditions, etc. C'est ce que nous pourrions appeler, commente le sociologue Guy Rocher, le principe de la relativité historique des facteurs de changement social (1). »

Parmi les éléments qui ont facilité la transition d'une logique traditionnelle agraire vers une cohérence moderne industrielle, on doit relever quatre éléments qui, de notre point de vue, sont capitaux. Le système de Speenhamland amortit les effets de l'intégration du facteur travail aux lois du marché. L'exode rural accompagne les progrès agricoles et répond à la demande de main-d'œuvre du secteur industriel. L'émigration outre-mer sécrète les excédents démographiques. Enfin, le commerce céréalier transatlantique, par l'abolition des « corn laws », renforce les avantages acquis de la Grande-Bretagne, en bénéficiant des progrès du transport maritime et des performances agricoles du « Middle West » américain.

A - Le système transitoire de Speenhamland

Nous avons vu, dans quelles circonstances, la logique d'un marché du travail s'impose dans le système promu par la Grande-Bretagne. « Le marché du travail, remarque Karl Polanyi, fut en fait le dernier marché à être organisé dans le nouveau système industriel et cette ultime étape ne fut franchie que lorsque l'économie de marché fut prête à démarrer, et lorsqu'on constata que l'absence de marché du travail était un mal pire, même pour le petit peuple, que les calamités que devait accompagner son institution (2). » De fait, l'initiative locale de Speenhamland allait faire école et s'imposer comme système transitoire. Rappelons-en le déroulement.

Le 6 mai 1795, les juges du Berkshire décident, à Speenhamland, près de Newbury, de garantir un certain niveau de vie et, pour ce faire, d'accorder des compléments de salaires versés par la collectivité, selon un barème indexé sur le prix du pain. En quatre décennies, ce modèle se généralise dans tout le royaume au profit de tous les individus ayant des ressources inférieures à cette norme.

Ces dispositions reflètent les hésitations pour remettre en cause les fondements d'une société dans laquelle l'individu attend tout de la collectivité. Deux influences opposées se partagent la scène :

— L'une, issue des lois multiséculaires, vise à protéger le travail contre les dangers du système du marché. Ce dernier dépouille le peuple de ses statuts et le contraint à gagner sa vie en mettant son travail en vente. Si le chômage survient, il laisse les individus sans salaire et sans protection...

— L'autre tente d'organiser les éléments de production en un marché où la productivité doit imposer sa rationalité et proposer de réelles perspectives de progrès que n'assurent pas le carcan des dispositions statutaires.

Les mesures prises reflètent donc un compromis entre ces deux logiques et représentent une sauvegarde sociale. Cependant ces dispositions ne sont pas sans ambiguïté : qui travaillerait pour un salaire, s'il peut gagner sa vie sans rien faire ? Le travailleur se montre peu incité dans ses activités lorsque le salaire versé est inférieur au barème et que, de toute façon, le complément de ressources préserve les conditions de vie. La productivité du travail devient médiocre et fournit aux employeurs, des raisons supplémentaires de ne pas augmenter les salaires.

Le système de Speenhamland devient aberrant. On constate bientôt que le droit de vivre que l'on veut garantir, est dévoyé et qu'il condamne les gens — que ce droit est censé secourir — à vivre dans des conditions misérables. En effet, la valeur marchande du travail est niée dans les faits, au moment où se développe le salariat. Les perspectives d'améliorer son niveau de vie sont réduites à néant par les effets pernicieux des mesures conservatoires du système. A l'évidence, les lois du marché, combinées à une révision des points de vue, s'imposent à la société britannique.

Le système de Speenhamland est devenue néfaste en moins de quarante ans. Ses conséquences les plus claires, pour reprendre l'analyse d'André Philip, sont de limiter la hausse des salaires nominaux, de freiner la productivité, d'empêcher la constitution d'un marché du travail, de maintenir la confusion médiévale entre le travailleur et le pauvre, de faire peser enfin, sur les agriculteurs, une partie du coût de financement des industries naissantes. (3)

En 1834, le système s'effondre. Il est abrogé, mais il a rempli son rôle historique. Il a souligné les difficultés d'introduction de la force du travail, dans les mécanismes du marché.

Le parlement tirant toutes les conclusions de cette expérience adopte une nouvelle « loi des pauvres » qui offre des conditions d'aides draconiennes aux sans-emplois. Il institutionnalise les « workhouses » qui doivent apparaître comme un recours de dernière extrémité. Il n'est plus normal de venir en aide à un adulte apte à travailler. Il convient donc de doser les secours, au point de ne plus les rendre désirables. Les règles en vigueur dans cette institution seront toujours plus contraignantes et difficiles que les conditions des plus mauvais emplois. La terrible réputation des « workhouses » se conforme scrupuleusement et douloureusement à sa vocation, à une époque où le dénuement n'est plus ressenti comme une pauvreté vertueuse mais perçu comme la sanction de la paresse, vice capital des temps nouveaux (4).

B - Les circonstances de l'exode rural

Le courant migratoire des campagnes vers les villes intervient dans un contexte que ne retrouvera pas, non plus, le Tiers Monde contemporain. Le processus se développe avec trois particularités fondamentales :

a) Les progrès agricoles sont suffisamment importants pour ne pas être immédiatement absorbés par la croissance démographique. Ils sont donc en mesure de rendre possible un transfert de population du secteur agricole vers les activités urbaines sans menacer l'équilibre vivrier.

Autrement dit, si jusque-là, on peut considérer avec John Stuart

Mill que, le plus souvent, les progrès de l'agriculture servent à relâcher temporairement « les freins qui entravent la croissance démographique », il n'en est plus de même avec les transformations de l'agriculture anglaise (5). En effet, elles ont permis :

1) de dégager une avance suffisante pour écarter les risques de famine qui restent latents et réels jusqu'au XVIIIe siècle ;

2) de prendre une avance suffisante sur la croissance démographique en aménageant des solutions de progrès agricoles continus ;

3) de libérer une fraction de la population rurale pour l'essor urbain. Sur ce dernier point, on remarque que l'Angleterre ne compte que 10 % d'urbains à la fin du XVIIe siècle, que cette proportion plafonne à 20 % à la fin du siècle suivant et qu'elle atteint les 50 % vers 1850 (6). Or à cette date l'Angleterre accède à la maturité du développement industriel pour reprendre la classification de W. Rostow (7).

b) Cette révolution industrielle n'a pas été précédée d'une véritable explosion démographique (8). Ce constat déjà noté par Paul Bairoch, indique que l'administration n'a pas été confrontée, dans sa phase initiale, à un marché de l'emploi pléthorique. Mieux encore, l'examen des courbes démographiques révèle que c'est seulement vers 1850 que la croissance naturelle de la population est maximum, pour atteindre le taux de 1 %. Or, si l'on se réfère aux travaux de T. Ashton, la révolution industrielle proprement dite est achevée depuis 1820-1830 (9). Quant au 1 % de croissance démographique, il représente moins du tiers, voire le quart, de la pression à laquelle seront soumis ultérieurement les pays du Tiers Monde et en particulier l'Afrique. La relative faiblesse du taux de croissance a amené certains auteurs comme Jean-Pierre Rioux, à penser que c'est précisément la pénurie de main-d'œuvre qui a contribué à rendre inévitable le progrès prolongé de la technique (10).

c) En effet, et c'est le troisième point, les éléments disponibles soulignent que la révolution industrielle a manqué de main-d'œuvre. Rappelons que la forme agraire, issue du mouvement des enclosures, a d'abord retenu la population rurale pour réaliser les travaux d'amélioration du capital foncier. Or dès 1770, le système industriel se place en demandeur de main-d'œuvre. Il est stimulé par « la force du marché intérieur, où toute une classe moyenne aspire à la consommation ». Mais aussi par la perspective de débouchés quasi illimités offerts par le reste du monde aux industries naissantes (11).

Le monde urbain cherche donc à capter une part de la main-d'œuvre et offre des conditions de vie relativement plus avantageuses. W. Rostow commente en faisant observer « qu'en fait, l'évolution démographique n'a pas eu pour effet de maintenir en permanence une réserve de chômeurs et que le fonctionnement du capitalisme concurrentiel n'a pas engendré la stagnation des salaires réels mais bien leurs mouvements ascendants (12) ». Joan

Robinson et N. Kaldor ont fait ressortir ces données qui corrigent singulièrement l'appréciation du processus économique britannique par la théorie marxiste (13). Cette analyse est corroborée par les travaux de Philippe Ariès : « Les besoins de main-d'œuvre, au début, ont été si impérieux qu'on n'a pas hésité à avoir recours au travail des enfants, dès leur jeune âge. Employeurs et employés y trouvaient leur avantage, parents et patrons étaient ensemble complices de cette exploitation (...) Une nombreuse progéniture, c'était pour une famille ouvrière, un véritable capital qui assurait une excellente rentabilité (14). »

Si ce sont les progrès agricoles qui rendent possible l'exode rural, sans remettre en cause l'équilibre vivrier, c'est à un rythme lent et en réponse à un appel de main-d'œuvre que le courant s'effectue. Si ces données ne mettent pas à l'abri des crises cycliques et des mouvements conjoncturels, elles permettent néanmoins une cohérence structurelle meilleure et plus efficace qu'elle n'apparaît aujourd'hui sous les tropiques.

C - L'émigration outre-mer comme recours

En théorie il n'y a aucune raison pour que les mouvements démographiques s'ajustent spontanément au rythme de l'économie industrielle. Il y a donc des périodes où la pression démographique excède les possibilités d'emplois. L'émigration se présente alors comme une solution possible. Cet ajustement est souligné par John Stuart Mill qui la juge, pour l'Angleterre, comme « un contre-poids efficace, bien que temporaire, à la croissance naturelle induite et très rapide de la population (15) ». On peut d'ailleurs distinguer deux effets : lorsque l'émigration joue le rôle de soupape de sécurité, en relâchant immédiatement la pression démographique sur des terres de plus en plus rares, elle résout des difficultés structurelles. Lorsqu'elle se présente comme un exutoire accessible en cas de crise économique et d'absence d'embauche, elle devient un régulateur conjoncturel.

Après une première phase durant laquelle l'Angleterre manifeste un besoin de main-d'œuvre pour son essor industriel, le pays, malgré des rythmes démographiques considérablement amortis en regard des croissances ultérieures du tiers monde ne parvient pas à absorber, dans sa totalité, les demandes d'emplois. Le « Nouveau Monde » donne un exutoire exceptionnel à l'émigration britannique. Il nous faut en revoir les circonstances, l'ampleur et les effets.

a) Les causes de l'émigration tiennent à des circonstances économiques et des motivations sociales.

— Dans les campagnes, la jachère est supprimée. L'extension des terres est, pour l'essentiel, réalisée.

L'amélioration du capital foncier a joué aux lendemains des enclosures. Elle doit maintenant affronter « la baisse des prix agricoles de la première moitié du XIXe siècle. Or, à l'inverse des décennies précédentes, celle-ci « pousse à une modernisation désormais indispensable pour abaisser les prix de revient » (16). Cette crise du monde rural provoque « une faim de terre » pour laquelle Jean Meyer voit le grand mobile de la migration (17).

— On constate d'autre part, un lien étroit entre les crises économiques et les fièvres migratoires. « La première grande poussée d'émigration coloniale coïncide avec la première grande crise du capitalisme occidental à ses débuts : les chiffres quinquennaux d'émigrants qui, auparavant, demeuraient à 500 000, dépassent le million de 1846 à 1850 (18). »

— Enfin la prise de conscience de la pauvreté assortie de l'immense espoir que représente l'Amérique du Nord s'ajoute aux causes précédentes. On peut s'interroger sur cette contradiction apparente entre, d'une part l'amélioration du niveau de vie issue de la révolution agricole, et d'autre part les conditions souvent misérables du monde ouvrier. Il faut reprendre l'analyse d'André Philip pour trouver certains éclaircissements (19) :

Il y avait déjà de la misère, bien sûr, mais elle était mal connue car diffuse dans la campagne et limitée par l'assistance locale de la loi sur les pauvres. Lorsque cette population arrive massivement dans les villes, la misère apparaît dans toute sa cruauté et son ampleur.

Le second fait social est la transformation qui s'est opérée de 1790 à 1840 dans la vie ouvrière elle-même. Cette transformation s'opère dans deux sens différents. D'une part, les progrès réalisés dans la technique agricole et l'accroissement de la production des denrées alimentaires débouchent sur une amélioration de l'alimentation qui entraîne une baisse de la mortalité. Mais, d'autre part, l'afflux de la population dans les villes provoque un entassement de familles entières dans les « slums ». Cette dégradation des conditions de logement s'accompagne de l'effondrement rapide de tout système de solidarité sociale pour laisser l'homme désespéré, en proie à la maladie et à l'ivrognerie...

Ajoutons aussi que dans un contexte où la pauvreté est élevée au rang de vertu, la misère est mieux vécue et le fatalisme l'emporte. Par contre, lorsque de nouvelles aspirations se font jour, les conditions d'existence — mêmes améliorées — peuvent devenir insupportables si de trop grands écarts sont constatés. L'émigration devient alors l'aventure des plus entreprenants et « América ! América ! » le cri d'espérance...

b) Rendu possible par une croissance démographique plus soutenue, le peuplement du nouveau monde s'ajuste à d'importantes possibilités de transport. La population de l'Angleterre et du Pays de Galles passe de 5 à 6,5 millions entre 1600 et 1750. En 1801, date du premier recensement officiel, les effectifs atteignent 9 millions et ceux-ci doublent au milieu du siècle (20). Le nombre de migrants est considérable : 21 millions de Britanniques quittent le territoire entre 1816 et 1937 dont 17,9 depuis 1853 (21). Les sources de Philippe Ariès (A. Landry) diffèrent de celles de Paul Hugon (L. Buquet) mais elles donnent néanmoins 14,5 millions de migrants entre 1846 et 1935 (22). L'ampleur du flux migratoire apparaît encore par référence au continent africain. Alors que l'Afrique noire a eu quinze millions d'individus prélevés du XVIe au XIXe siècle par la traite arabe, turque et européenne, les Iles britanniques ont connu, en un seul siècle, un courant migratoire supérieur. Encore faut-il préciser que la population africaine baissait de 100 à 90 millions d'habitants, tandis que celle de la Grande-Bretagne et de l'Irlande évoluait de 20 à 50 millions (23) !...

L'opportunité pour l'Angleterre réside dans son empire colonial dont certaines possessions représentent des contrées immenses et peu peuplées. L'Australie et la Nouvelle Zélande regroupent près de 8 millions de km^2, le Canada et les Etats-Unis dans leur forme définitive comptent un peu moins de 20 millions de km^2, alors que le Royaume-Uni n'a que 245 000 km^2. Les Etats-Unis, trois siècles après la découverte de l'Amérique, n'ont pas encore six millions d'habitants mais disposent de vastes superficies de terres fertiles et inexploitées. Entre 1800 et 1935, 40 millions de migrants se portent sur l'Amérique du Nord, 8,6 d'entre eux sont d'origine britannique (24). Le flux transatlantique nord est la destination de quatre migrants britanniques sur dix.

Ce transbordement a été grandement facilité par la disponibilité immédiate des moyens de transport et la réduction de leurs coûts. Lorsque la traite négrière est proscrite au Congrès de Vienne, en 1815, une flotte est disponible pour d'autres transferts. Au trafic d'hommes venus d'Afrique se substitue un convoyage d'Européens sur la base de volontaires mais toujours à destination de l'Amérique. Il n'est plus besoin de procéder à de longues quêtes de « marchandises humaines » dans le Golfe de Guinée. Les équipages peuvent être réduits des postes de surveillance. Quant aux passagers, ils s'acquittent, eux-mêmes, du prix de leur passage pour des conditions de transport « guère améliorées » (25).

Entre 1820 et 1850, on compte pour les Etats-Unis 82 000 traversées annuelles. Elles se substituent au transport des 60 000 esclaves du XVIIIe. Les navires connaissent une rotation accélérée pour transporter 260 000 migrants annuels entre 1850 et 1860 (26). Le frêt de retour est mieux-intégré à l'économie monétaire que ne l'étaient les marchandises tropicales. Le commerce de sucre, du cacao, du café, de l'indigo supportaient les difficultés des fameuses « queues de bénéfices ». Les délais d'acheminement se réduisent. S'il fallait 5 à 8 semaines pour la traversée Atlantique au début du XIXe siècle, 8 à 10 jours seulement sont nécessaires avec la vapeur après les années soixante-dix. Le prix de la traversée, par la même occasion, s'effondre et rend davantage accessible le voyage aux migrants (27).

c) Cette migration massive possède une caractéristique inconnue des précédents exodes. Dans les sociétés traditionnelles, les mouvements de population étaient déterminés par les décisions du groupe ou du clan. Désormais c'est une multitude de décisions individuelles qui, par agrégation, provoque un courant migratoire sans précédent.

Il concourt à créer une certaine relaxation à la pression démographique. Le rapport entre la migration et la population représente un taux annuel qui n'excède guère 5 ‰. Mais cela signifie que l'émigration permet de réduire la croissance naturelle d'un quart à un demi-point alors qu'elle plafonne à 1 %. Son influence s'étend sur le marché de l'emploi où elle aide à maintenir une progression des revenus. Même si cette augmentation est lente et s'accompagne d'une détérioration des conditions sociales, cette hausse tendantielle n'aurait pu se maintenir.

Mais indirectement, l'émigration joue un rôle capital pour les Britanniques, elle facilite le développement agraire de ces nouvelles terres, avec des conditions d'exploitation avantageuses et un esprit nouveau. Gaston Bouthoul en a exposé la justification : « Lorsque se détachant de leur groupe originaire sous la pression des besoins économiques, ils (les migrants) n'ont souvent d'autre but que de créer, ailleurs une société semblable à celle qu'ils ont quittée (les colonies grecques, les conquistadores). L'attitude des émigrants pour les Etats-Unis est différente. Ils partaient en réprobateurs ou en révoltés déterminés à autre chose. Dans ce cas, le but principal de l'émigration est le reniement des institutions du pays que l'on quitte » (28). Les émigrants vont emblaver les vastes plaines du « Middle West » américain avec un dynamisme aux performances inédites. Combiné à des moyens de transport plus efficients, le blé des migrants va être l'occasion, pour l'Angleterre, de se ravitailler à meilleur compte.

C - L'alternative inédite avec le commerce céréalier

Jusque-là, l'autosuffisance alimentaire était la grande règle incontournable des sociétés traditionnelles. Le ravitaillement extérieur ne pouvait intervenir que pour une part infime, généralement au bénéfice d'un centre urbain et encore, devait-il être accessible par le transport maritime ou fluvial. Or durant le XIXe siècle, les terres d'outre-Atlantique permettent, non seulement, d'éviter les excédents démographiques de la Grande-Bretagne, mais encore, par leur productivité, elles sont en mesure de lui fournir des ressources alimentaires. Cette occasion inédite développe un vaste débat auquel se mêlent les économistes de l'époque.

Stuart Mill explique que « l'importation de denrées alimentaires moins coûteuses (est) l'équivalent d'une invention en agriculture » dans la mesure où elle réduit les coûts de production (29). Mais il souligne les obstacles qui d'ordinaire s'y opposent :

— les transports terrestres en général embryonnaires rendent le transport coûteux. Seules les régions du globe situées près de la mer ou nanties de cours d'eau navigables peuvent exporter leurs produits ;

— les pays exportateurs de denrées alimentaires subissent rapidement les contre-effets de leurs excédents vivriers, en provoquant une rapide croissance démographique qui entraîne, en définitive, la diminution du volume céréalier disponible à l'exportation.

La bordure atlantique des Etats-Unis et de la Grande-Bretagne lève la première réserve de Stuart Mill. Mieux, le découpage très profond de la Grande-Bretagne rend accessible la quasi-totalité de son sol par voies maritimes, fluviales ou encore par les canaux. La fraction du territoire distante de plus de 50 kilomètres de ce réseau de communication reste infime et confère une situation exceptionnelle (cf. Fig. XIV). En 1828, Jean-Baptiste Say explique à ses auditeurs du conservatoire des Arts et Métiers que les habitants des villes atlantiques des Etats-Unis « se chauffent avec de la houille d'Angleterre qui est, à plus de dix mille lieues de distance, préférable au bois de leurs forêts qui est à dix lieues. Un transport

Fig. XIV - L'insularité britannique

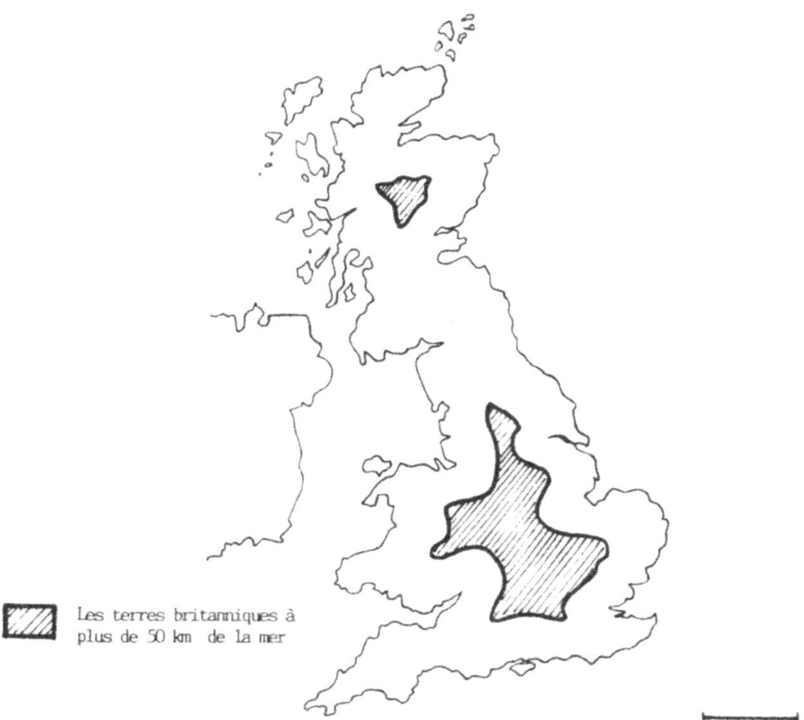

de dix lieues par terre est plus dispendieux qu'un transport de mille lieues par mer (30) ». Lorsque J. B. Say enseigne ces notions, le navire à vapeur n'est pas encore en service !...

Les progrès dans les transports avec la diffusion du chemin de fer dès les années « quarante » et l'introduction de la marine à vapeur à partir des années « soixante » renforceront considérablement ces données.

En revanche, les contre-effets de la croissance démographique ne vont pas jouer aux Etats-Unis. Car si le taux de croissance démographique est stimulé, l'arrivée massive des migrants permet d'exploiter de nombreuses terres encore incultivées. « Il leur suffit, écrit André Philip, d'avancer vers l'Ouest et, effectivement, des vagues successives de colons vont partir vers l'Ouest, conquérir cette terre gratuite qu'il leur suffit de défricher. (31) » Or, non seulement, il reste de bonnes terres à cultiver mais encore, des progrès techniques continus évitent une production agricole vivrière moins dynamique que la croissance démographique pourtant renforcée par les immigrants.

Durant ce temps, l'Angleterre voit surgir, dans ses centres urbains, des poches de misères : réalité qui s'ajuste mal aux perspectives de bonheur sous-jacentes aux transformations socio-économiques. La croissance démographique qui atteint le taux record de 1 % au milieu du siècle, est désignée comme responsable, en accord avec la théorie malthusienne. Il y a une inadéquation entre les possibilités de progression de l'agriculture et celle de la population. La théorie ricardienne en expose les interactions sociales. La croissance démographique nécessite la mise en culture de terres de moins en moins fertiles qui entraîne un alignement des prix du marché sur les rendements de ces dernières. Le coût croissant du ravitaillement provoque une dégradation du niveau de vie des ouvriers et augmente les coûts de production des industriels lorsqu'ils doivent réajuster les salaires. Par contre les propriétaires fonciers des meilleures terres tirent avantage de la hausse des prix céréaliers, celle-ci augmentant leur rente par le simple fait que des terres de moins en moins bonnes sont exploitées. Les ouvriers et les propriétaires fonciers dénoncent l'avidité des industriels qui concèdent des salaires insuffisants, cause de misère. Les industriels s'insurgent contre la rente « non gagnée » des propriétaires fonciers qui se répercute sur leurs coûts salariaux et nuit à leur position concurentielle. Ricardo se rallie à l'argument des industriels et préconise l'importation céréalière qui améliorera le niveau de vie ouvrier et réduira les coûts de production industrielle.

A la suite d'une mauvaise récolte qui provoque une forte augmentation des prix du blé, Robert Peel, chef du gouvernement s'approprie le programme de ses adversaires politiques et abolit en 1846, les « Corns Laws ». Désormais le blé des plaines américaines peut pénétrer le marché britannique sans entraves douanières protectrices et les citadins espérer se nourrir à meilleur compte avec les céréales d'outre-Atlantique. L'agriculture qui était restée jusque-là l'activité principale de la Grande-Bretagne, s'effondre. Le paysage des campagnes évoque très rapidement la dominante pastorale qui prévalait au Moyen Age. Mais cette fois-ci, les bovins se sont substitués aux ovins. Le Royaume-Uni importe désormais la plus grande partie de sa nourriture, mais il est en mesure de la payer avec une autre matière première, le charbon (la moitié des besoins du monde jusqu'en 1871) mais aussi avec des textiles et, de plus en plus, avec de l'outillage pour les pays qui abordent leur révolution industrielle (32).

Cette substitution de production céréalière pour le ravitaillement britannique appelle plusieurs remarques :

— Les émigrants des pays européens menacés de surpeuplement partent développer les ressources agricoles dans le Nouveau Monde et trouvent remède à la rareté des terres de leur pays d'origine. Autrement dit, pourvu que soient assurés la liberté commerciale et le faible coût des transports, l'émigration stoppe la baisse des rendements agricoles.

— La Grande-Bretagne importe à partir du milieu du XIXe siècle, sa nourriture mais, quand elle renonce à son autosuffisance alimentaire, elle a atteint le niveau de maturité industrielle. Elle est donc en mesure de fournir en contrepartie des marchandises. Le ravitaillement à moindre coût va même, lui permettre de renforcer sa domination sur les marchés industriels.

La pénétration sur le marché britannique du blé américain condamne la population rurale. Mais son reclassement sera globalement assuré. L'industrie anglaise dynamisée par l'abrogation des « Corns Laws » assure un exutoire à l'exode rural interne. L'émigration permet de produire outre-mer, à meilleur compte, le ravitaillement nécessaire au pays.

*
**

Ainsi la Grande-Bretagne, par son rôle de pionnier dans le développement industriel offre un ensemble de références extrêmement précieuses pour apprécier les transformations vis-à-vis des règles millénaires des sociétés traditionnelles.

Ces développements n'ont pas pour objet d'inspirer un modèle pour le Tiers Monde, tant l'environnement général est aujourd'hui différent. Le rappel des circonstances historiques évite la transposition de l'expérience britannique. Par contre, l'analyse du processus souligne l'impact de l'ouverture du verrou agricole et des mutations concomitantes du système de valeurs que le développement a nécessité. Nous avons, par cet exemple, des repères qui permettent d'évaluer plus correctement les difficultés et les déséquilibres des nations contemporaines. Les références simultanées à la société traditionnelle et du monde moderne rendent souvent confuse l'interprétation des comportements. La cohérence des premiers et les ruptures des secondes soulignent la discontinuité du processus de développement. L'Afrique noire qui n'est plus l'une et n'est pas encore l'autre, paraît désarticulée. Qu'en est-il ?

NOTES BIBLIOGRAPHIQUES

Chapitre III

Section 1

(1) — AUSTRUY Jacques, *Le scandale du développement,* Rivière, 1968.

(2) — MANTOUX Paul, *La révolution industrielle au* XVIIIe siècle, Edition Genin, 1973.

(3) — DE CLOSETS François, *Le bonheur en plus,* Denoël-Gonthier, 1974, p. 57.

(4) — BAIROCH Paul, *Le tiers monde dans l'impasse,* Gallimard, coll. Idées, 1971, p. 34.

(5) — BAIROCH Paul, *op. cit.,* p. 37.

(6) — FLAMANT Maurice, *Histoire économique et sociale contemporaine,* Montchrétien, 1976, pp. 82-85.

(7) — HOBSBAWM Eric, *Histoire économique et sociale de la Grande-Bretagne,* t. 2, Seuil, coll. Univers Historique, 1977, p. 92.

(8) — GEMÄHLING Paul, *Les grands économistes,* Sirey, 1933, p. 146

(9) — HOBSBAWM Eric, *op. cit.,* p. 90.

(10) — BAIROCH Paul, *op. cit.,* p. 21.

(11) — BAIROCH Paul, *op. cit.,* p. 34.

(12) — BAIROCH Paul, *op. cit.,* p. 46.

(13) — MARX Karl, *Le capital,* Editions sociales, livre I, tome 3, 1977, pp. 91 à 137.

(14) — PHILIP André, *Histoire des faits économiques et sociaux,* Aubier-Montaigne, 1963, p. 46.

(15) — MANTOUX Paul, *op. cit.*

(16) — HOBSBAWM Eric, *op. cit.,* p. 88-94.

(17) — MARX Roland, *La révolution industrielle en Grande-Bretagne, des origines à 1850,* A. Colin, 1970, p. 52.

(18) — FLAMANT Maurice, *op. cit.,* p. 98.

(19) — BAIROCH Paul, *op. cit.,* p. 262.

(20) — HOSELITZ Bert, *Théories de la croissance économique,* Dunod, 1970, p. 139.

Section 2

(1) — CHAUNU Pierre et LEGRAND Jean, *Un futur sans avenir, histoire et population,* Calmann-Levy, 1979, p. 36 et suivantes.

(2) — BIRABEN Jean-Noël, « Essai sur l'évolution du nombre des hommes », *Population,* janvier-février 1979, n° 1, p. 22.

(3) — CHAUNU Pierre, *Histoire et décadence,* Librairie Académique, Perrin, 1982, p. 138.

(4) — CHAUNU Pierre et LEGRAND Jean, *op. cit.*, p. 57.

(5) — HOBSBAWM Eric, *op. cit.*, p. 39.

(6) — NIVEAU Maurice, *Histoire des faits économiques contemporains,* PUF, coll. Thémis, 1966, p. 20.

(7) — BAIROCH Paul, *op. cit.*, p. 44.

(8) — ROSTOW W.W., *Les étapes de la croissance économique,* Seuil, coll. Points, 1970, p. 97.

(9) — POURSIN Jean-Marie, *La population mondiale,* Seuil, coll. Points, 1975, p. 75.

(10) — HOBSBAWM Eric, *op. cit.*, p. 39.

(11) — CÉPÈDE Michel et LENGELLÉ Maurice, *L'économie de l'alimentation,* PUF, coll. Que sais-je ?, 1954, pp. 95-96.

(12) — POURSIN Jean-Marie, *op. cit.*, p. 79.

(13) — POLANYI Karl, *La grande transformation : aux origines politiques et économiques de notre temps,* Gallimard, coll. Idées, 1983, p. 342.

(14) — NIVEAU Maurice, *op. cit.*, p. 36.

(15) — Banque Mondiale, *Rapport sur le développement dans le monde, 1987*, Banque Mondiale 1987, p. 287.

(16) — POURSIN Jean-Marie, *op. cit.*, p. 76.

(17) — NIVEAU Maurice, *op. cit.*, p. 19.

(18) — HOBSBAWM Eric, *op. cit.*, pp. 94-95.

(19) — ARIES Philippe, *Histoire des populations françaises,* Seuil, coll. Points, 1971, p. 215.

(20) — ARIES Philippe, *op. cit.*, pp. 222-223.

(21) — LACOSTE Yves, *Les carnets de l'enfance,* n° 7, janvier 1968, repris dans *Problèmes économiques,* n° 1139, du 30 octobre 1969.

(22) — ARIES Philippe, *op. cit.*, pp. 239-240.

(23) — RIESMAN David, *La foule solitaire : anatomie de la société moderne,* Arthaud, 1964, pp. 27 et suivantes.

Section 3

(1) — DELUMEAU Jean, « La naissance de la paresse », *L'Histoire* n° 59, septembre 1983.

(2) — ROCHER Guy, *Le changement social,* Seuil, coll. Points, 1968, p. 74.

(3) — MUMFORD Lewis, *Technique et civilisation,* Seuil, 1950, p. 48.

(4) — PHILIP André, *Histoire des faits économiques et sociaux,* Aubier Montaigne, 1963, p. 35.

(5) — HOSELITZ Bert F., *Théories de la croissance économique,* Dunod, 1970, p. 141.

(6) — SMITH Adam, *Recherches sur la nature et les causes de la richesse des nations,* Gallimard, coll. Idées, 1976.

(7) — BADOUIN Robert, *Les agricultures de subsistance et le développement économique,* A. Pedone, 1975, p. 33.

(8) — ROUSSEAU J.-J., *Du contrat social,* Flammarion, GF, 1966.

(9) — SMITH Adam, *op. cit.,* p. 48.

(10) — BERGER Peter, *Les mystificateurs du progrès - Du Brésil à la Chine,* PUF, 1978, p. 57.

(11) — DE CLOSETS François, *Le bonheur en plus,* Denoël-Gonthier , 1974, pp. 56-57.

(12) — POLANYI Karl, *La grande transformation, Aux origines politiques et économiques de notre temps,* Gallimard, NRF, 1983, p. 107 et suivantes.

(13) — PASSET René, *L'économique et le vivant,* Payot, PBP, 1979.

(14) — FLAMANT Maurice, *Histoire économique et sociale contemporaine,* Montchrétien, 1976, p. 71.

(15) — DRANCOURT Michel, *La fin du travail,* Hachette, Pluriel, 1984, p. 31.

(16) — DRANCOURT Michel, *op. cit.,* p. 12.

(17) — BAECHLER Jean, *Les origines du capitalisme,* Gallimard, coll. Idées, 1971.

Section 4

(1) — BOURCIER DE CARBON Luc, *Essai sur l'histoire de la pensée et des doctrines économiques,* tome I, Editions Montchrétien, 1971, pp. 173-176.

(2) — PLATTEAU Jean-Philippe, *Les économistes classiques et le sous-développement,* PUF, tome I, p. 57.

(3) — WOLFF Jacques, *Les grandes œuvres économiques : Malthus, Ricardo, Marx,* Cujas, 1976, pp. 31-36.

(4) — PLATTEAU Jean-Philippe, *op. cit.,* p. 180.

(5) — ADAM Smith, *Recherches sur la nature et les causes de la richesse des nations,* Gallimard, coll. Idées, 1976, pp. 207-208.

(6) — RICARDO David, *Principe d'économie politique et de l'impôt,* Flammarion, 1971, p. 257.

(7) — PLATTEAU Jean-Philippe, *op. cit.,* p. 385.

(8) — AUSTRUY Jacques, *Le prince et le patron,* Cujas, 1972, p. 94.

(9) — DE CLOSETS François, *Le bonheur en plus,* Denoël-Gonthier, 1974, p. 57.

(10) — DE RADKOWSKI Georges-Hubert, *Les jeux du désir*, PUF 1980.

(11) — HOSELITZ Bert F., *Théories de la croissance économique*, Dunod, 1970, p. 151.

(12) — PLATTEAU Jean-Philippe, *op. cit.*, p. 401.

(13) — TOEFFLER Alvin, *La 3e vague*, Denoël, 1980, p. 22.

Section 5

(1) — ROCHER Guy, *Le changement social*, Seuil, coll. Points, 1968, p. 84.

(2) — POLANYI Karl, *La grande transformation - Aux origines politiques et économiques de notre temps*, Gallimard, NRF, 1983, p. 113.

(3) — PHILIP André, *Histoire des faits économiques et sociaux*, Aubier-Montaigne, 1963, p. 60.

(4) — MARX Roland, « Angleterre, la légende noire des "asiles pour pauvres" », *L'Histoire*, n° 46, 1982.

(5) — HOSELITZ Bert F., *Théories de la croissance économique*, Dunod, 1970, p. 215.

(6) — ARIES Philippe, *Histoire des populations françaises*, Seuil, coll. Points, 1971, p. 215.

(7) — ROSTOW W.W., *Les étapes de la croissance économique*, Seuil, coll. Points, 1970, p. 7.

(8) — BAIROCH Paul, *Révolution industrielle et sous-développement*, SEDES, 1968.

(9) — ASHTON T.S., *La révolution industrielle*, 1760-1830, Plon, 1955.

(10) — RIOUX Jean-Pierre, *La révolution industrielle*, Seuil, coll. Points, 1971, p. 29.

(11) — RIOUX Jean-Pierre, *op. cit.*, p.

(12) — ROSTOW W.W, *op. cit.*, pp. 231-232.

(13) — ROBINSON Joan, *Marx, Marshall and Keynes*, Delhi, 1955.
KALDOR N., « A model of economic growth », *Economic journal*, déc. 1957, pp. 618-621.

(14) — ARIES Philippe, *Histoire des populations françaises*, Seuil, coll. Points, 1971, p. 219.

(15) — HOSELITZ Bert F., *op. cit.*, p. 217.

(16) — RIOUX Jean-Pierre, *op. cit.*, p. 33.

(17) — MEYER Jean, *Les Européens et les autres*, Colin, coll. U, 1975, p. 153.

(18) — ARIES Philippe, *op. cit.*, p. 220.

(19) — PHILIP André, *op. cit.*, pp. 67-68.

(20) — FLAMANT Maurice, *Histoire économique et sociale contemporaine*, Montchrétien, 1976, p. 96.

(21) — ARIES Philippe, *op. cit.*, p. 220.

(22) — HUGON Paul, *Démographie*, Dalloz, 1971, p. 308.

(23) — NIVEAU Maurice, *Histoire des faits économiques contemporains*, Thémis, 1970, p. 20.

(24) — KASPI André, « Qu'est-ce qu'un Américain ? », *L'Histoire* n° 91, 1986.

(25) — MEYER Jean, *op. cit.*, p. 319.

(26) — MEYER Jean, *op. cit.*, p. 319.

(27) — FLAMANT Maurice, *op. cit.*, p. 177.

(28) — BOUTHOUL Gaston, *La surpopulation*, Payot, 1964, p. 206.

(29) — HOSELITZ Bert F., *op. cit.*, p. 224.

(30) — BRAUDEL Fernand, « De César à Napoléon, même lenteur », *Histoire*, décembre, 1984.

(31) — PHILIP André, *op. cit.*, p. 140.

(32) — ARIES Philippe, *op. cit.*, p. 214.

CHAPITRE IV

LA DÉSARTICULATION DE L'AFRIQUE NOIRE

L'autosuffisance alimentaire est devenue le leitmotiv de la quasi-totalité des Etats de l'Afrique noire. Elle a inspiré notre démarche pour une analyse sur sa portée démographique, sociale et économique. En revenant maintenant au sous-continent africain, nous allons tenter d'éclairer la situation à la lumière des observations précédentes pour une démarche plus opérationnelle.

Un premier constat s'impose. L'Afrique noire a fait, dans ce dernier quart de siècle, une impasse vivrière. Son passé a montré pourtant sa capacité à réaliser de très importantes mutations agricoles. Nous en reprendrons les éléments. Mais alors pourquoi donc, l'Afrique noire ne s'est-elle pas lancée dans une nouvelle révolution agricole que d'autres pays du Tiers Monde ont pourtant accomplie ? Malgré cela, pendant ce temps, la population a littéralement explosé et présente aujourd'hui la plus forte croissance du globe. Cette densification subite s'est accompagnée également d'un bouleversement des structures démographiques qui a provoqué une situation de surpopulation relative. Comment cela a-t-il été possible en l'absence d'un support vivrier ? Quelle est l'ampleur des phénomènes ? La demande potentielle des biens vivriers et manufacturiers se gonfle avec le nombre d'habitants, et l'éclatement des besoins induit un effet multiplicateur. N'assistons-nous pas à la plus vaste entreprise de frustration des temps modernes ? Car pouvoir et population se concurrencent dans l'accaparement d'un surplus resté insuffisant. On attend du système économique, une élévation des performances pour répondre au niveau des aspirations. Ce renversement complet des perspectives du système de valeurs est mis en échec par un système productif littéralement en panne. La question reste de savoir pourquoi. Dès lors, devant la montée des déséquilibres, il ne s'agit plus de monter des programmes d'aides à l'Afrique qui l'engagent à s'endetter pour tenter de combler, sans succès, des écarts toujours croissants. Quels jalons pour l'avenir faut-il tracer ? La remise en cause de la logique destructurante qui assaille l'Afrique peut offrir une ligne directrice. Ce n'est pas de l'immobilisme dont souffre le continent, mais d'une transformation désordonnée de ses structures qui met l'Afrique en état d'échec.

1. L'impasse vivrière

Au lendemain de la Seconde Guerre mondiale, on s'interrogeait sur la réalité d'une certaine identité entre la productivité agricole observée dans le Tiers Monde et celle prévalant au seuil de la révolution agricole occidentale. Cette question formulée à l'endroit de l'Afrique noire, appelle un constat défavorable. L'insertion des sociétés africaines dans le grand mouvement de la mondialisation de l'écosystème, entrepris depuis le XVIe siècle, s'est déroulée, pour ce continent, selon un processus d'étapes intégrant successivement les plantes, les hommes et enfin les terres. Mais au terme de ce cheminement spécifique, c'est un système agricole contrasté qui apparaît. Cultures de rente et cultures vivrières se présentent sous la forme d'un diptyque dont l'analyse souligne les déséquilibres dont ils sont porteurs. Marginalisée dans les stratégies de développement économique, l'agriculture est en état de choc sous l'effet des récentes sécheresses. Mais les résultats d'un quart de siècle traduisent un mal plus profond, un état de crise structurelle.

A - La confrontation des productivités agricoles

La productivité agricole des pays africains est-elle comparable à celle des pays occidentaux s'engageant dans le processus industriel ? Le professeur Paul Bairoch fut tenté d'y répondre pour l'ensemble des pays en voie de développement. S'il y a quelques gageures à établir ce rapport pour des sociétés aussi diverses que celles des plaines du fleuve Jaune, des confins du Sahara ou des contreforts de la Cordillère des Andes, il fournit une première indication générale :

« Sur la base des indices que nous avons calculés, écrit-il, il apparaît que la productivité de l'agriculture des pays développés au moment de leur démarrage industriel était de 20 à 25 % supérieure à celle de la moyenne du Tiers Monde actuellement. L'écart est même de 40 % par rapport aux pays d'Afrique et d'Asie, lesquels représentent démographiquement parlant, l'essentiel du monde sous-développé. Cet écart de 40 % environ est suffisamment important pour qu'on puisse affirmer que les conditions étaient très différentes dans l'agriculture des pays actuellement développés, avant le démarrage de leur révolution industrielle, de ce qu'elles sont aujourd'hui dans les pays sous-développés d'Asie et d'Afrique. (1) »

Compte tenu de ce décalage, l'interrogation se porte, non plus sur les productivités agricoles au moment du démarrage industriel, mais sur celles constatées à la veille de la révolution agricole, antérieure d'une cinquantaine d'années pour l'Europe occidentale. Paul Bairoch estime que « durant les quatre à six décennies qui ont précédé la révolution industrielle, la productivité agricole s'est accrue d'environ 40 % ce qui situe la productivité agricole à un niveau voisin de celui des pays du Tiers Monde d'Afrique et d'Asie (2) ».

Néanmoins, les spécialistes des techniques culturales de l'Afrique noire semblent proposer un plus grand écart encore pour le sous-continent. L'usage de la charrue est inconnu dans les sociétés subsahariennes alors qu'il est courant sur les rives méditerranéennes depuis l'époque des pharaons. Sans charrue, le paysan négro-africain est également sans attelage et sans animaux domestiques. Il se voit ainsi privé de certaines facilités de transport et des possibilités de fumer son champ. L'Afrique noire ne dispose pas d'une bonne maîtrise de l'irrigation comme les paysans asiatiques, qui sont capables ainsi, de nourrir une bien plus grande quantité d'hommes par unité de surface entrant dans le cycle cultural. Enfin, ne faudrait-il pas encore ajouter que le continent noir ignore la greffe et la taille des arbres (3) ? Ces éléments montrent à l'évidence que le retard de productivité pour l'Afrique subsaharienne est plus profond que ne le laisse penser l'approche globale.

Dans ces conditions, les bases de l'apparition d'un surplus agricole par actif — suffisamment important pour avoir une quelconque signification pour le producteur — ne sont pas réunies et le développement par le biais des besoins se trouve sans prise. L'enthousiasme des années « soixante » a tenté, consciemment ou non, de sauter l'étape préalable du dégagement du surplus vivrier en espérant que la révolution industrielle apporterait dans sa corbeille les mutations agricoles adéquates. Ni l'une, ni l'autre n'interviendront dans la plupart des cas. Pourtant l'intégration des sociétés traditionnelles au système économique mondial s'est opéré et a exercé des influences considérables sur les structures. Il nous faut y revenir, pour comprendre l'organisation agricole.

B - L'intégration dans l'écosystème mondial

L'intégration à l'écosystème mondial relève d'un processus d'étapes qui singularise profondément l'Afrique. Trois grandes phases se dessinent sur la base des plantes vivrières d'abord, des hommes ensuite, et enfin, des sols. Elles se déroulent pour l'essentiel, du milieu du XVIe siècle au début du XXe.

a) Le rôle des plantes vivrières dans la mutation agricole procède de l'unification botanique mondiale entreprise à la suite des grandes découvertes. L'Afrique noire réalise en cette occasion, une importante révolution agricole dès le XVIe siècle que la conscience populaire a, pour une large part, évacuée de sa mémoire. La réussite est si totale et l'osmose si complète que les nouvelles habitudes paraissent venir de la nuit des temps. La performance est d'autant plus notable que l'Europe, malgré des percées techniques vit dans le domaine agricole, sur des acquis du Moyen Age qui n'évolueront guère avant le XVIIIe siècle ! Voici donc une performance bien remarquable pour une agriculture africaine que l'on dit sclérosée sur de vieux usages, incapable de s'adapter, inapte à toute évolution (4).

L'occasion est fournie par les Portugais qui s'établissent, après leurs découvertes, le long des côtes africaines. Ils y font connaître les plantes brésiliennes, à la suite de leur boucle de navigation dans l'Atlantique. Le manioc, le maïs et l'arachide, originaires du continent américain éveillent un vif intérêt chez les Africains qui les adoptent rapidement. La pénétration continentale de ces plantes est d'autant plus étonnante qu'elle bouleverse le mode alimentaire des populations et transforme un aspect culturel majeur dans les sociétés traditionnelles. Cette mutation est réalisée sans recours à des capitaux extérieurs ni à un encadrement technique étranger. Lorsque les Européens pénétreront au XIX siècle, au cœur de l'Afrique, l'agriculture a déjà de nouvelles bases. On se demande, comment on vivait avant, sans le maïs, sans le manioc, sans les patates, sans les choux caraïbes. L'agronome Auguste Chevalier observe qu'il y avait d'autres cultures, aujourd'hui en régression ou même disparues, comme celle du coleus et du voandzou (5). Le coleus se substituait à la patate douce. Cette plante est davantage connue aujourd'hui des horticulteurs par ses qualités ornementales... Le voandzou ou « pois bambara » remplaçait l'arachide avec la même particularité d'enterrement de ses fruits. La culture des ignames était plus répandue et tenait la place du manioc. Les caractéristiques culturales de cette dernière plante méritent quelque attention. En effet, elle a des exigences écologiques moins strictes, dispose d'une grande faculté d'adaptation au climat et au sol et peut se récolter au fur et à mesure des besoins. L'analyse des temps de travaux révèle des exigences en main-d'œuvre nettement inférieures (6). L'évaluation établie pour des conditions moyennes porte à 100-120 jours de travail pour le manioc contre 250-

270 jours par actif/homme pour un hectare de culture dans le cas de l'igname. On peut déceler dans cet écart une raison essentielle de son adoption. Au moment précisément où les prélèvements de la traite négrière et les effets des mobilisations guerrières pour ces razzias esclavagistes causaient des problèmes de main-d'œuvre, une réduction de cette importance des travaux aux champs devenait une opportunité exceptionnelle. On ne peut pas imaginer, en effet, un changement de régime alimentaire de cette importance, sans de solides arguments. Car non seulement, les habitudes nutritives sont une caractéristique essentielle des sociétés traditionnelles comme nous le rappellent les anthropologues, mais encore, les préparatifs culinaires réclamés par le manioc sont longs, fastidieux et indispensables pour le débarrasser de certains éléments toxiques. Il est vrai que ces charges nouvelles pèseront uniquement sur la société des femmes.

b) Si l'Afrique a su tirer, dans un premier temps avantage de sa mise en relation avec les autres régions du monde, elle en supporte la phase la plus pénible et la moins honorable pour l'humanité.

En effet, cette deuxième étape résulte directement du choc microbien de la conquête ibérique sur les Amérindiens et des besoins de main-d'œuvre qui ont suivi. Des 80 millions d'habitants qui peuplaient le sous-continent avant l'arrivée de Cortès (1521) et de Pizarre (1532), il n'en reste au milieu du XVIe siècle que moins de 15 % (7). Les rougeoles et les maladies broncho-pulmonaires terrassent l'Empire aztèque et l'Empire inca beaucoup plus sûrement que quelques centaines de conquistadores avec leurs arquebuses. En deux ou trois décennies, l'Amérique se vide d'hommes et ce tragique destin entraîne, par ricochet, celui de l'Afrique.

Avec la disparition quasi totale des habitants des îles Caraïbes, Charles Quint, roi d'Espagne, pose les bases de la traite négrière pour produire de la canne à sucre, du tabac et du coton, pour extraire de l'or et de l'argent. Les populations négro-africaines sont habituées au climat tropical, plus résistantes aux maladies que les Indiens, déjà familiarisées avec l'exploitation minière et l'orpaillage. Les Portugais qui avaient balisé toutes les côtes du continent africain, vont trouver dans le commerce des esclaves, une source d'enrichissement rapide sans commune mesure avec les avantages tirés du négoce de l'or, de l'ivoire, du poivre ou de la maniguette. La traite européenne transplantera 9 600 000 Noirs en près de quatre siècles dont près des deux tiers pour le seul XVIIIe siècle (8). Cette lourde ponction démographique s'ajoute aux douze ou quatorze millions d'individus absorbés par la traite négrière transsaharienne et orientale, vers le Maroc, l'Empire ottoman et l'Arabie pendant plus de dix siècles (9).

Ce système va cesser au cours du XIXe siècle par la convergence d'un sursaut moral, de motivations politiques et d'intérêts économiques. La maîtrise de la mer par la Grande-Bretagne et, dans une moindre mesure, par la France, permet à ces nations devenues anti-esclavagistes de contrôler le trafic négrier et d'interdire la traite (1815). Il faudra la victoire des nordistes anti-esclavagistes au terme de la guerre de Sécession aux Etats-Unis (1865) et attendre encore 1878 au Brésil, pour que soit aboli l'esclavage. La substitution d'un fort contingent de migrants européens à la traite négrière facilitera la conversion des intérêts maritimes. Le développement d'un courant migratoire formé de candidats à l'expatriation finançant eux-mêmes leur voyage offre une occasion exceptionnelle. D'ailleurs, l'évolution de la colonisation transforme les comptoirs en ambition territoriale. La conquête coloniale retire à la traite tout son intérêt, car elle ponctionne des hommes sur des territoires où ils pourraient contribuer directement à la création du surplus, en s'adonnant à des cultures à vocation industrielle. Le Nigeria — qui avait tout particulièrement subi les effets de la traite, avec un rivage baptisé Côte des esclaves — voit exploser sa production d'huile de palme de 200 tonnes à 50 000 tonnes entre 1800 et 1850 alors que l'échange triangulaire se disloque et que la colonisation progresse.

c) La colonisation a pour résultat immédiat d'inclure le sol africain dans les mécanismes de l'échange international et constitue la troisième étape du processus. Mais après avoir contrôlé la première étape et subi douloureusement la seconde, la troisième s'offre sous un jour ambigu. Des cultures de rente sont désormais introduites dans le panel des activités villageoises. L'insertion de ces nouvelles variétés agricoles ne prend tout son sens que par référence aux circuits extérieurs, car elles ont l'exportation pour vocation.

Trois procédés allaient servir de levier à la diffusion des nouvelles variétés culturales : la contrainte, la fiscalité et le besoin. Ainsi le coton en 1904, en Ouganda, est-il, au début, une culture forcée. En 1910, le gouverneur Angoulvent introduit de façon autoritaire le cacao, en Côte d'Ivoire. De même, le coton est imposé en 1924 dans l'Oubangui-Chari, en 1927 dans le Sud-Ouest Tchadien et au début des années trente dans le Nord-Cameroun (10). Ce sont en fait des méthodes plus subtiles qui assureront le succès de ces plantations. Par la capitation, l'administration coloniale contraint chaque adulte à s'acquitter d'une taxe sous forme de monnaie qu'on ne peut acquérir que par sa participation à la production agricole à vocation industrielle. Le paysan intègrera dans ses cultures, la nouvelle plante, comme les Wolofs avec l'arachide (Sénégal). Mais dans certains cas, c'est en allant travailler les cultures d'exportation « riches » dans les propriétés des colons qu'il obtiendra des ressources monétaires sous forme de salaires comme Kikuyu et Kamba au Kenya (11). Toutefois, c'est par la création de nouveaux besoins que les activités se transforment. Avec la percée coloniale, les produits pénètrent plus nombreux et plus profondément dans l'intérieur du continent, pour s'offrir à la convoitise des cultivateurs. Leur achat constitue un ultime argument favorable aux cultures industrielles puisqu'elles forment le seul biais d'accès à des ressources monétaires.

Les résultats sont là : en 1918, le Nigeria devient le pays le plus performant avec des nouvelles variétés végétales : 205 000 tonnes de palmistes et 87 000 tonnes d'huile de palme mais aussi 11 000 tonnes de cacao et 57 000 tonnes d'arachide. La Gold Coast (Ghana) qui produisait 13 tonnes de cacao en 1893, en fournit 4 000 tonnes en 1903, 39 000 en 1912 et 51 000 tonnes en 1913. Elle dépasse le premier producteur africain du moment, l'île portugaise de Sao Tomé (36 000 tonnes en 1913). En 1918, le Ghana produit 115 000 tonnes de cacao. Sa production continuera son ascension vertigineuse pour atteindre 225 000 tonnes en 1929 et 263 000 tonnes en 1937 ! Le Sénégal produit 300 000 tonnes d'arachide en 1918, il en produira le double vingt ans plus tard avec une production cinq fois plus importante que l'ensemble du reste de l'AOF. L'Ouganda produit 14 000 tonnes de coton en 1920, alors qu'il fut introduit seulement 15 ans plus tôt, et développa sa production à près de 66 000 tonnes en 1940. Le cacao donne 55 000 tonnes en 1939 en Côte d'Ivoire alors qu'il ne fut lancé qu'en 1910 (12)...

D'une façon générale, ce sont d'abord les palmiers à huile qui se développent sur les côtes africaines avant que ne s'étendent les cultures de cacao, d'arachide et de coton. Durant l'entre-deux-guerres de nouvelles productions apparaissent : café, bananes, sisal, thé. Mais parmi ces dernières, seul le café intéresse vraiment les Africains, les autres cultures sont à cette époque réservées aux Européens. En 1919, la transformation du paysage agricole est surtout le fait du Sénégal (arachide), de la Gold Coast (cacao), du Nigeria (palmier à huile) et de l'Ouganda (coton) et des zones côtières de la Sierra Leone, du Togo, du Dahomey et du Cameroun. Néanmoins, les bases d'une transformation structurelle de l'agriculture africaine sont en place. Il en résultera avec la généralisation du processus avant les années cinquante, un tableau très contrasté.

C - Un résultat en forme de diptyque

L'Afrique avait mieux su s'adapter et assimiler les occasions qui s'offraient à elle, voici quatre siècles. Avec une volonté mobilisatrice, des moyens beaucoup plus puissants et des contributions extérieures, on ne peut que constater la désarticulation des sociétés coutumières. Le développement des cultures de rente déplace le centre d'intérêt des agriculteurs, mais il aboutit davantage à la juxtaposition de deux systèmes qu'à une réelle intégration. (Cf. fig. XV).

Fig. XV - Le diptyque des productions agricoles

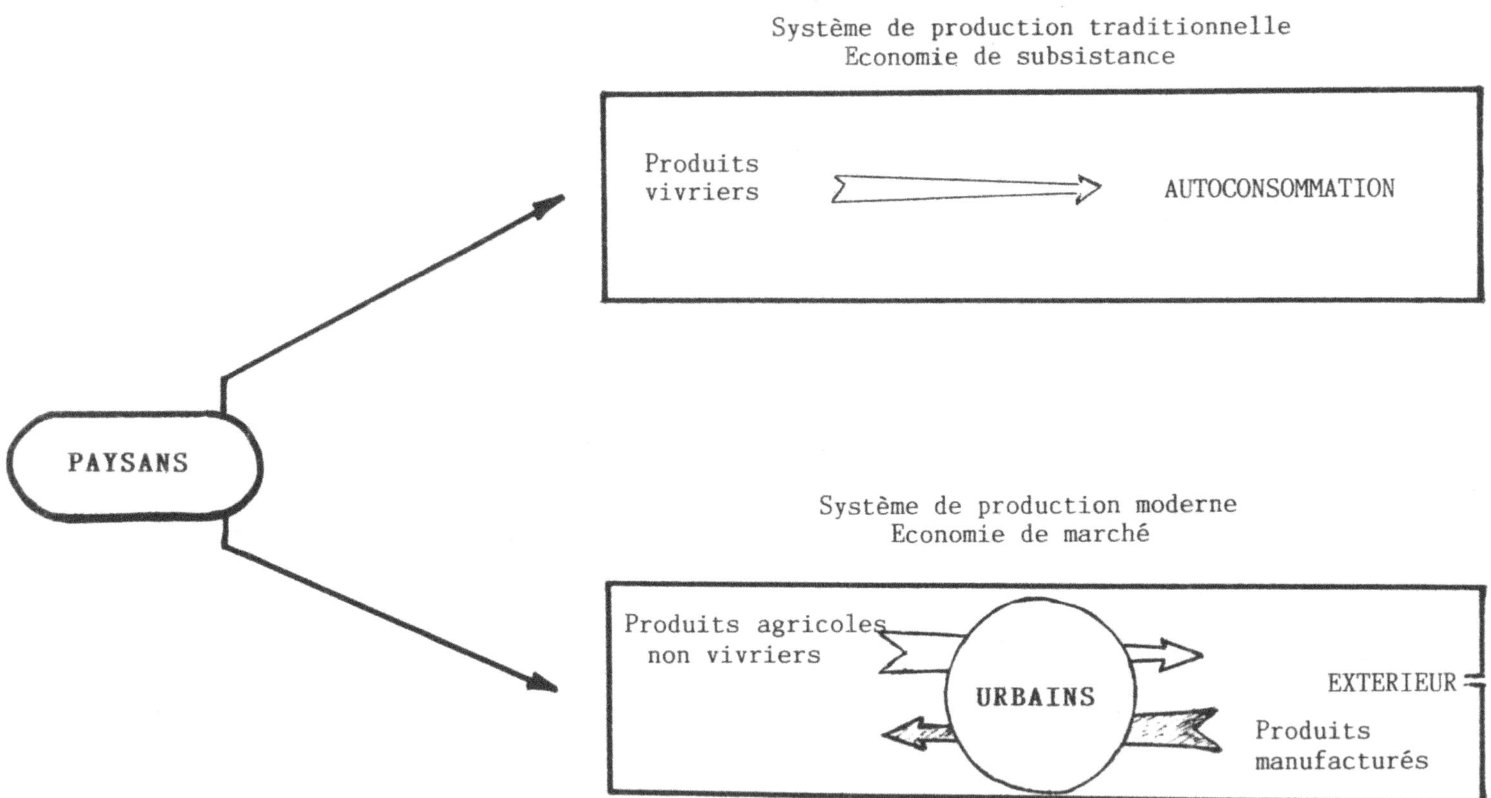

a) Le déplacement des centres d'intérêts est la conséquence la plus immédiate du développement des cultures commerciales. Elles provoquent le bouleversement de l'ordre établi et la marginalisation de la production vivrière.

Effectivement, le développement de l'économie monétaire débouche sur une remise en cause des pouvoirs. Les quelques biens manufacturés qui avaient pénétré avec la traite dans l'économie traditionnelle, revenaient aux chefs des expéditions guerrières qui négociaient leurs voisins vaincus et capturés. Le nouveau système économique permet d'entrer en possession de biens, sans passer par la bienveillance du chef, mais aussi, la dépendance de la hiérarchie et des anciens. Les disponibilités monétaires acquises par le truchement des productions agricoles négociables, procurent un accès direct aux différents biens convoités. « La hiérarchie de la société se trouve contournée » remarque le professeur Robert Badouin (13). Elle est affaiblie par l'émergence de ces nouvelles possibilités. Certaines règles sociales ne nécessitent désormais plus un respect aussi strict, puisque d'autres mécanismes s'y substituent.

Si la gérontocratie est minée par la diffusion des cultures de rente, elle se trouve également en but au pouvoir colonial. Celui-ci écarte l'autorité traditionnelle pour capter le surplus, mais s'intéresse à d'autres formes d'excédents. Il ne s'agit plus de dériver du grain ou toute autre ressource vivrière, mais des espèces monétaires par le biais de cultures à vocation industrielle. La contrainte administrative perturbe l'ordre établi et brouille par la monnaie les références à des contreparties tangibles (14). La sécurité et la pérennité du groupe glissent de la responsabilité du chef à celui de l'administrateur dont le rôle sera confirmé à l'Indépendance. Le nouveau pouvoir héritera des structures coloniales et laissera dépérir les chefferies traditionnelles, souvent honorées mais privées de leurs assises économiques.

C'est également au désavantage des productions vivrières que s'étendent les cultures de rente. Les observations de l'agronome Auguste Chevalier menées à la fin des années quarante, sont, à cet égard, frappantes : « On peut dire que partout une foule de cultures coloniales qui, il y a encore une trentaine d'années étaient assez courantes et apportaient à l'alimentation indigène des variantes nombreuses et agréables, sont en voie de régression et même sur le point de disparaître (15). »

Plusieurs explications sont à l'origine de ce déplacement d'activités. L'émergence de nouvelles obligations et de nouveaux besoins incite davantąge à subsistuer les activités productives plutôt qu'à les additionner. La faible productivité de l'agriculture motive sans aucun doute ce comportement. « On dirait que l'homme pour réduire le travail et l'effort renonce aux avantages certains que lui procuraient pourtant des cultures secondaires variées (16). »

Le climat impose également ses propres contraintes. Le temps réduit de la saison des pluies dans les zones soudano-sahéliennes, la non-maîtrise des techniques à l'irrigation et l'usage d'outils rudimentaires limitent les possibilités d'extension des superficies cultivées par actif. « Les opérations sont longues et doivent impérativement être faites dans des délais bien précis, sous peine de compromettre la récolte, c'est le temps de travail disponible pendant cette période de pointe qui va limiter la surface cultivée pour chaque paysan (17) » témoigne Jacques Giri.

Des raisons techniques poussent à des arbitrages défavorables pour les cultures vivrières. En effet, le calendrier cultural peut rendre incompatible le développement simultané des cultures vivrières et des cultures de rente. Ainsi en Oubangui-Chari pour développer la production du coton et obtenir un bon rendement, on l'introduisait sur défrichement et lui faisait prendre la tête de l'assolement. Comme les semis de coton se plaçaient au même moment que les semis de mil, il en résultait une régression notable de cette céréale au bénéfice du manioc. En outre, le long travail du coton se répercutait sur les cultures alimentaires qui eurent tendance à être négligées (18).

Des arbitrages financiers contribuent à déplacer la ligne de partage entre les deux types de culture. Ainsi il devint parfaitement judicieux pour le paysan sénégalais de cultiver de l'arachide et de se procurer avec les revenus monétaires ainsi obtenus, du riz pour son alimentation (19). Inversement, la dépréciation de la rémunération des cultures à vocation industrielle et l'absence d'opportunité d'achats consécutive à l'anémie des circuits commerciaux incitèrent les paysans maliens à se replier sur une production vivrière autoconsommée au cours des années soixante.

Les cultures de rente se sont donc insérées dans le paysage africain en lézardant les structures traditionnelles qui formaient un bloc homogène. Le domaine des obligations sociales et rituelles se réduit, le rôle des cultures vivrières est marginalisé, et l'ensemble des usages et des innovations ne se coordonne pas.

b) En effet, les cultures de rente se développent avec un postulat implicite pour les autorités coloniales : les paysans africains ont acquis la maîtrise des techniques culturales vivrières. L'action d'encadrement se limite donc aux seules cultures de rente. D'ailleurs les quelques opérations tentées en faveur des cultures alimentaires (cf. les opérations riz de l'Office du Niger au Soudan Français) se sont heurtées à de telles rigidités que ce présupposé s'est largement imposé (20). L'encadrement et la recherche agronomique n'interviennent qu'à la faveur exclusive des cultures de rapport. A cet écart technologique qui en résulte, se surajoute une finalité nettement différenciée. Les cultures vivrières ont pour destination fondamentale l'autoconsommation. Les cultures de rente sont destinées à une économie de marché reliée à l'extérieur par un milieu urbain qui constitue, avec les administrateurs et les négociants, une couche sociale écran dans tous les échanges.

Le paysan répond à ces sollicitations pressantes quand elles ne sont pas autoritaires, dans des conditions variables selon les régions et les opérations de collecte mises en place (21). Mais il conçoit son agriculture selon les règles d'une dichotomie minutieuse se superposant totalement à la démarche initiée par le colonisateur. Les cultures vivrières restent insérées dans les mécanismes sociaux traditionnels et les règles ancestrales. L'agriculture à vocation industrielle s'appuie sur les résultats des centres d'expérimentation, a recours à des techniques plus sophistiquées et reçoit volontiers le concours des encadreurs agricoles. Elle trouve ses justifications dans les impératifs et les besoins des sociétés occidentales. D'un côté, le mil, le sorgho ou le manioc avec les productions secondaires des jardins de case, sont cultivés à la « daba » et selon les règles coutumières. De l'autre, le palmier à huile, le cotonnier, le caféier, le cacaoyer, l'arachide... bénéficient des engrais, des pesticides, des plants sélectionnés et parfois de la culture attelée. Il n'y a donc pas, en tout état de cause, intégration du nouveau monde cultural, il y a juxtaposition de deux logiques.

Les remarques de deux observateurs corroborent et illustrent ces propos. Ainsi Jacques Giri explique que le paysan sahélien utilisant la culture attelée dans la plantation de coton, revient à la houe pour l'entretien de son champ de mil (22). Robert Badouin note que le planteur manifeste cette dualité jusque dans son habillement : « Sur la plantation, le cultivateur s'habille volontiers à l'européenne et accueille sans difficulté les étrangers. Au contraire, l'installation sur les champs de riz respecte scrupuleusement les règles léguées par les anciens et les ancêtres qui eux-mêmes pratiquèrent cette culture et dont il paraît essentiel de l'effectuer comme ils s'y adonnèrent eux-mêmes. Le vêtement redevient malgache, l'habitat de type traditionnel et l'accueil des étrangers y est plus réservé (23). » Autrement dit le symbolisme corsète une dualité effective.

Si le paysan de la période traditionnelle partageait son temps entre des travaux agricoles à finalité alimentaire et des activités rituelles à vocation sociale et religieuse, le cultivateur contemporain s'insère pour partie dans une perspective mercantile. D'un côté, obligations collectives et tribales, culte des ancêtres, captation de la bienveillance des forces tutélaires ou des dieux protecteurs céréaliers, de l'autre, économie commerciale, prestige de la monnaie, valeur d'échange et soumission à un pouvoir animé par la mutation des forces économiques et sociales : « Deux conceptions de la richesse se cotoient : l'une est liée au statut et se compte en hommes, l'autre est liée à l'utilité et se compte en biens. »

D - Un déséquilibre potentiel

Ce paysan devenu schizophrène s'insère dans un système à double valeur qui porte en germe de profonds déséquilibres. Il faut attendre les disettes et la famine de ces dernières années pour qu'un intérêt soutenu se développe sur la question agricole. Lorsque le futur directeur de l'UNESCO, Amadou Mahtar M'Bow préface en 1971 *Le nouveau dossier de l'Afrique* aucun chapitre de l'ouvrage n'est réservé à cette question (24). Pour mieux faire apparaître le caractère structurel du déséquilibre potentiel dont le système est porteur, nous évoquerons et comparerons les mécanismes prévalant dans cette même Afrique, durant l'Empire malien au XIVe siècle et l'époque contemporaine.

a) Dans le puissant Empire malien de l'Afrique de l'Ouest, le souverain draine et cumule les excédents produits par les paysans de ses territoires pour entretenir armée, administration et gynécée. Mais ce système de prélèvement du surplus agricole se complique par l'extraction aurifère dont l'Empereur malien entend assurer le contrôle. Un portuaire catalan de l'époque nous rappelle qu'il était un des plus importants fournisseurs d'or de l'Europe médiévale par l'entremise des Arabes (25).

Fig. XVI - Le surplus et l'équilibre vivrier dans l'Empire malien

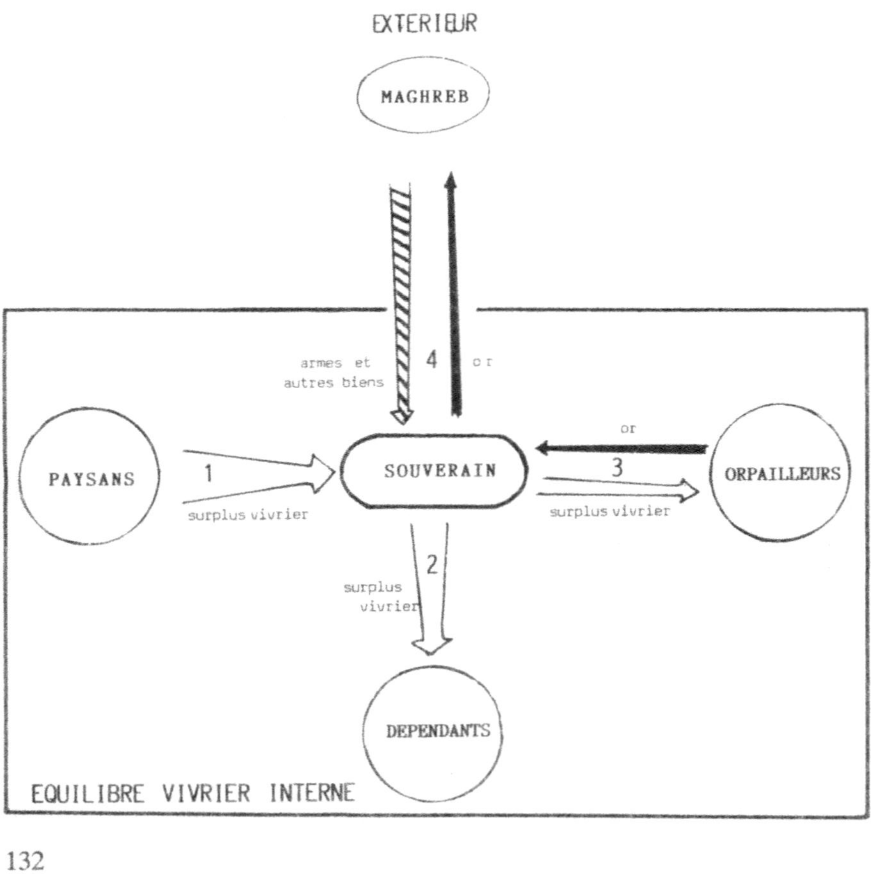

L'exploitation des gisements aurifères nécessite l'entretien des travailleurs affectés à cette tâche ; cela revient à transformer du surplus vivrier en paillettes et pépites d'or. Ce métal jaune contrôlé par l'Empereur s'échange, à l'occasion d'un commerce transsaharien, avec le Maghreb, contre des armes et des objets manufacturés. Leur rareté au cœur de l'Afrique assure à leur détenteur une puissance et un prestige accrus. Le surplus vivrier a été transformé, par étapes successives, en biens ouvragés (cf. Fig. XVI).

Le système n'est pas à l'abri d'accidents pluviométriques, d'invasions de sauterelles ou d'oiseaux mange-mil... mais tant que les institutions sont capables de drainer, au préalable, un surplus vivrier au bénéfice des orpailleurs, le système peut fonctionner en équilibre. Faute de cette condition, l'exploitation de l'or ne peut être assurée. Cette illustration n'est pas unique, l'Afrique australe offre le même scénario dès le XIe siècle. Les souverains du Zimbabwe avaient aussi le monopole de l'or et procédaient au même type d'échange sur la côte orientale où prévalaient des établissements arabes. Par contre, ce schéma ne se renouvelle plus à l'occasion de l'échange des biens manufacturés et des cultures de rente.

b) L'équilibre vivrier potentiel est rompu avec l'immixtion de nouvelles cultures. Dès l'origine, les cultures de rente mordent sur les cultures vivrières sans que des progrès dans la productivité ne soient observés en contrepartie. L'abandon de certaines plantes vivrières réduit même les ressources alimentaires de la communauté villageoise. En conséquence, le ravitaillement du nouveau pouvoir et de ses structures urbaines ne se trouve pas garanti par la mise en place des cultures de rente.

La ville n'était pas inconnue des sociétés négro-africaines ; Tombouctou, Djenné, Kano restent célèbres pour leur éclat passé. Mais leur existence était étroitement soumise aux ressources vivrières que l'on pouvait prélever sur l'arrière-pays. Il n'en est plus de même pour la période contemporaine. La ville s'impose avant tout comme un relais entre les zones de production agricole et l'extérieur. Le milieu urbain est un appendice commode de refoulement des produits agricoles non vivriers vers les zones industrielles des pays développés, et d'aspiration des biens manufacturés de ces mêmes zones. Mais l'urbain, dont les archétypes sont constitués par l'administrateur-percepteur et le négociant-collecteur, tend à se référer davantage au modèle extérieur dont il est l'émanation qu'aux conditions originelles de son milieu. C'est donc de l'extérieur qu'il tirera son modèle de consommation et les sources de son ravitaillement.

Le monde urbain devient un pôle écran indispensable aux échanges entre l'extérieur et le monde rural. Par le biais monétaire, il opère une dérivation du surplus moins douloureuse que les prélèvements en nature, et plus prestigieuse. En perdant son expression vivrière, ce surplus a gagné le prestige sociologique de la monnaie. De ce fait, le milieu urbain devient modèle et focalise sur lui d'importants transferts de population. La ville se gonfle, s'étend, éclate. Elle double en moyenne, chaque décennie. Le monde agricole sollicité encore davantage, pour du coton, du café, de l'arachide ou du cacao, ne peut répondre aux besoins nutritifs. Qu'importe ! La ville a l'avantage insigne de concentrer sa population et d'être le plus souvent placée, pour les plus grosses agglomérations, sur les rives océaniques. Les conditions avantageuses d'un ravitaillement par l'extérieur sont posées. La vie urbaine provoque une modification des habitudes culinaires, et pour finir, un déplacement des goûts. Le riz se substitue au mil et la boule de manioc est concurrencée par la baguette de pain. Les villes seront ravitaillées par l'extérieur et le monde urbain se déconnecte du système vivrier local. Désormais les structures s'organisent sans être tenues par l'équilibre vivrier (cf. fig. XVII).

E - Un quart de siècle frappé de déclin

L'agriculture avait connu des succès spectaculaires à l'occasion de la révolution du XVIe siècle avec l'adoption du manioc. La première moitié du XXe siècle fut marquée par l'introduction des cultures de rente et la diffusion du maïs dans l'Afrique australe. Mais ce dernier quart de siècle, malgré quelques brillantes réalisations ponctuelles est davantage marqué par l'échec global de l'agriculture.

Les résultats des principales productions de la période 1960-1985 offrent l'illustration de ce déclin (26). L'arachide et le palmiste présentent une régression absolue. Le cacao ne réussit pas mieux que ce qu'il donnait déjà 25 ans plus tôt. Le mil et le sorgho, mais aussi le café connaissent une progression très limitée. Le coton, les racines et les tubercules semblent évoluer mieux en augmentant leur tonnage de près de moitié. Seuls le riz et le maïs paraissent véritablement percer. Le maïs devient la première céréale de l'Afrique noire avec seize millions de tonnes alors que le sorgho et le mil plafonnent chacun à quelque dix millions de tonnes.

Mais même ces derniers résultats sont trompeurs. En prenant pour référence les années médianes des séries statistiques (1963-1983), on observe que la population globale de l'Afrique noire progresse de 75 % tandis que la population active agricole se gonfle d'un bon tiers (35 %). Autrement dit, la progression des racines et tubercules reste en deçà de la croissance démographique. Le riz et le maïs n'évoluent que très légèrement en terme de production par tête.

Fig. XVII - Le surplus et l'équilibre vivrier de l'Afrique noire contemporaine

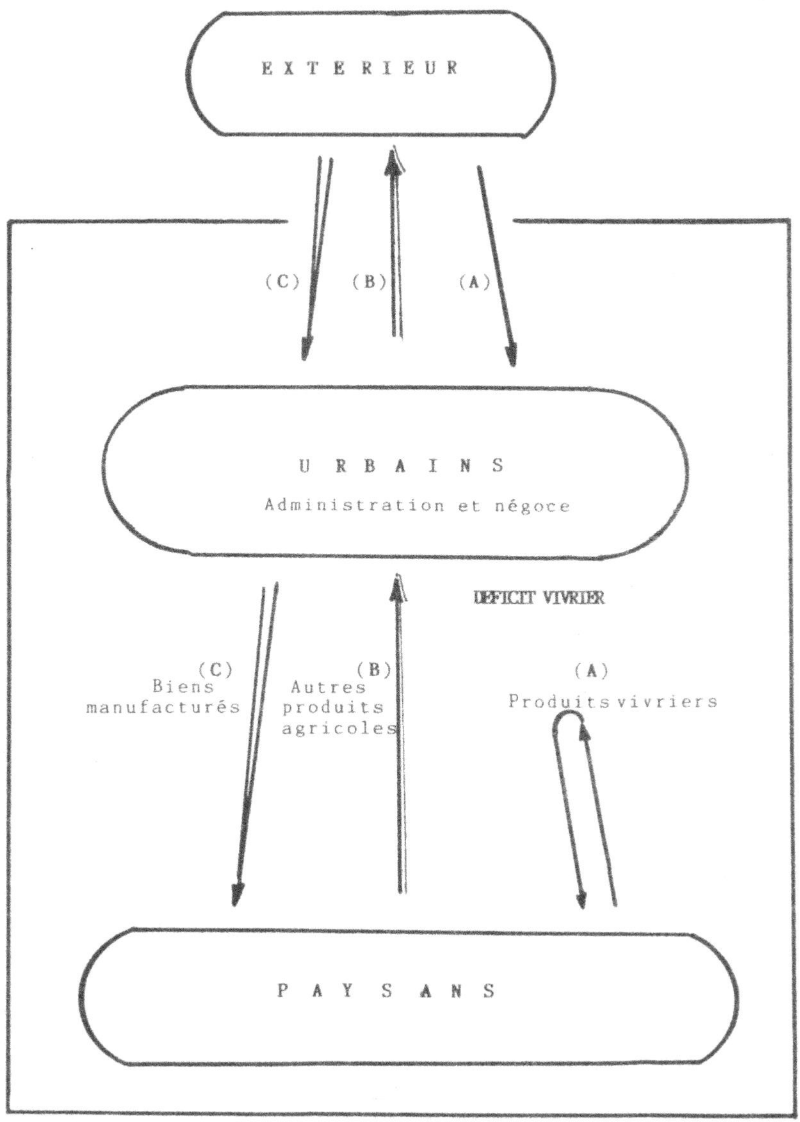

Tableau III
Les productions agricoles sur un quart de siècle
(en milliers de tonnes)

CULTURES VIVRIERES	61/65	74/76	79/81	81/85	Variation 83/63
Productions céréalières	32105	41875	45515	46045	+ 43 %
dont riz	3606	5608	6212	6628	+ 84 %
maïs	8433	14896	14960	16028	+ 90 %
sorgho	8127	9244	10899	10289	+ 27 %
mil	8186	8767	9340	9012	+ 10 %
Productions racines et tubercules	58010	74174	83345	89588	+ 54 %
dont manioc	33622	43002	47931	52843	+ 57 %
ignames	15803	20089	22592	23801	+ 50 %

CULTURES DE RENTE	61/65	74/76	79/81	81/85	83-63
arachide coque	5045	5105	4266	3229	- 36 %
coton graine	1345	2009	1759	2091	+ 55 %
palmiste	809	725	724	751	- 7 %
café	1014	1253	1174	1243	+ 23 %
cacao	930	963	1042	965	+ 4 %

POPULATION EN MILLIONS D'HABITANTS	1963	1975	1980	1983	83-63
Population totale	220	303	350	384	+ 75 %
Population active agricole	77	93	100	104	+ 35 %

Tableaux composés à partir des sources de la FAO.

Tableau IV
Les régressions absolues des productions agricoles

1) *Les productions vivrières : Les céréales (en milliers de tonnes)*

Total céréales	61/65	83/85
ANGOLA	546	344
BOTSWANA	23	15
CAP VERT	26	3
GUINEE	614	538
LESOTHO	224	149
MAURITANIE	98	41
MOZAMBIQUE	656	579
TCHAD	937	485
Total	3124	2154 (69 %)*

MIL	61/65	83/85
ANGOLA	68	50
CAMEROUN	413	400
COTE D'IVOIRE	34	32
GAMBIE	44	39
GHANA	64	61
KENYA	307	34
MAURITANIE	93	22
MOZAMBIQUE	10	5
OUGANDA	444	423
TCHAD	895	395
TOGO	99	64
ZAIRE	40	13
ZAMBIE	67	13
ZIMBABWE	240	123
Total	2818	1674 (59 %)

RIZ	61/65	83/85
ANGOLA	27	22
CONGO	4	2
GABON	1	1
GAMBIE	33	30
MALI	170	125
MOZAMBIQUE	94	55
SWAZILAND	6	3
TCHAD	29	14
TOGO	19	15
ZIMBABWE	2	1
Total	385	268 (70 %)

MAIS	61/65	83/85
ANGOLA	432	261
CAP VERT	26	3
GUINEE	281	41
LESOTHO	110	89
MALI	80	70
MAURITANIE	4	2
MOZAMBIQUE	361	333
Total	1294	789 (62 %)

SORGHO	61/65	83/85
BOTSWANA	20	6
GHANA	98	86
GUINEE	7	3
LESOTHO	55	42
MADAGASCAR	3	2
MOZAMBIQUE	182	180
NIGERIA	3700	2933
SWAZILAND	8	1
ZAMBIE	194	14
Total	4267	3267 (76 %)

(*) Le pourcentage représente le montant de la production 83/85 par rapport à celui de 61/65.

Tableaux composés à partir des sources de la FAO

Tableau V
Les régressions absolues des productions agricoles

2) *Les productions vivrières - Racines et tubercules (en milliers de tonnes)*

Racines et tubercules	61/65	83/85
BURUNDI	1614	1150
CAP VERT	27	9
CONGO	809	654
GAMBIE	6	6
GUINEE BISSAU	98	40
MALI	227	138
MAURITANIE	6	5
SENEGAL	169	33
SOUDAN	1402	305
TOGO	1356	813
Total	5674	3149 (55%) *

MANIOC	61/65	83/85
BURUNDI	887	492
CENTRAFRIQUE	1040	893
CONGO	750	600
GAMBIE	6	6
KENYA	600	421
MALI	160	73
SENEGAL	152	15
SOUDAN	1200	125
TOGO	571	416
Total	5366	3041 (57%)

IGNAMES	61/65	83/85
GHANA	1061	865
SOUDAN	168	113
TOGO	763	367
Total	1992	1345(67%)

(*) Le pourcentage représente le montant de la production 83/85 par rapport à celui de 61/65.

Tableaux composés à partir des sources de la FAO

Tableau VI
Les régressions absolues des productions agricoles

3) *Les cultures de rente (en milliers de tonnes)*

ARACHIDE	61/65	83/85
ANGOLA	30	20
BENIN	27	20
CAMEROUN	112	80
GUINEE BISSAU	55	27
MADAGASCAR	37	32
MALI	136	97
MOZAMBIQUE	83	63
NIGER	210	48
NIGERIA	1858	517
SENEGAL	1600	436
SIERRA LEONE	23	14
OUGANDA	128	100
ZAMBIE	64	19
ZIMBABWE	103	37
Total	3866	1510 (39%)*

COTON	61/65	83/85
BURUNDI	7	6
MOZAMBIQUE	107	50
NIGER	6	4
NIGERIA	127	53
OUGANDA	203	49
TANZANIE	143	135
Total	593	297 (50 %)

CAFE	61/65	83/85
ANGOLA	185	25
GUINEE EQU	7,3	7
GABON	1,4	1
GHANA	3,3	1,7
MOZAMBIQUE	1	1
TOGO	12	6,3
Total	210	42 (20 %)

PALMISTE	61/65	83/85
ANGOLA	22	12
CENTRAFRIQUE	1,1	1
CONGO	7,1	0,5
GUINEE EQU.	3,1	2,9
GUINEE BISSAU	13	9,3
LIBERIA	9,3	8,0
NIGERIA	418	365
SAO TOME	3,8	0,5
SIERRA LEONE	60	30
ZAIRE	114	70
Total	651,4	499,2 (76%)

CACAO	61/65	83/85
GUINEE EQU	32	8
GABON	3	2,6
GHANA	453	178
NIGERIA	217	127
SAO TOME	9	4,6
ZAIRE	5,4	4
Total	719,4	342,2(45%)

(*) Le pourcentage représente le montant de la production 83/85 par rapport à celui de 61/65.

Tableaux composés à partir des sources de la FAO

Tableau VII
Les pays affectés par des régressions absolues
(Période 61/65 - 83/85)

PAYS	PRODUITS VIVRIERS	CULTURES DE RENTE
ANGOLA	céréales, mil , maîs, riz	arachide, palmiste,café
BENIN	-	arachide
BOTSWANA	céréales	-
BURUNDI	racines et tubercules, manioc	-
CAMEROUN	mil	arachide
CAP VERT	céréales, maîs, racines-tubercules	-
CENTRAFRIQUE	manioc	palmiste
CONGO	racines et tubercules, manioc	palmiste
COTE D'IVOIRE	mil	-
GABON	-	café,cacao
GAMBIE	mil, racines-tubercules, manioc,riz	-
GHANA	mil, sorgho, igname	café,cacao
GUINEE	céréales, sorgho, maîs	-
GUINEE BISSAU	-	arachide, palmiste
GUINEE EQU.	-	palmiste,cacao,café
KENYA	mil, manioc	-
LESOTHO	céréales, sorgho	-
LIBERIA	-	palmiste
MADAGASCAR	sorgho	arachide
MALI	mais,riz,racines-tub. manioc	arachide
MAURITANIE	céréales,mil, maís,racines-tub.	-
MOZAMBIQUE	céréales, mil,mais,riz, sorgho	arachide,coton,café
NIGER	-	arachide,coton
NIGERIA	sorgho	palmiste,arachide,cacao,coton
OUGANDA	mil	arachide,coton
SAO TOME	-	palmiste,cacao
SENEGAL	racines-tubercules,manioc,igname	arachide
SIERRA LEONE	-	arachide, palmiste
SOUDAN	racines-tubercules,manioc,igname	-
SWAZILAND	sorgho,riz	-
TANZANIE	-	coton
TCHAD	céréales,mil,riz	-
TOGO	mil,riz,racines-tub.manioc,igname	café
ZAIRE	mil	palmiste
ZAMBIE	sorgho	arachide
ZIMBABWE	mil, riz	arachide

Six pays ne sont pas affectés par des chutes de production agricole : BURKINA-FASO, ETHIOPIE, MALAWI, NAMIBIE, RWANDA et SOMALIE.

Tableau VIII
Un bilan agricole sans fatalité

1°) GHANA / COTE D'IVOIRE

En milliers/T	GHANA		COTE D'IVOIRE	
	61/65	83/85	61/65	83/85
Céréales	398	606	368	1009
dont riz	34	57	220	473
maïs	202	402	98	478
mil	64	61	34	32
sorgho	98	86	10	21
Racines et tubercules	3008	4279	1878	4210
dont manioc	1165	2728	484	1313
igname	1061	865	1228	2650
arachide coque	44	103	28	86
coton graine	-	7	9	170
palmiste	15	30	13	39
cacao	453	178	108	487
café	3	2	205	219

2°) MALI / NIGER

En milliers/T	MALI		NIGER	
	61/65	83/85	61/65	83/85
Céréales	1037	1174	843	1565
dont riz	170	125	11	51
maïs	80	70	3	14
mil-sorgho	782	933	829	1496
Racines et tubercules	227	138	151	211
dont manioc	160	73	126	180
arachide coque	136	97	210	48
coton	22	152	6	4

3°) RWANDA

En milliers/T	61/65	83/85
Céréales	172	316
dont sorgho	134	202
maïs	34	69
Racines et tubercules	623	1641
dont manioc	164	448
arachide coque	3	17
café	8	30

Densité démographique 223 (11 fois la densité moyenne, de l'Afrique noire)
(Croissance démographique 3,3 % de l'Afrique noire)

Tableaux composés à partir des sources de la FAO.

Le bilan général est donc caractérisé par une baisse de la place de l'agriculture. L'analyse par pays ne donne guère de meilleurs résultats. Sur 42 pays d'Afrique noire, 36 sont affectés par une ou plusieurs productions en régression absolue, en ne tenant compte que des cultures principales. Vingt-sept connaissent des baisses absolues dans des productions vivrières. Vingt-quatre affichent une chute d'une ou plusieurs cultures de rente. Seuls six pays paraissent épargnés par de tels échecs. Encore faudrait-il apporter quelques nuances lorsque l'on sait que ces pays sont le Burkina-Faso, l'Ethiopie, le Malawi, la Namibie, le Rwanda et la Somalie. La plupart d'entre eux sont connus pour avoir de sérieuses difficultés avec leur agriculture.

Pourtant ces résultats ne sont pas inéluctables. Il n'est point nécessaire d'argumenter à l'aide d'exemples issus d'autres continents. Le Rwanda malgré une densité de 223 habitants au km^2, soit six fois plus que la densité moyenne de l'Afrique noire, et malgré une croissance démographique de 3,3 %, accuse une progression spectaculaire de toutes ses productions avec des coefficients multiplicateurs compris entre 1,5 et 5,6 !

L'analyse comparée de pays pris dans la même zone climatique se révèle tout à fait étonnante :

— Prenons le cas du Ghana et de la Côte d'Ivoire. Ils sont situés tous les deux dans la zone forestière de la côte Ouest et sont peuplés par le même peuple Akan. Or, sur chacune des productions agricoles, la Côte d'Ivoire présente une très forte progression à l'exception du mil, culture secondaire pour ce pays. Durant la même période le Ghana offre un recul de ses produits [avec l'exemple le plus notable du cacao] ou une progression très minime, très en deçà des performances ivoiriennes.

— Autre exemple pris celui-ci dans la zone sahélienne, la comparaison du Mali et du Niger dénote, avec éclat, l'influence d'une politique agricole menée avec détermination. Le Niger très attentif à son équilibre vivrier a réalisé de très belles performances dans l'ensemble de ses productions alimentaires. Le Mali a connu durant ce même quart de siècle une régression très grave de sa production par tête. Mais, élément notable pour ces deux pays voisins, les performances sont complètement inversées pour les productions agricoles de rente. L'arachide se tient mieux au Mali qu'au Niger. Le coton accuse une percée tout à fait remarquable chez le premier, alors que la production du second devient quasi insignifiante. Le recours minier du Niger avec l'uranium explique sans doute, en grande partie, cette différence. Le Mali n'ayant que ses productions agricoles pour obtenir des devises, ne peut faire l'impasse. Tout semble se jouer comme si la production minière n'ajoutait pas des ressources supplémentaires aux revenus agricoles, mais tentait au contraire de s'y substituer. Nous aurons l'occasion d'y revenir ultérieurement (cf. Chapitre IV, Section 4).

L'important est de noter que le climat n'est pas le facteur déterminant dans la crise que connaît l'Afrique, même si celui-ci est en mesure de créer des situations très graves, voire dramatiques. A long terme, les résultats sont davantage issus d'une politique bien construite que d'un sort défavorable. En d'autres temps, la sanction démographique aurait été implacable. Aujourd'hui, cette impasse vivrière n'a pas empêché le sous-continent de connaître une véritable explosion démographique.

2. La tourmente démographique

Le Tiers Monde entre dans la tourmente démographique près de deux siècles après les expériences européennes. La dynamique explosive et les mutations structurelles des populations d'Afrique noire prennent toutefois des caractéristiques sans rapport avec celles que l'histoire avait déjà permis d'observer.

A - La dynamique explosive

Le rythme multimillénaire d'une natalité ajustée à une forte mortalité, pour une croissance démographique limitée, est rompu. Mais l'amplitude du phénomène, sa soudaineté et la nature de ses origines confèrent à cette rupture une spécificité nouvelle.

a) Une chute brutale du taux de mortalité marque le début de ce changement. Le taux de mortalité encore de l'ordre de 30 ‰ en 1950 est ramené à moins de 20 ‰ dès 1975. La mortalité infantile passe sous la barre des 200 ‰ alors qu'elle frappait précédemment un enfant sur deux. Résultat encore dix fois plus élevé que celui observé aujourd'hui, en Europe, il traduit néanmoins un progrès considérable.

Ce bilan est dû, pour l'essentiel, aux opérations sanitaires menées à grande échelle depuis les années cinquante. En effet, c'est à la médecine, et non à l'agriculture, que l'on doit cette baisse de la mortalité. Le schéma européen du XVIIIe siècle n'est pas au rendez-vous. Le démographe Jean Poursin en explique les causes par « l'application de techniques médicales très efficaces et d'un coût minime, venues de l'extérieur, qui ne requièrent pas une participation active des populations impliquées et qui se greffent sans difficulté majeure sur le cadre inchangé d'économies et de mentalités encore primitives (1) ». Tout se passe comme si se cumulaient les effets de la vaccination de Jenner apparue à l'extrême fin du XVIIIe siècle, ceux des découvertes pastoriennes du XIXe et de l'impact des antibiotiques de Fleming du XXe.

Il est certain que le prolongement de la baisse de la mortalité se révèle plus difficile une fois que le contrôle et l'éradication de certaines épidémies et endémies sont acquis (variole, choléra, diphtérie, typhus...). Les études cliniques nous fournissent des indications sur les causes de décès. Il apparaît aujourd'hui que 6 cas sur 10 sont d'origines infectieuses ou parasitaires (2). Les moyens curatifs à mettre en place réservent plus de difficultés et nécessitent davantage d'équipements que les opérations préventives. La baisse de la mortalité pourrait bien se ralentir dans les années qui viennent. Et certains colloques s'en alarment déjà, sans parler des menaces apocalyptiques du Sida.

b) La chute du taux de mortalité n'est pas compensée par une régression comparable de la natalité. Si l'impact des sociétés industrielles sur le Tiers Monde corrige les données de la mortalité, il ne joue pas à l'égard de la natalité cette même influence restrictive. Bien au contraire, à l'occasion de l'ébranlement des structures sociales, certains usages ou certaines mœurs tombent en désuétude. Les effets malthusiens dont ils étaient porteurs s'estompent au bénéfice de la fécondité tant que la hausse des revenus, l'instruction des femmes, la vie professionnelle n'exercent leurs propres effets contraires (3).

Les interdits sexuels assortis de pratiques magiques qui rendaient guerriers et chasseurs invulnérables sont abandonnés (4). Les allaitements prolongés et l'abstinence post-partum jusqu'à ce que l'enfant marche seul, sont délaissés avec l'exode rural et le relâchement de l'autorité coutumière. Les progrès médicaux sur certaines maladies (paludisme, maladies vénériennes...) réduisent les causes de stérilité (5). La progression du contrôle médical des accouchements minimise les décès consécutifs aux fièvres puerpérales et allonge la durée moyenne de la vie féconde de la femme.

L'urbanisation n'a pas été en mesure d'apporter des correctifs malthusiens. On avance le changement de signification économique pour l'enfant des villes. Les travaux des champs jouant en faveur d'une natalité soutenue, la transformation des mœurs en milieu urbain n'offrirait plus cette logique. En fait, dans la ville africaine, le travail des enfants existe et se développe. Un certain nombre d'études montrent que les enfants parviennent à exercer avec plus de succès que l'adulte de nombreux petits métiers recensés dans le secteur informel ou dans la rubrique apprentissage. Ces activités leur permettent d'assurer tant bien que mal leur subsistance sans être une grande charge pour les parents, quand ils ne leur sont pas d'un concours précieux (6).

L'impact du planning familial — quand il a été créé — reste quasi nul. Cinq pays seulement ont motivé la création de ce type d'actions, pour des raisons démographiques (7). L'affirmation de la maternité dans le rôle dévolu à la femme reste fondamental. C'est avec le nombre d'enfants mis au monde qu'elle trouve fierté, prestige et considération. La Centrafrique crée un Ordre des

Mamans décorées pour honorer les mères de famille nombreuse. Certains pays, comme le Niger, proscrivent sévèrement la contraception et les pratiques abortives.

Les succès contre la mortalité se répercutent sur la natalité. En effet, une proportion plus importante de jeunes filles accède à l'âge de la procréation et plus nombreuses sont les femmes qui parviennent au terme de leur vie féconde, même si la mortalité des femmes en couches s'élève encore à 1 000 cas pour 100 000 naissances (ce taux descend à 5 décès pour 100 000 accouchements dans certains pays développés) (8).

Dans ces circonstances, la plupart des pays d'Afrique noire enregistrent encore un taux de natalité de l'ordre de 45 à 50 ‰. Forces traditionnelles amputées de leurs institutions correctives, convictions religieuses et conditions sanitaires concourent à pérenniser cette situation, voire à la renforcer comme on l'observe au Cameroun, en Guinée, au Mozambique, au Kenya ou au Rwanda (9). L'indice synthétique de fécondité fixe le nombre moyen d'enfants par femme entre 6 et 7. L'Afrique a la plus forte fécondité du monde. Les projections sur l'avenir laissent penser que dans l'hypothèse la plus favorable, une légère baisse n'interviendra pas avant le début des années quatre-vingt-dix (10)...

c) La faible densité du continent africain a donné à cette région, un sentiment de sous-peuplement : moins de 16 habitants au km^2 contre 33 pour l'ensemble du monde et 94 pour l'Asie en 1980. Ces données ont paru reléguer la démographie en dehors des variables critiques pour l'Afrique. Mais la résultante d'une mortalité de l'ordre de 20 ‰ et d'une natalité d'environ 50 ‰ provoque une croissance explosive qui passe de 2,3 % en 1960 à 3,3 % en 1982 (11). Le doublement de la population est obtenu en moins de 22 ans. Ce résultat est considérable. On rappellera que les Nations Unies projetaient en 1951 un taux de croissance de 1 % pour l'Afrique (12). En 1985, la population de l'Afrique subsaharienne a franchi le cap des 420 millions d'habitants et s'accroît de 13 à 14 millions d'individus chaque année.

Ces résultats appellent plusieurs remarques. Cette révolution démographique est une révolution orpheline. La vague démographique est une déferlante qui ne s'accompagne ni d'une amélioration conséquente de la productivité agricole, ni d'une opportune structuration industrielle. La dépendance alimentaire paraît une échéance inéluctable en l'absence de profonds changements. Seule l'importation des excédents céréaliers des pays développés a évité que la carence du secteur vivrier ne débouche sur une disette, puis une famine générale. La guerre des utérus et la bataille pour l'emploi se concluent à l'avantage d'une victoire des sages-femmes. Les nouveaux équipements à peine installés, sont absorbés par la croissance démographique. Les investissements productifs abandonnent davantage de producteurs potentiels au chômage qu'ils ne créent d'emplois supplémentaires.

Ce bouleversement ne présente que peu de similitudes avec l'exemple britannique qui avait su bénéficier d'une coordination des différents phénomènes. La poussée démographique de l'Afrique noire est trois fois plus puissante que celle observée au niveau maximum de l'expérience anglaise. Le seuil plafond de 1 % avait été atteint au terme d'une évolution séculaire (1750-1850) alors qu'une trentaine d'années a suffi pour le porter à plus de 3 % en Afrique (1950-1980). Le puissant développement de la population place la démographie en rupture d'équilibre par son dynamisme, mais aussi, par les profondes mutations de structures qu'elle implique.

B - Les bouleversements structurels

Les structures démographiques de la Grande-Bretagne présentaient quatre caractères majeurs :

— le rajeunissement certain mais progressif de la structure par âges ;

— la stabilité des populations agricoles maintenant inchangée la densité foncière ;

— le transfert des excédents de population rurale vers les villes en correspondance avec l'appel de main-d'œuvre du début de la révolution industrielle ;

— l'écrémage des excédents démographiques par l'émigration définitive vers des pays neufs.

L'Afrique noire offre sur ces divers points, des résultats totalement divergents :

— un brutal élargissement de la pyramide des âges regroupant la moitié de la population dans les moins de dix-huit ans ;

— une densification des populations agricoles doublant en 35 ans ;

— un exode rural contribuant à gonfler les villes au rythme de près de 6 %, le double de croissance démographique déjà portée à 3 % ;

— Une absence de possibilité d'émigration massive et définitive.

L'ensemble de ces mutations dans la structure des populations d'Afrique noire entraîne un alourdissement des charges nutritives de l'agriculteur et une saturation, à échéance brève, des terres arables disponibles.

a) L'alourdissement des charges vivrières des actifs agricoles est mis en évidence par un découpage croisé de la population à partir de la répartition par âges et de la distribution urbains/ruraux.

La pyramide des âges a été bouleversée par l'explosion démographique. Une réduction de plus de la moitié de la mortalité infantile provoque un élargissement brutal des classes jeunes.

Aujourd'hui 45 % de la population d'Afrique noire a moins de quinze ans et cette évolution ne semble pas achevée (13). Pour mesurer toute l'ampleur de cette lame de fond, rappelons que la population française pré-industrielle n'avait que le tiers de sa population dans les moins de 15 ans (14).

Si nous portons notre attention sur les groupes d'âges de plus de soixante ans, nous constatons que ceux-ci gagnent quelques points pour former maintenant 5 % de la population. Il est aujourd'hui moins exceptionnel d'être vieux. Cette banalisation affaiblit la gérontocratie qui était réputée tenir son grand âge d'une faveur des dieux...

En conséquence, les tranches d'âges comprises entre 15 et 60 ans, représentant la population potentiellement active, disposent d'un poids démographique réduit. Amputées par les plus jeunes, laminées par les plus anciens, les forces vives régressent de 60 à 50 % de la population entre 1950 et 1980, le temps d'une génération. Cette répartition est désavantageuse vis-à-vis des pays industrialisés qui disposent de deux actifs et non d'un seul, pour entretenir un inactif avec un PNB par actif, 20 fois plus élevé. Il est de 17 715 dollars contre 800 en 1985 lorsque le revenu par tête est respectivement de 11 810 dollars (moyenne pays industriels à économie de marché) et 400 dollars (moyenne Afrique noire) (15).

Le second mode de classification intervient à partir de la répartition entre ruraux et urbains. La ville apparaît comme le symbole de l'économie moderne, elle fascine et elle piège. Elle attise un courant migratoire composé de jeunes qui s'échappent de l'autorité traditionnelle et rêvent de disposer d'un revenu discrétionnaire que les structures coutumières du village n'offrent pas. La croissance urbaine est deux fois plus rapide que la croissance démographique globale.

Bien que dans la plupart des cas, les difficultés du développement économique brisent l'essor industriel et ses perspectives d'emplois, bien que le recrutement pléthorique des administrations au cours des années soixante et soixante-dix s'essouffle, la ville poursuit son expansion. Les prévisions tablent sur une population urbaine majoritaire en l'an 2000. Il aura fallu cinquante ans pour y parvenir contre un siècle en Angleterre. Alors que la fraction des Africains vivant en ville représentait à peine 6 % de la population en 1930 et seulement 10 encore en 1950, elle s'élève au début des années quatre-vingt à 25 % (16).

La combinaison croisée de la pyramide des âges et de la répartition entre ruraux et urbains fait apparaître le poids relatif des actifs agricoles potentiels (cf. Fig. XVIII) ; sont exclus de cette catégorie, les moins de quinze ans, les plus de soixante ans et les urbains. En 1950, 60 % d'actifs, dont 90 % de ruraux, fixaient à 54 % la fraction de population ayant en charge la production vivrière et la création d'un surplus. En 1980, ces données ne représentent plus que 50 % d'actifs dont 75 % de ruraux, soit 37,5 % d'actifs agricoles.

Fig. XVIII - L'explosion des charges nutritives des actifs agricoles

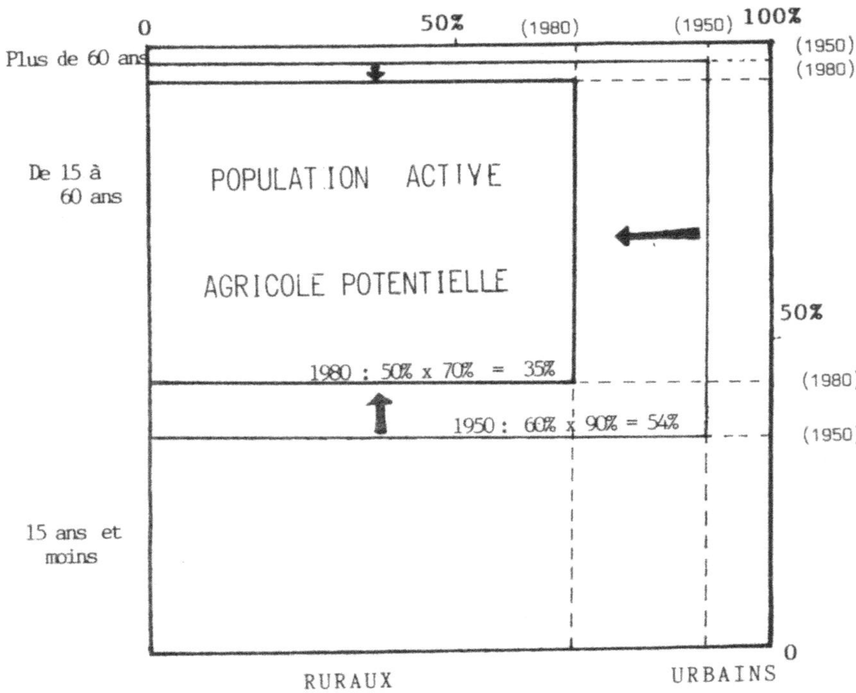

Autrement dit, si il y a trente ans, une personne sur deux assurait l'équilibre vivrier, aujourd'hui cette production tend à chuter dans un rapport de un à trois. Tout se passe, comme si chaque paysan recevait au terme de cette période — soit une génération — un habitant de plus à nourrir. En l'absence de progrès techniques dans l'agriculture vivrière, on mesure instantanément l'ampleur du problème. L'actif agricole devrait pour préserver l'équilibre alimentaire supposé de 1950, doubler les excédents par rapport à ses propres besoins. Cette analyse structurelle rend compte des effets limités de la sécheresse. Elle ne fut, en fait, que la révélatrice d'une situation inscrite dans les composantes sociales du sous-continent noir.

En intégrant dans un graphique la réduction du taux d'actifs agricoles de la population et la croissance démographique, on peut évaluer la dynamique déficitaire en terme de manque d'agriculteurs ou de population non couverte par les ressources nutritives nationales (cf. Fig. XIX). En l'absence de progrès technique, l'évolution des structures démographiques ne peut qu'entraîner un approfondissement de la crise.

Fig. XIX - La dynamique déficitaire

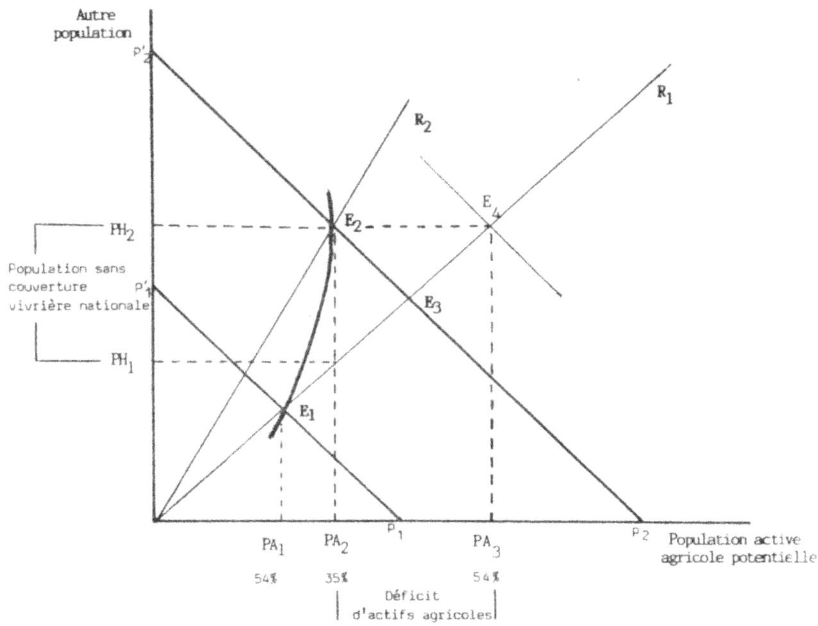

En plaçant en abscisse la population active agricole potentielle, et en ordonnée le reste des effectifs de la population, nous pouvons faire apparaître des droites P_1 P'_1, P_2 P'_2 qui représentent les différentes combinaisons possibles de la population globale pour deux niveaux donnés de population.

Supposons que P_1 P'_1 représente le niveau de population de l'Afrique noire en 1950, E_1 représente la combinaison entre population active agricole potentielle et les autres effectifs. La population active agricole compose à cette date 54 % de la population globale.

En 1985, la population a approximativement triplé. Si la combinaison des populations était restée identique, elle se situerait en E_3 sur la droite P_2 P'_2. Or, en fait, le rapport démographique n'est plus de 54 %, mais de 35 % et se place en E_2.

Si on garde comme hypothèse très largement réaliste que la couverture vivrière était assurée en 1950 et que les techniques de l'agriculture vivrière ont peu évoluer, on peut apprécier soit la population exclue de l'autosuffisance alimentaire, soit le déficit d'actifs agricoles. La population non couverte par la production vivrière apparaît par la différence PH_2-PH_1. Le déficit d'actifs agricoles apparaît par la différence soit PA_3-PA_2. Cette évaluation évacue le problème de disponibilité des terres fertiles. Elle implique, par contre un niveau de population plus important estimé à une combinaison E_4.

En l'absence de progrès dans les techniques de l'agriculture vivrière, l'évolution démographique dessinée par la courbe E_1 E_2 induit une dynamique déficitaire dans la couverture alimentaire.

b) Mais si la part relative des agriculteurs dans la population se réduit, ses effectifs, eux, ne cessent de croître. Cette augmentation de la pression des actifs agricoles sur les terres arables, ne se présente pas à l'avantage des pays africains, malgré une faible densité apparente. Les populations agricoles se démultiplient au rythme de 2 % par an, entraînant un doublement des effectifs tous les trente-cinq ans. La population active agricole a déjà doublé depuis la Seconde Guerre mondiale, achèvera-t-elle de le faire une seconde fois, d'ici la fin du siècle, sans dommage sur les équilibres écologiques ?

Pour cela, il convient de ne pas lire les statistiques sous le seul aspect du rapport terres cultivées/terres cultivables. Il est nécessaire d'intégrer les caractéristiques des techniques culturales dominantes. Celles-ci déterminent, par la durée de jachère, la quantité de terres arables en réserve nécessaire pour une unité cultivée. Faire abstraction de cette donnée, c'est supposer le problème en voie de résolution, puisque cela implique que le monde agricole transforme sa technologie et sa productivité.

En zone de forêt, la terre est cultivée un ou deux ans et laissée en friche pendant vingt-cinq ans nécessaires à la reconstitution de la végétation. La période est quelquefois réduite de moitié pour procéder à un défrichage de buissons nécessitant moins de travail. Dans cette hypothèse, les terres mises en culture ne passent que de 5 à 10 % des superficies totales (17). En zone sèche, il faut 8 à 9 ans de jachère pour reconstituer une terre cultivée deux ou trois ans. Ce rythme impose une réserve de terres trois à quatre fois plus grande que celles effectivement cultivées (18) (19). Dans ce cas, le rapport des terres cultivées vis-à-vis des sols arables disponibles s'élève jusqu'à 25 %. Ces données changent totalement l'appréciation de l'utilisation des sols, car les terres laissées en friche sont parties intégrantes du cycle cultural.

Globalement, il y aurait 13 à 14 millions d'hectares cultivés au Sahel, du Sénégal au Tchad. Ce sont donc 52 à 56 millions d'hectares mobilisés pour la culture ou les jachères. Or les évaluations extrêmes de la FAO indiquent 60 millions d'hectares cultivables (20)... Malgré ses vastes espaces, la densité foncière de la bande sahélienne est en voie de saturation. Pour l'ensemble de l'Afrique, la FAO donne 638 millions d'hectares de terres arables (21). Si l'on s'en tient aux statistiques de 1983, 145 millions d'hectares font l'objet de cultures dont une quinzaine en culture permanente (22). Ce sont donc, dans les hypothèses les plus faibles, 535 millions d'hectares qui participent déjà au cycle agricole. Il n'existe donc qu'une marge de 18 % de terres inexploitées. Cet écart moyen, compte tenu de la croissance démographique des actifs agricoles, sera comblé en moins de dix ans pour l'ensemble de l'Afrique noire...

Si les techniques agricoles et les mouvements démographiques restent inchangés, il faudra réduire les zones de pâturages et les forêts. La couverture forestière ne cesse de se rétrécir : près de 4 %

des superficies pour la seule période 1975-1984. La réduction des pâturages est incompatible avec le développement du cheptel qui a progressé pour l'Afrique noire, durant la même période de 20 % pour les ovins et de plus de 13 % pour les bovins (23).

Localement, les exemples de saturation ne manquent déjà pas. Qui a vu Zinder, au Niger, est frappé par la couronne quasi désertique qui enserre cette ville sahélienne. La compulsion des statistiques en éclaire le phénomène. La population a atteint une densité telle, qu'il n'est plus possible de respecter les temps de jachère : surexploitation des sols, déboisement intensif, mauvaise fixation de l'humidité et pour finir réduction des rendements. Le sol est devenu par endroit incultivable et les cultures se sont déplacées vers le nord, moins bien arrosé et disposant de terres de piètre qualité.

Le surpeuplement des campagnes impose localement une rotation des terres accélérée et une jachère insuffisante. Déjà les besoins en bois de chauffe des villes tentaculaires provoquent la disparition des arbres à la périphérie des villes. Ce déboisement intensif accentue la sécheresse et favorise l'érosion éolienne. Le surpâturage constitue la troisième dimension de cette densification foncière. La maîtrise de certaines épizooties permet aux nomades d'élever des troupeaux plus nombreux qui entrent en concurrence avec l'extension des zones de culture. La surpécoration entraîne, sur les franges sahéliennes, la destruction des sols et la progression du désert dont Léopold Sedar Senghor évalue l'avancée à 5 ou 6 kilomètres par an (24).

La croissance urbaine et la surexploitation des sols ont rendu à la stérilité 16,2 millions d'hectares en l'espace de sept ans (1975-1982) alors que pendant ce temps 14 millions d'agriculteurs s'ajoutaient (25). D'ici l'an 2000, la FAO envisage la perte par dégradation de 17 % de la surface actuelle des terres agricoles pluviales (26). Or, à cette échéance, la population agricole se sera accrue de 32 % !... En tout état de cause, le potentiel des terres arables est menacé et les possibilités d'expansion des populations restent assignées à des zones de plus en plus étroites...

Les perspectives de l'an 2000 acculent la démographie africaine dans une double impasse. Sur quatre habitants, il n'y aura plus qu'un seul agriculteur. Un troisième individu à charge se sera installé à la table du cultivateur. Or, à cette date, la superficie moyenne disponible par actif agricole se sera réduite d'environ 30 %. L'arrivée des nouveaux paysans n'aura pour effet que de remettre en cause les équilibres agro-pastoraux. Seule une modification de la technologie agricole serait en mesure de réduire les jachères efficacement, en accroissant simultanément les rendements par actif agricole et les superficies disponibles.

Mais si les populations se sont déjà démultipliées avec force, leurs besoins ont augmenté dans des proportions plus fantastiques encore. A la croissance physique s'est surajoutée une démultiplication psychologique de tous leurs besoins...

3. La distorsion entre besoins et valeurs

Nous avons souligné comment l'Afrique noire conserve les marques d'une agriculture peu performante qui neutralise l'émergence d'un surplus critique. Pourtant, ce continent parvient à démultiplier sa population à un rythme effreiné et se laisse submerger par des besoins toujours plus nombreux qui opèrent sur la demande potentielle comme un accélérateur démographique. Mais, si le montant des besoins explose, les valeurs qui animent les fondements de la société sont empreintes d'une grande inertie, peu favorable aux comportements productivistes.

A - Un déferlement des besoins

Stuart Mill avait souligné dans ses analyses du développement économique, la nécessité de « rendre les individus sensibles à de nouveaux objets de désirs » (1). Il y voyait un élément indispensable du progrès économique. Les sociétés contemporaines pourraient bien avoir suivi ce conseil avec excès. Le monde occidental est parvenu à diffuser très rapidement l'éventail de ses besoins et son modèle de consommation. Il rompt l'équilibre des sociétés traditionnelles qui ajustaient un faible niveau de besoins à des capacités productives limitées. L'Afrique noire voit déraper le niveau de ses aspirations qui se débride brusquement sous l'action conjuguée du pouvoir, des médias, de la scolarisation, de l'urbanisation et des influences juvéniles.

a) La tentation occidentale représente l'inclination la plus systématique du pouvoir. A l'exception de quelques rares sociétés marginales comme la théocratie du Mont Athos dans la périphérie grecque, on ne trouve guère d'Etat négligeant le développement comme objectif prioritaire. Toutes les professions de foi, dans l'enceinte de l'Organisation des Nations Unies à New York clament ce concensus planétaire. L'adoption universelle de l'image de l'homo économicus relève d'un véritable « processus de conversion » pour reprendre le mot d'Ivan Illitch (2).

Les pouvoirs qui succèdent à l'administration coloniale ont repris à leur compte, en les amplifiant, les perspectives de la société occidentale basées sur la satisfaction de besoins matériels plus étendus. Que les dirigeants se placent dans une mouvance libérale ou collectiviste, rien n'y change. Les analyses de Rostow et de Marx sont, sur ce point, concordantes. Pour le premier, la conception très linéaire du développement revient à le considérer comme une différence de degré dans le cheminement qui conduit invariablement à la société de consommation (3). Pour K. Marx, les pays les plus avancés dans l'échelle industrielle ne font que montrer, à ceux qui les suivent, l'image de leur propre devenir (4).

En toute logique, l'adoption de ces schémas place « ipso facto » toute société traditionnelle, en situation de pays attardé, sous-développé, pour ne pas dire frustre. Le grand mouvement des indépendances africaines s'ouvre sur un espoir de rapides transformations et plonge l'ensemble de la communauté internationale dans un optimisme quelque peu béat. La sémantique est, à cet égard, révélatrice : les années soixante furent déclarées « LA » décennie du développement, et non pas, « UNE » première décennie de développement... La nécessité de délais complémentaires fit des années soixante-dix, la « SECONDE » décennie, au lieu d'une « DEUXIEME » qui est censée précéder une suite... Déçu, on en vint à s'interroger ultérieurement sur l'opportunité et la signification d'une « TROISIEME » décennie consacrée au développement (5)... Pourtant, même si les échéances se font, aujourd'hui, plus vagues, même si le processus n'est pas forcément conforme aux modèles de référence, la tentation occidentale perdure.

b) L'impact des médias moderne contribue à diffuser cette attente. Mais elle résulte d'une situation nouvelle : les pays non développés ne peuvent ni éviter, ni contrôler le monde de la communication. La première révolution industrielle s'était faite, malgré de formidables progrès, au rythme du déplacement des hommes et des produits. Jusqu'à la période de l'entre-deux-guerres, la presse écrite restait le support de pointe, mais il fallait savoir lire... Les transports restaient frappés de lenteur : un administrateur colonial mettait plus d'un mois pour rejoindre son poste en Oubangui-Chari. Huit jours étaient nécessaires pour relier Yaoundé à Bangui (6) !

Aujourd'hui, les médias et les moyens de communication se sont diversifiés. Ils atteignent directement des populations chez elles, par la voix, l'image et les produits. La radio, le cinéma et la télévision pénétrent désormais, profondément dans l'arrière-pays. L'image et le son touchent directement tout individu quelle que soit sa formation culturelle. Quant aux moyens d'échange, l'avion en a bouleversé le rythme depuis les années cinquante. Niamey n'est plus aujourd'hui qu'à cinq heures de vol de Paris pour y déverser passagers et marchandises...

Les différents supports médiatiques conjuguent leurs effets pour provoquer une mutation des mentalités, pour ne pas dire une rupture. Ils font prendre conscience de ce que beaucoup auraient eu du mal à imaginer. La publicité promeut un certain style de vie auquel s'attachent de nouveaux symboles. Le réseau de communication renforce ces nouvelles aspirations auxquelles sont attachés, sinon le bonheur, du moins les éléments d'identification à une autre société. Cette perception tronquée des besoins aboutit à des demandes symboliques : la soif, par exemple, s'investit dans un besoin de Coca Cola, « la soif d'aujourd'hui »... De vastes organisations médiatiques appuyées par un réseau commercial efficace, offrant à la convoitise de tous, de nouvelles séries de biens, sont en mesure de manipuler les besoins primaires pour transformer les comportements et la nature des satisfactions. Ivan Illitch parle, à ce propos, « de réification ou d'aliénation de la perception des besoins réels (7) ».

De fait, l'Occident n'est pas perçu dans toute sa réalité, le professeur Austruy note que ce transfert massif mais partiel des produits occidentaux et des motivations qu'ils appellent, n'apporte qu'une image biaisée du développement (8). L'interprétation du monde moderne résulte d'abord des sélections opérées par les médias qui privilégient l'acte de consommation et évacuent les contreparties inhérentes du système productif. Ce message est

Tableau IX
L'Occidentalisation, l'envie et le mimétisme

La présence des « Blancs » en Afrique noire participe à cette vaste entreprise de conversion à des besoins toujours nouveaux. Les accords de Coopération et les liens techniques et financiers amènent les populations à de nombreux contacts avec des expatriés. Cette présence s'est même intensifiée depuis les Indépendances. Les Français ont atteint, en 1980, le chiffre record de 50 000 résidents en Côte d'Ivoire...

Cette présence n'est pas neutre sur les mentalités. Le niveau et le genre de vie affichés par ces expatriés, sont crédités, par la population, à toute l'Europe. Ils concourent à faire percevoir d'abord la société industrielle par son style de consommation. Le tourisme contribue à nourrir cet imaginaire. Le style « club » des camps de vacances entretient d'ailleurs une double méprise. Il donne illusion aux clients qui goûtent un standing en rupture de leur quotidien. Le soleil tropical, les plages de cocotier et les hôtels classés permettent de s'identifier une ou deux semaines à quelques rêves... Mais, et cela est important du point de vue qui nous retient, cette illusion est partagée par les populations d'accueil qui ont peu d'éléments pour discerner le comportement d'évasion de celui de la vie courante... Un sociologue tunisien a souligné l'équivoque de cette présence occidentale sur l'imaginaire : « Le choc des sociétés riches et des sociétés pauvres n'est plus ici, un scandale théorique, découlant d'une analyse académique. Il est une réalité quotidienne. Le moindre petit objet que possède le touriste représente une fortune ou un rêve pour beaucoup de ceux qui sont appelés à le servir ou à le côtoyer. Il y a quelque chose de diabolique, dans cette tentation permanente et dans cette invite à goûter aux charmes indiscrets, mais encore interdits, de la société de consommation. »(*)

(*) Bouhdiba Abdel Wahal « Le tourisme, une rencontre manquée ? » Le courrier de l'UNESCO février 1981.

lui-même tronqué. Les populations opèrent, selon leur sensibilité, une sélection qui mutilera encore davantage la réalité. Par l'entremise de symboles clefs aux évocations puissantes, cette grille d'interprétation tend à saisir l'œuvre de modernisation au travers des seuls actes de consommation.

c) La scolarisation est un puissant vecteur de transformation des mentalités mais elle n'est pas sans ambiguïté. L'Afrique ancienne possédait ses propres systèmes éducatifs qui reposaient sur le parcours initiatique. Le Yondo tchadien illustre le cas des sociétés animistes. L'école coranique jouait ce rôle formateur dans les zones sous influence islamique.

La colonisation a voulu y substituer une école qui réponde à son propre modèle. Elle forma une élite et initia à des méthodes et des techniques nouvelles. Mais l'école coloniale ouvrait les esprits sur le monde occidental en les familiarisant à d'autres comportements. Elle inoculait un nouveau monde de consommation.

A l'Indépendance, les nouveaux Etats reprirent à leur compte les objectifs de scolarisation, mais en leur concédant des moyens qu'ils n'avaient encore jamais connus. En 1965, le taux de scolarisation s'élevait dans le primaire (6-11 ans) à 41 % pour l'ensemble de l'Afrique noire (9). Vingt ans plus tard, la scolarisation couvre les trois quarts des effectifs (77 %). Compte tenu de la croissance démographique, cela correspond à un nombre d'écoliers dépassant le triplement (3,4). Les gouvernements ont engagé sans défaillir entre 15 et 20 % de leur budget. On mesure la portée de la mobilisation humaine et financière qu'il a fallu consentir, bien que les non-scolarisés représentent encore les deux tiers des effectifs de 1965 !...

Si la formation scolaire et technique prépare à de nouveaux métiers, elle marque aussi une rupture. La connaissance de l'écriture tient lieu de passeport pour un emploi à la ville. L'école a initié les rudiments d'un autre monde auquel on veut accéder. Elle tend à détacher des travaux agricoles, les plus aptes à entreprendre des transformations. Elle incite au départ pour la ville, où on espère bien y capter les symboles perçus lors de sa formation...

d) La vitrine urbaine exerce cette force d'attraction à laquelle succombe un nombre toujours plus important de jeunes. Elle est une composante capitale dans le développement et la transformation des besoins. Dans les années trente, les capitales africaines comptaient leurs habitants, en quelques milliers. Cinquante ans plus tard, c'est par centaine de milliers que se dénombrent les résidents (10). Kinshasa au Zaïre et Jos dans le centre du Nigeria passeront des deux millions d'habitants estimés en 1975, à près de 8, à la fin du siècle pour figurer parmi les trente-cinq plus grandes agglomérations du monde (11). Le vertige urbain est tel que la population des villes devrait être majoritaire pour l'an 2000. Les villes doublent leurs effectifs en une dizaine d'années, puis recommencent...

Les moyens contemporains de communication permettent aux ruraux de percevoir les reflets de la vie urbaine plus rapidement que dans l'Europe du décollage industriel. Le cœur des centres urbains expose un autre mode de vie avec ses immeubles de verre, ses villas somptueuses et ses magasins gorgés de produits. Le luxe tapageur et les vitrines aguichantes se donnent en spectacle. Les cités érigent des gratte-ciel comme des emblèmes. L'avenir est là, peu importe si, à quelques kilomètres, toute cette animation disparaît au profit d'une végétation encore souveraine...

Si les jeunes sont magnétisés par la ville, c'est qu'elle concentre en son sein, une pléthore d'attraits nouveaux que le milieu rural n'est pas en mesure de proposer. Ils ont pris conscience de leur dépendance envers un ordre traditionnel qui leur assure une existence mais leur permet rarement d'améliorer leurs conditions de vie. Le jeu des solidarités ne stimule pas l'esprit d'initiative car la répartition des revenus reste l'apanage des « vieux ». La pression de l'autorité traditionnelle conservatrice et la dévalorisation du travail agricole font de l'exode rural, une réponse adaptée (12).

La ville représente cette probabilité d'obtenir l'emploi convoité. La rémunération permettra un usage discrétionnaire qui fera acquérir les marques de l'ascension sociale. Les plus chanceux obtiennent effectivement cet emploi. Les autres s'insèrent avec plus ou moins de bonheur dans le système informel des petits métiers de la débrouille (13). Nul ne doute de son étoile. Mais si l'emploi est, en lui-même, modeste : gardien, jardinier, préposé à l'entretien... la vie urbaine est auréolée de prestige. Les célèbres personnages Toto et Dago de la télévision ivoirienne ont souligné cette dérision dans leurs parodies burlesques.

La puissance d'évocation du monde urbain est si forte que même si les biens manufacturés restent en vitrine, faute de pouvoir d'achat, même si le soir, il faut regagner un quartier sans le confort urbain ni les commodités villageoises, la ville reste cette « chance » à tenter. Peu importe que l'obtention d'un emploi devienne de plus en plus aléatoire. La force centripète de la migration rurale ne cesse de s'accentuer. La ville offre des occasions à saisir qui ne se discernent pas dans le monde rural. Elle nourrit le rêve d'accession à cette oligarchie privilégiée, détentrice des trois « V » : Villa, Voiture et Virement bancaire !

e) Les ruptures de la jeunesse viennent conforter ces tendances profondes de la société. Une pyramide des âges dominée par les classes jeunes et une représentation du monde contemporain associant jeunesse et modernité, transforment ces aspirations en une véritable lame de fond.

A l'inverse des sociétés traditionnelles qui reposaient sur la vertu (?) des anciens et le respect des usages, la société moderne s'identifie à une jeunesse innovatrice. Bien que par nature éphémère, le caractère juvénile devient une valeur profonde du modernisme. La manière de paraître, de se comporter, de se vêtir répond alors à cet étroit amalgame. Or, 45 % de la population africaine a moins de quinze ans, la tranche d'âge des 15-30 ans regroupe le quart de la population...

Cette représentation concourt à ébranler davantage le pouvoir des anciens et les structures traditionnelles. On peut, à cet égard, s'interroger sur la portée des références aux anciens dans les discours du pouvoir. Par essence, ceux-ci sont censés orienter la société vers de nouvelles bases qui ne peuvent que ruiner l'influence des produits anciens. L'évocation pourrait bien n'être que la caution à l'abri de laquelle se développe plus librement les nouvelles aspirations. Une ambiguïté visant à mieux déposséder de leurs prérogatives ceux que l'on aura flattés. D'ailleurs, le pouvoir moderne affronte les légitimités anciennes lorsque celles-ci menacent de le concurrencer. Au Burkina-Faso, le Mogho Naba n'a été dépouillé de ses fonctions que lorsque, à la faveur d'une succession, il était en mesure de cumuler sur sa personne l'autorité traditionnelle, une formation occidentale d'officier et la jeunesse de ses artères...

Inondée d'images, submergée de désir, l'Afrique noire est saisie par les fièvres de nouvelles formes de besoins qui transpirent littéralement des pays industrialisés. La création et la satisfaction de ces nouveaux besoins s'inscrivent dans le processus de développement mais l'intrusion soudaine, massive et incontrôlée de ces aspirations laisse peu de temps pour dégager les moyens et les comportements appropriés pour y faire face.

B - Des valeurs permanentes

N'est-il pas illusoire d'envisager l'acquisition d'un potentiel de production s'il ne s'intègre pas dans un nouvau système de valeurs ? Philosophes, moralistes et économistes du XVIIIe siècle ont fait de la valeur travail, une valeur universelle. Les sociétés traditionnelles, nous l'avons vu, reposaient sur d'autres valeurs. L'Afrique noire a-t-elle eu de solides raisons pour changer d'éthique ? L'évidence est assurément moins claire pour cette question que pour la conversion à une spirale de besoins. Il ne peut être fait abstraction du système de valeurs dans lequel la technologie doit s'insérer. L'histoire a déjà montré que la technique n'est pas en soi suffisante pour libérer de puissantes forces de transformation économique. La Chine a offert l'exemple saisissant d'une grande civilisation que l'on doit créditer de l'invention du papier-monnaie dès le IXe siècle, de l'horloge dès le XIe et de la navigation hauturière intercontinentale dès le début du XVe. Pourtant, il a manqué à cet Empire un contexte institutionnel et une motivation spécifique capables de transformer par une alchimie complexe, ces percées technologiques en développement économique et conquête planétaire. La technique se plaque alors sur un cadre de référence inadapté capable d'en détourner la portée.

Il ne manque pas de récits dénonçant le caractère apparemment aberrant de certains comportements qui sont de véritables défis de contre-productivité. Mais ce type d'appréciation ne facilite guère l'analyse. Il ne débouche, en organisation du travail, que sur des modèles autoritaires où la contrainte constitue l'essentiel du dispositif. Les réquisitions de main-d'œuvre, lors du démarrage de la culture du coton en Afrique centrale, en ont offert une illustration. On pouvait encore observer à la fin des années soixante-dix ce même jeu de cache-cache avec les autorités préfectorales de Centrafrique qu'il avait dû être avec l'administration coloniale de l'Oubangui-Chari lorsque elle venait vérifier les semis et sanctionner les défaillants. Cette méthode aboutissait à des rendements médiocres qui renforçaient les cultivateurs dans leur désintérêt pour le coton...

La recherche du cadre rationnel motivant attitudes et comportements est plus pertinente pour extraire les lignes d'une politique adaptée. Elle n'en reste pas moins délicate. Il n'y a pas de raison « raisonnable » de supposer que le comportement du paysan traditionnel s'inscrive dans une logique incohérente et erratique. Ce n'est pas parce que la justification productiviste est absente que son intérêt est nul. On observe ainsi, des considérations biaisées, des renversements de logique et des déplacements de paramètres.

a) Les considérations biaisées ont été le lot de bon nombre de programmes de développement. Si l'on s'interroge sur la difficulté de certaine population à adopter de nouvelles techniques de production agricole, apparemment attrayantes par leurs performances, c'est que, le plus souvent, on a traité le surcroît de travail lié à ces modèles, comme une entité négligeable. Les fonctionnaires chargés de la vulgarisation agricole et les experts de passage semblent bien souvent ne penser qu'aux possibilités techniques d'une meilleure utilisation du sol et à une production totale plus élevée ; ils sous-estiment le coût du travail supplémentaire qu'entraînent les nouvelles méthodes préconisées, à la fois pour ce qui est des opérations courantes et des investissements.

L'acceptation par les populations rurales d'une quantité de travail accrue, perçue comme une évidence ou une vérité immanente par le planificateur traduit en fait une quadruple impasse sur les motivations paysannes :

1) Elle suppose une certaine mystique à l'égard du travail. Martin Luther et Jean Calvin y voyaient une contribution à l'édification du Royaume de Dieu. Marx appelait à une société où « le travail aura cessé d'être un simple moyen d'existence, pour devenir une nécessité primordiale de la vie ». L'Angleterre victorienne y voyait une valeur morale de premier plan. Si cette mutation des valeurs a peu joué dans les sociétés africaines, on doit souligner l'exemple des Mourides sénégalais, initiés en 1885 par le

Cheikh Amadou Bamba. Par le biais religieux, ils développent une valorisation de l'activité productive qui apparente leur démarche à celle des protestants.

2) L'impasse admet implicitement que les activités conviviales ou religieuses auxquelles les cultivateurs doivent renoncer, sont dénuées d'un réel intérêt. Même, si certains usages tombent en désuétude, il n'en est pas moins vrai que certaines valeurs traditionnelles perdurent dans les communautés villageoises et commandent des comportements. L'homme n'obéit généralement qu'à son seul intérêt, a souligné Jacques Austruy, mais d'après les paramètres qui émanent du système économique et socio-culturel auquel il participe, et évalués selon qu'il s'agit de sa vie (court terme), de sa survie familiale (moyen terme) ou de sa survie religieuse (long terme) (14). Or les solidarités villageoises ou les obligations rituelles peuvent concurrencer les activités directement productives.

3) Cette impasse présuppose que l'agriculteur a les capacités physiques suffisantes pour accroître, sans compensation, la durée de ses efforts. La non prise en compte du métabolisme calorique et de l'état de santé occulte une réalité bien pesante dans la vie quotidienne. Rappelons que c'est en pleine période de soudure alimentaire que les capacités de travail sont appelées à se développer. Quant à la maladie, citons simplement les ravages de l'onchocercose qui frappent des villages entiers (15). Les charges de travail ne concernent pas des êtres éthérés mais des individus de chair soumis à des contraintes nutritives et sanitaires qui ne transparaissent pas dans les statistiques de main-d'œuvre.

4) Enfin, l'impasse met sous silence toute évaluation des satisfactions que le cultivateur pourrait attendre en retour de l'accroissement de ses efforts. Cet oubli paraît extravagant dans des approches économiques qui ont précisément pour objectif de diffuser le modèle de « l'homo economicus » en termes de coûts-avantages ! Une nouvelle technologie peut très bien accroître les rendements mais encore davantage la quantité de travail et laisser des revenus nets faiblement majorés. Pour le planificateur, l'intérêt d'une production agricole élargie assure à la nation un accroissement de son PNB. Pour le monde urbain, le développement des productions crée de nouvelles fonctions commerciales et fiscales qui renforceront sa prospérité. Mais pour l'agriculteur, l'intérêt n'est pas forcément au rendez-vous. L'élasticité de la production issue d'une nouvelle technologie est moins déterminante pour lui que ne l'est le rapport entre l'augmentation du travail et la majoration de ses revenus. Ce que l'Etat et le négoce interprètent comme un progrès signifie des conditions de vie rurale plus dures sans contrepartie adéquate. René Dumont et Marie-France Mottin en ont rapporté quelques échos de Tanzanie (16)...

b) A ces considérations biaisées s'ajoutent des renversements de logique par effet de seuil. Une hausse de rémunération sur le marché du travail entraîne soit un accroissement du niveau de vie avec une activité inchangée, soit une réduction du temps de travail pour stabiliser ses ressources.

Fig. XX - Le travail, le revenu et les effets de seuil

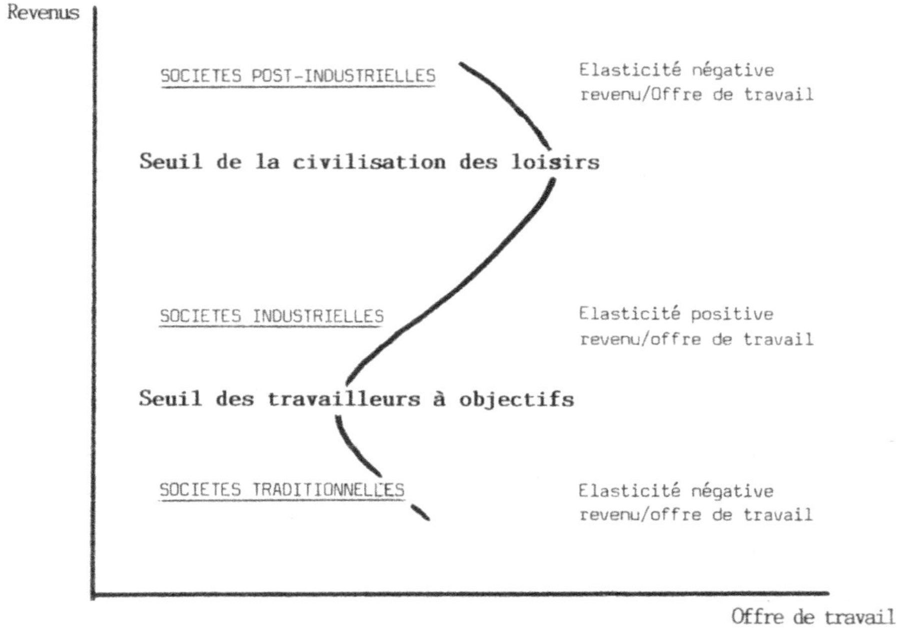

Les deux effets l'emportent successivement. La loi de l'offre de travail dépend en fait du niveau relatif de rémunération. Les courbes « normales » sur lesquelles s'appuient les raisonnements classiques n'exposent, en fait, qu'une fraction de la courbe intégrale (17). La courbe atypique d'offre de travail distingue trois phases (cf. Fig. XX).

— Au niveau des plus bas revenus, la quantité de travail offert varie en raison inverse des gains. Des encadreurs agricoles nous ont fait remarquer que des agriculteurs tirant profit de meilleures techniques culturales réduisent la superficie de leurs champs. Nous avons le comportement d'un travailleur à cible ou « target-worker ». Celui-ci ajuste ses efforts aux revenus nécessaires à l'obtention des seuls biens convoités. Une quantité de travail supplémentaire fournie dans le cadre d'une rétribution trop réduite ne permettrait pas d'accéder à d'autres biens et services dans des conditions satisfaisantes. Le repos ou d'autres activités conviviales ou religieuses apporteront de plus grandes satisfactions.

— Mais à partir d'un certain seuil de rémunération, l'élasticité revenu/offre de travail devient positive. Elle se renverse brusquement. Les ressources dépassant plus largement le minimum vital, permettent d'envisager la satisfaction de nouveaux besoins. Des chercheurs comme Michel Cépède et Maurice Lengellé ont souligné le rôle du crédit dans l'adoption de ces nouveaux comportements. Ils citent le cas de ces ouvriers agricoles français que les hausses de salaires de 1936 avaient entraîné à un certain absentéisme mais qui reprirent le chemin de la ferme avec les obligations contractées dans les achats de postes de radio à crédit (18)...

— Enfin, on perçoit une troisième étape post-industrielle lorsque la valeur marginale du loisir s'accroît par rapport à celle des biens de consommation durable. Dans ce cas, les employés préfèrent une réduction du temps de travail à une augmentation de revenu. C'est la redécouverte de l'indolence pour une certaine saturation de la consommation. Cette dernière phase, si elle venait à se confirmer, favoriserait le rattrapage des peuples plus actifs et entreprenants...

Bien qu'il soit difficile de préciser le niveau de revenu auquel correspondent ces effets de seuil, ces mécanismes éclairent certaines attitudes.

c) Le déplacement des paramètres est une autre forme de brouillage des critères classiques. L'employé ou l'entrepreneur peut s'adonner à une activité sans avoir pour autant le souci de satisfaire à une rentabilité économique. La justification est ailleurs. C'est, à bien regarder, un détournement de procédure, une récupération des formes et d'attitudes au profit de motivations traditionnelles inchangées. Trois exemples observés dans des cadres variés présentent cet éclairage :

1) Des expériences personnelles menées, à Bamako en 1972-1973 sur le marché des fruits et légumes, il ressortait que le prix de gros était plus élevé que le prix de détail. En effet, si l'on achetait, au tout début de marché l'ensemble des marchandises sur l'étal, la marchande, loin de consentir une ristourne, vendait à un prix unitaire plus élevé. Il était plus avantageux d'acheter au détail, durant toute la période du marché. La situation paraissait, à première vue, frappée d'incohérence. Or, les explications des vendeuses faisaient ressortir que l'achat matinal de la totalité de l'étalage rendait sa présence injustifiée, pour rencontrer amies et clientes et échanger les nouvelles... La fonction sociale l'emportait sur la justification économique.

2) La création d'une entreprise n'est quelquefois que l'habillage moderne de justifications traditionnelles. A l'occasion d'une enquête sur les PME artisanales de Côte d'Ivoire en 1982 un exemple révélateur nous est apparu. Une boulangerie présentait une gestion déficitaire chronique alors qu'elle jouissait d'une position commerciale de monopole dans sa circonscription et d'un marché en expansion. A l'examen, il s'avérait que les employés, en nombre pléthorique, avaient tous quelques liens de parenté avec le propriétaire et que celui-ci disposait d'autres ressources plus

déterminantes. En fait, l'implantation de cette boulangerie dans la ville natale de l'investisseur servait de paravent moderne et prestigieux à une redistribution traditionnelle des ressources, satisfaisant les solidarités et confortant son influence. L'entreprise avait été dépouillée de ses fonctions économiques classiques au profit de justifications différentes. Les aides de gestion n'avaient aucune chance d'aboutir et le motif d'incompétence était sans objet.

3) Le système des prix, lui-même, intègre des considérations hétérodoxes du point de vue d'une économie moderne. Les commerçants Dioulas de l'Afrique de l'Ouest ou Haoussas de l'Afrique Centrale négocient par marchandage. Les coûts de production ou d'acquisition ne servent pas à établir un prix fixe de vente. Le prix est fixé au terme d'une négociation où l'aspect rituel est important. Le vendeur cherche à prendre en compte le niveau de vie, l'influence sociale et le pouvoir qu'est supposé avoir ou qu'affiche le client potentiel. Le prix est scellé par un accord qui précise invariablement la raison : « Parce que c'est toi ! »

A première vue il est peu rationnel de fonder sa stratégie sur l'apparence de son client et de négliger le calcul économique. Pourtant une vente fonction de la richesse et de la puissance de l'acquéreur traduit une démarche cohérente. Une vente à perte n'est qu'un moyen rapide d'obtenir des liquidités sans recourir au système du crédit bancaire auquel on aurait eu difficilement accès. Plus généralement, la vente est une négociation sociale qui vise à situer le partenaire. Notons ici que l'approche n'est pas dépourvue de justifications économiques. Le marchandage revient à tenter de confisquer la rente du consommateur que le prix du marché laisse ordinairement à la discrétion des clients plus fortunés.

Aujourd'hui les grandes sociétés redécouvrent cette stratégie à l'occasion du lancement d'un nouveau produit. Elles procèdent par l'écrémage successif des couches de revenus les plus élevées jusqu'au moins prospères. Les premiers clients bénéficient de la primeur, du prestige et de l'exclusivité, en échange d'un prix fort. L'entreprise dégage par ce processus les moyens financiers pour réaliser des chaînes de production plus importantes, capables de satisfaire une clientèle plus étendue. Le rituel et le coup par coup ont disparu au profit d'une approche méthodique qui fait disparaître la lenteur des transactions et la légitimation sociale.

Entre des besoins attisés qui s'exacerbent, un système de valeurs qui s'ajuste encore mal, l'Afrique est ballottée. Des références la projettent dans le monde moderne, d'autres la renvoient aux valeurs traditionnelles, si le système de consommation procède des premières, le système de production dépend encore des secondes. Voici les racines d'un profond hiatus. Mais lorsque les espérances de développement font miroiter des niveaux de vie équivalents à ceux des sociétés de consommation et que le nombre de misérables et d'affamés n'a jamais été aussi nombreux, les mythes de l'Occident laissent un goût amer de frustration.

Alors qu'un système de références s'effondre et qu'une véritable intégration à la société nouvelle fait défaut, les valeurs religieuses ou les vertus révolutionnaires s'affirment çà et là pour promouvoir de nouveaux comportements en rupture avec ces attentes déçues. Il est troublant de constater que c'est précisément dans les pays où surgissent avec le plus d'ostentation les marques du bouleversement de la société moderne, que se développe ce recours pour conjurer sans doute, la tension trop forte entre la perte des valeurs ancestrales et les aspirations nouvelles trop souvent inassouvies. On rejoint ici, l'analyse de Francis Laplantine, sur les origines du messianisme religieux ou révolutionnaire. Son émergence procède du refus d'une société que l'on considère comme perverse, viciée et exécrable dans son principe et ses institutions. Elle attise le désir sans pouvoir le satisfaire (19). A la destructuration sociale issue des forces nouvelles, s'ajoutent le mécontentement provoqué par la pénurie alimentaire et les espoirs avortés. Destructuration de l'ordre ancien et frustration des espérances sont les deux conditions nécessaires et universelles pour l'émergence d'une révolte et d'un messianisme rédempteur (20). Elles sont l'occasion de réaffirmer la permanence d'un système de valeurs qui certes a donné ses preuves, mais reste hypothéqué par un contexte non maîtrisé. Alors entre utopie et messianisme, quelle place reste-t-il pour un ajustement du système productif ?

4. Le grippage du système productif

Nous avons souligné comment l'Afrique noire conserve les marques d'une agriculture peu performante qui neutralise l'émergence d'un surplus critique capable de transformer le système des valeurs. Nous avons vu comment le continent parvient à démultiplier sa population à un rythme effreiné, se laissant submerger par des besoins toujours plus nombreux qui renforcent la demande potentielle du multiplicateur démographique. Dans un tel contexte, les conditions d'un décalage croissant entre les capacités de l'appareil de production et le niveau des aspirations jouent à plein.

L'absence d'une technologie à haut rendement semble désigner une des clefs de ce blocage. Mais dans un monde animé par le défi technologique, cet élément ne constitue pas une cause rédhibitoire. Des défis complexes ont été relevés avec succès, pourvu qu'un système de valeurs adéquates en renforce la détermination. Celui-ci fait manifestement carence. La défaillance d'une vision productiviste de la société conforte, en fait, des difficultés très concrètes dans la réalisation d'une politique d'investissements. Les rigidités du système productif se présentent sous quatre aspects majeurs : les arbitrages tendus entre consommation et investissement, le biais contraignant des exportations agricoles, le court-circuit pervers de l'exploitation minière ou énergétique et enfin, les effets de substitution illusoire des crédits internationaux. (cf. Fig. XXI)

Fig. XXI - Les arbitrages induits de l'investissement

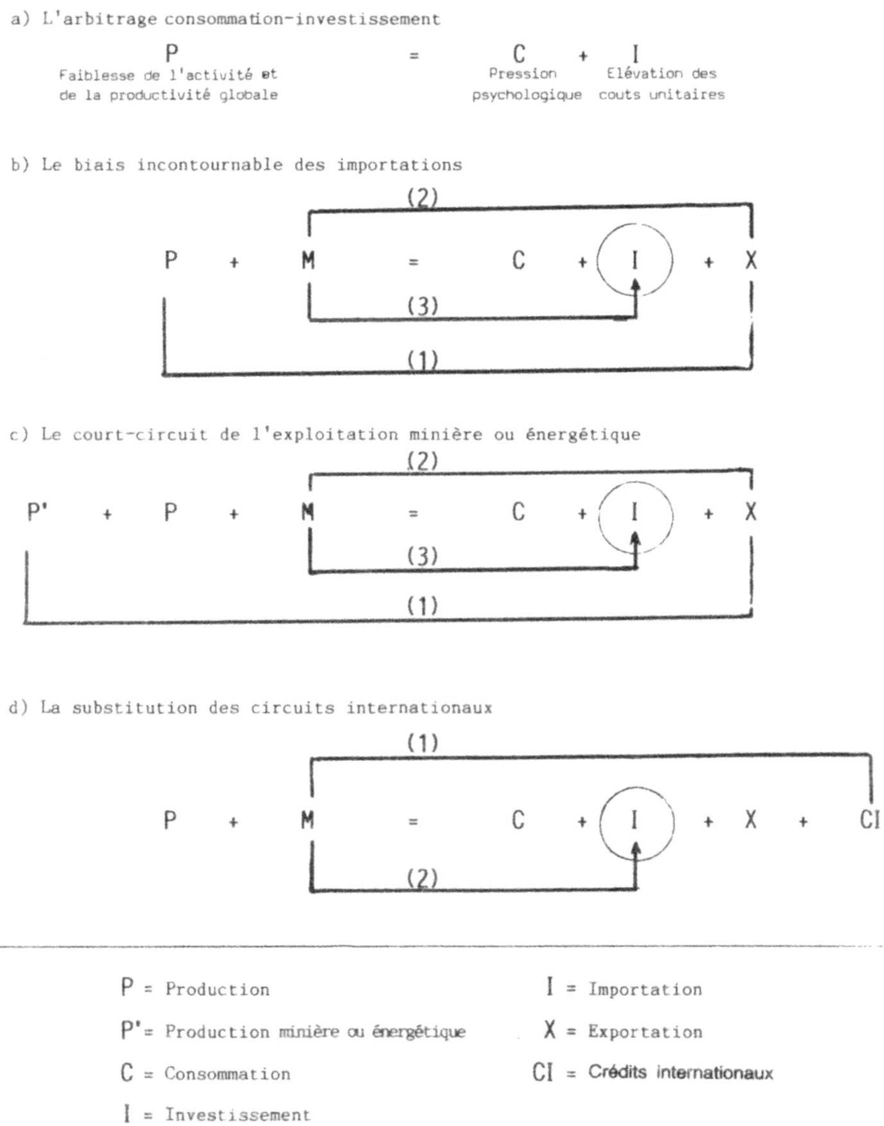

A - L'arbitrage tendu consommation-investissement

Investir, c'est renoncer à une consommation immédiate. L'alternative est évidente, mais elle prend une dimension plus pathétique avec cette sensibilisation aiguisée sans cesse à de nouveaux besoins. Cet arbitrage est rendu encore plus tragique par les exigences financières des nouveaux investissements. Sur trois points essentiels, le coût des immobilisations requises pour satisfaire le démarrage industriel et les demandes d'emplois, est devenu sans précédent :

1) L'investissement nécessaire pour atteindre la masse financière critique d'une implantation industrielle s'est considérablement alourdi et constitue une véritable barrière d'accès. Paul Bairoch estime que le rapport du montant du capital minimum entre celui du début du XIXe siècle et la seconde moitié du XXe est de l'ordre de 1 à 250 (1). Il s'élève à 500, si l'on prend l'Angleterre à la veille de son démarrage.

2) L'investissement requis pour créer un emploi à lui aussi considérablement augmenté. Selon les mêmes analyses du professeur Bairoch, il correspondait à 4 mois d'un salaire moyen dans l'expérience britannique alors qu'il nécessite, moins de deux siècles plus tard, 350 mois de salaires (2). L'inventaire des projets d'investissements de 1966, dans le cadre de l'UDEAC, (Afrique Centrale) corrobore très largement ces données. Sur l'ensemble des 34 projets présentés — alors qu'aucun d'entre eux ne relève de l'industrie lourde — le coût moyen d'une création d'emploi s'élevait, d'après nos calculs, à plus de vingt ans d'un salaire de base...

3) L'investissement adapté au plein emploi devrait affronter un flot continu d'hommes et de femmes qui abandonnent la terre. L'ampleur de ce courant est sans précédent dans l'histoire alors que l'exutoire de l'émigration outre-mer est quasi nul. Les demandeurs d'emplois ont triplé en vingt ans sur le continent noir. Les investissements productifs créateurs d'emplois devraient, compte tenu de la croissance démographique, progresser trois fois plus vite que ceux répondant à la phase d'expansion la plus rapide de la population anglo-saxonne (cf. Chapitre IV, Section 2). Or, à la ville, la pression est encore plus vive. Le taux moyen d'urbanisation voisine les 6 %. Il atteint, en Afrique Australe, des progressions annuelles ahurissantes : 10,5 % au Swaziland, 11,8 % au Botswana et 15,4 % au Lesotho (3). Dans ce dernier cas, les villes et les demandeurs d'emplois doublent tous les cinquante mois !... Au début des années quatre-vingt, l'Afrique noire dénombre, chaque année, cinq millions de nouveaux urbains dont plus de la moitié relève des classes d'âges actives... Songeons aux performances occidentales de la dernière décennie (1975-1985) : les Etats-Unis

n'ont créé que 19 millions d'emplois et la Communauté Européenne à peine 2 ! (4)

Le modèle technologique occidental, avec un investissement de plus en plus onéreux, se transpose difficilement. Cette caractéristique menace de transformer cet handicap en facteur de blocage. Alvin Toeffler a souligné que, dans les économies industrialisées, la progression du capital fixe productif tend à devenir plus rapide que la production et impose un développement accéléré de l'accumulation pour soutenir la production (5). Que pourra et que peut faire l'Afrique avec un PNB par tête de quelques centaines de dollars ?

Le continent a néanmoins tenté de relever le défi du développement et s'est engagé dans un effort soutenu d'investissements. Il a opéré les arbitrages entre le niveau de consommation et le montant des investissements, malgré une pression psychologique et sociale vive en faveur de satisfactions immédiates. En dépit d'une révolution agricole avortée, et malgré une monétarisation incomplète des circuits, l'Afrique noire affiche des résultats honorables. Ils sont supérieurs à ceux obtenus par les Britanniques durant leur phase de décollage. En effet, les taux moyens d'investissements de la période 1960-1985 de l'Afrique noire pour la période 1960-1985 oscillent entre 16 et 19 % alors qu'ils n'étaient que de 10 à 15 % en Angleterre (6). Aujourd'hui, en baisse ils restent encore au niveau de 13 % (1985).

Malgré le déploiement de cet effort, ce taux d'accumulation correspond à un nombre réduit d'unités industrielles, inopérant pour créer un processus autonome. Bien que le taux d'investissement soit supérieur à celui recommandé par W. Rostow, la phase de démarrage n'est pas discernée (7). Pire, il n'apparaît aucune corrélation entre le taux d'investissement et le taux de croissance des différents pays d'Afrique noire (8). L'ampleur du sous-équipement est telle qu'une majeure partie des immobilisations reste sans effet direct sur la croissance.

B - Le biais contraignant des exportations agricoles

Si les difficultés du financement rendent préoccupant le développement, celles de la concrétisation des investissements ajoutent d'autres entraves. La majeure partie des éléments d'une entreprise requiert une mise au point et une fabrication au sein d'industries implantées dans les nations développées. Dès lors, il va falloir importer. Cette exigence impose, en contrepartie, la fourniture de biens susceptibles d'intéresser les pays détenteurs de biens d'équipement. Une partie de la production nationale est donc orientée vers la satisfaction des marchés extérieurs.

Dans cette optique, le paysannat paraît en mesure de répondre immédiatement à cette nécessité, d'autant que les bouleversements coloniaux avaient déjà orienté leurs activités dans une complémentarité avec les métropoles du Nord. Le rôle assigné aux agriculteurs est clair, il s'agit de produire un bien d'échange pour l'extérieur et de dégager les ressources internes de financement. L'exportation agricole devient le biais d'une politique d'investissements.

Nous avons vu selon quelles modalités ont été introduites les nouvelles cultures (cf. infra/chap. IV, section 1). Coton, café, cacao, produits oléagineux... deviennent les indicateurs économiques du possible. Le rôle financier qui échoit au monde paysan est quant à lui, plus discret, mais il est néanmoins essentiel, dans le processus. On doit lui attribuer une large responsabilité dans l'avortement de cette révolution agricole.

Le monde urbain est l'intermédiaire obligé entre la multitude de paysans engagés dans les cultures de rente et les marchés de matières premières sur les places de Paris, Londres ou New York. Tour à tour, négociant et percepteur, il prélève des marges pour cumuler une capacité de financement. Cette dérivation incite le monde urbain à limiter la rémunération du producteur agricole avec une double argumentation. 1) Le seuil d'investissement est de plus en plus élevé. 2) L'évolution des cours internationaux échappe à sa maîtrise.

Cette dérivation a de fortes incidences sur le fonctionnement des institutions. Dans les sociétés prénewtoniennes, le pouvoir drainait une multitude de surplus résiduels pour bâtir sa puissance. Dans le cas britannique, une logique démocratique s'imposa lorsque l'accroissement de la productivité rendit le surplus généré plus conséquent. Il attisait désormais une rivalité d'accaparement entre le pouvoir et le producteur. Or, en Afrique, l'absence d'un développement continu de la productivité agricole prive le paysan d'une incitation à la production susceptible de modifier le cadre de ses valeurs de référence. Il laisse le champ libre à la volonté d'accaparement du pouvoir. La logique industrielle se prête fort bien, dans le cadre des grandes unités, à cette centralisation institutionnelle. Le pouvoir africain recueille le double héritage du despotisme traditionnel et de la centralisation moderne. L'industrialisation se substitue aux projets religieux ou princiers, et favorise le renforcement d'une dérivation plus subtile par le biais monétaire. Le système idéologique chargé de convaincre les populations rurales de rétrocéder leur surplus vivrier n'est plus nécessaire. Il serait même en contradiction avec les aspirations montantes des nouveaux besoins. Le simple jeu des prix opère d'une façon occulte avec une plus grande efficacité.

Mais à terme, ces dispositions paraîtront peu stimulantes pour le producteur agricole. Les produits qu'il vend, subissent rarement des aménagements significatifs dans les barèmes, alors que les biens manufacturés qu'il achète sont fréquemment à la hausse. La rémunération des cultures n'est pas suffisamment attrayante pour l'inciter à transformer ses méthodes culturales. Faute de pouvoir s'organiser comme le monde urbain pour défendre ses intérêts, il se réfugie dans l'abstention, se replie sur une autoconsommation traditionnelle et n'assure que le minimum d'échanges inévitables dus à la fiscalité ou à quelques besoins...

La stratégie de produits vivriers à faible prix renforce cette attitude du monde rural. Un ravitaillement à coût réduit permet aux urbains de consacrer des dépenses limitées à leur alimentation. Le secteur industriel et commercial peut tenir ses salaires. L'Etat n'accroît pas ses dépenses de fonctionnement. On retrouve la logique ricardienne en faveur des coûts de production industrielle. Mais l'application de cette recommandation correspondait à la phase de maturité industrielle de l'Angleterre. Si elle était donc en mesure de se ravitailler à bon compte, elle fournissait, en échange, des biens manufacturés plus concurrentiels. Rien de tel dans le cas de figure africain. La politique du prix plafond pour les produits vivriers décourage le monde paysan. Il démissionne de son rôle nourricier vis-à-vis des populations urbaines alors que celles-ci n'ont pas les contreparties manufacturières à offrir.

Le pouvoir, par son caractère urbain, est plus sensible aux manifestations de rues et ne prend pas garde à cette démission silencieuse. Mais bientôt les faits sont là ! La production des cultures de rente se tasse, les productions vivrières ne parviennent plus à la ville. Le mouvement se dessine à partir de la fin des années soixante et débouche, aujourd'hui, sur la crise.

Si le monde urbain tente de réagir à la raréfaction de ses ressources en majorant les marges de prélèvement, il ne fait que renforcer le monde rural dans sa détermination absentéiste. La crise dévie sur un conflit interne au sein de la classe urbaine, entre les tenants de la puissance publique et ceux du négoce. L'habillage idéologique est aisé. Les commerçants sont les accapareurs. L'Etat crée des sociétés publiques et cumule désormais pression fiscale et marges commerciales aux dépens du secteur privé éliminé. Le pouvoir, par ce dénouement, renforce sa concentration et sa puissance. Si l'étreinte financière est momentanément desserrée pour l'Etat, le monde rural n'y distingue guère son avantage.

Le pouvoir n'a pas résolu les difficultés fondamentales. Pour compenser la réduction de ses ressources, il démultiplie bientôt les occasions de prélèvement. Il crée de nouvelles taxes, étend des impôts exceptionnels, invente de nouvelles obligations (adhésion obligatoire au Parti, carte sanitaire, péage, taxe scolaire...). Ces mesures ne font que renforcer le paysannat dans sa détermination au repli.

Les difficultés de l'Etat ajoutent des handicaps opérationnels qui s'additionnent aux mécomptes. Les collectes deviennent défaillantes et les circuits de distribution s'anémient. Lorsque la régularité du ramassage des productions agricoles n'est pas assurée, les agriculteurs gardent leur récolte sur les bras. De mauvaises conditions de stockage réduisent en pure perte les efforts consentis. En 1975, les récoltes de sisal pourrissaient au fond des cases dans des villages centrafricains. La production avait été encouragée sans que la collecte soit assurée. Inutile de préciser le scepticisme de ces paysans, à l'égard des nouvelles opérations de productions promues par les autorités.

Si depuis les analyses de Raùl Prebisch, on accorde une attention redoublée aux conditions de l'échange international, l'intérêt s'est fait plus discret sur la façon dont le monde urbain contrôle et manipule le rapport des prix intérieurs. En fait, la dégradation des termes de l'échange intérieur n'est pas le reflet du commerce international mais le résultat d'une politique délibérée que les conditions des échanges extérieurs pourront conduire au paroxysme.

Les difficultés de prélèvement de ressources sur des productions essoufflées et les besoins exacerbés de devises pour financer les équipements provoquent des mesures de sauvegarde aux effets pervers. L'état légifère pour contingenter l'importation de produits manufacturés. Raréfiés en ville, ils sont bientôt inexistants en zone rurale. La monnaie distribuée aux paysans durant les collectes, tend à devenir, faute d'occasions d'achats, une collection d'images pieuses. Le travail agricole perd sa justification, si minime soit-elle, d'accès à une consommation de biens manufacturés.

Dans les centres urbains, la situation bien que meilleure, n'est pas satisfaisante. Le monde rural exsangue ne peut plus constituer un marché pour les quelques unités industrielles mises sur pied. Voici donc une sous-industrialisation en état de surproduction ! Les stocks, faute de débouchés, s'amoncèlent. Les déficits des entreprises s'accumulent. Il faudra soutenir l'activité industrielle par des subventions financées par de nouveaux prélèvements sur le monde rural, pour ne pas mettre au chômage cet embryon de classe ouvrière. Si le milieu urbain se débat dans des difficultés qui conduisent à de fréquents coups d'Etat, le monde rural n'est pas au terme de sa marginalisation.

C - Le court-circuit pervers de l'exploitation minière ou énergétique

En croyant éviter la problématique d'une révolution agricole par une stratégie industrielle, force est de constater l'erreur d'appréciation. L'agriculture verrouille encore le processus de développement. Sa géologie fournit, à certains pays, l'occasion de court-circuiter le biais agricole d'une politique d'investissements. Une dizaine de pays profitent à titre essentiel de l'exploitation des ressources du sous-sol dans l'inventaire de ses exportations : l'Angola, le Cameroun, le Gabon et le Nigeria avec le pétrole ; la Mauritanie et le Libéria avec le fer ; le Zaïre et la Zambie avec le cuivre ; la Sierra Leone avec le diamant, le Togo avec les phosphates...

L'exportation minière ou énergétique est l'occasion pour le pouvoir de se doter de moyens cohérents, conformes à ses institutions. En effet, lorsque le pouvoir cherche à bâtir un développement industriel sur des ressources agricoles dérivées, il affronte une distorsion institutionnelle. Sa structure centralisée se prête fort bien au contrôle d'un secteur industriel concentré, elle reste largement inopérante pour dynamiser des millions d'agriculteurs. Si ceux-ci ne sont pas animés par des solides motivations, l'Etat n'a pas les moyens opérationnels de sa politique. Quand il essaie de dépasser cette contradiction par une collectivisation des campagnes, il ne réussit guère mieux et affronte de cuisants échecs avec des méthodes de gestion complètement étrangères à la société traditionnelle... Les gisements miniers et énergétiques offrent la possibilité d'une exploitation conforme aux règles économiques que l'Etat cherche à promouvoir. Ils permettent une dérivation des ressources selon un schéma simplifié, parfois une seule société. L'exploitation des gisements devient l'appendice du monde urbain. Le pouvoir trouve dans ces nouvelles ressources, des justifications complémentaires à son despotisme centralisateur.

Cette polarisation n'est pas sans danger. Elle renforce la marginalisation rurale. Chaque fois qu'une ressource minière ou énergétique a pu prendre le relais, les cultures de rente se sont effondrées. Les efforts du Niger sur la production du coton et de l'arachide ont disparu quand l'uranium offrait l'alternative. Le Nigeria perdit son élogieux palmarès agricole à la faveur de sa rente pétrolière. Aujourd'hui après avoir été l'un des principaux producteurs d'oléagineux, ce pays importe d'importantes quantités d'huile !... Les productions agricoles togolaises s'essoufflèrent quand les cours du phosphate s'envolèrent, et ainsi de suite... Compte tenu des nouvelles ressources qui s'offraient à lui, l'Etat négligeait la difficile collecte des cultures de rente. Quant au monde rural, fasciné par l'îlot de prospérité que semblait dessiner le couple « ville-centre minier », il délaissait ses champs pour provoquer la chance. L'émigration rurale s'accélérait et renforçait les déséquilibres démographiques.

Ainsi contre toute attente, les pays producteurs d'énergie ou de ressources minières n'ont pas conquis une place privilégiée dans le palmarès du PNB par tête, présenté par la Banque mondiale (10). Si le Gabon et le Congo se placent en position de « leader » du continent, ils le doivent avant tout à leur population particulièrement réduite. Les ressources minières ou énergétiques n'ont fait que se substituer aux ressources agricoles, à l'avantage d'une plus grande homogénéité institutionnelle.

Le monde urbain est ainsi déchargé de la collecte des produits agricoles sur tout le territoire. Ainsi, non seulement, les opérations de prélèvement sont davantage maîtrisées, mais encore, elles ne sont point grevées des dépenses d'approche que nécessitent les denrées agricoles. Les ressources en devises permettent même au monde urbain, de s'approvisionner directement à l'extérieur. Les ressources alimentaires parviendront directement au port ou à l'aéroport de la capitale. Il est plus aisé pour les sociétés chargées du ravitaillement de commercer avec l'extérieur et de procéder à la seule répartition urbaine. L'impasse sur la collecte leur évite des frais. Les opportunités du marché international ou de l'aide alimentaire leur permettent de se ravitailler à meilleur compte. Apparemment, la gestion financière des sociétés s'améliore tandis qu'elles s'acquittent mieux de leur mission, à savoir, nourrir les centres urbains à bas prix. C'est en fait une véritable aubaine pour la logique de l'entreprise. C'est désormais une marginalisation complète du monde rural.

La campagne est sans avenir, la ville s'offre en loterie. Elle polarise les énergies et les attentes. Tant que les cours sont favorables, l'Etat peut répondre et contenir les demandes pressantes. Si la conjoncture internationale s'effondre, les ressources s'évanouissent. Le reflux dégénère en crise sociale. Il faut des crédits pour temporiser les appétits et les aspirations.

D - Les effets de substitutions illusoires des crédits internationaux

L'analyse économique recommandait une aide extérieure pour se substituer à une épargne insuffisante et renforcer le taux d'investissement. Les années soixante-dix vont offrir des circonstances financières tout à fait exceptionnelles. Alors que prévalait, depuis les années cinquante, l'idée d'une dégradation des termes de l'échange extérieur au détriment des pays producteurs de matières premières, l'opinion semble s'inverser. Dans la foulée du quadruplement du prix du pétrole toutes les matières premières s'engouffrent. Désormais, il semble qu'un trend durable soit à la hausse. Les pays occidentaux frappés par cette ponction subite de leur pouvoir d'achat cherchent des marchés qu'ils n'ont plus à l'intérieur. Une âpre bataille entre pays industrialisés s'ouvre. Le crédit devient un argument commercial essentiel. Les pays en développement ont toutes les bonnes raisons d'accepter. Soit, ils restent décidément très pauvres et ce contexte permet d'accroître leur demande, en payant plus tard. Soit la montée des cours les a enrichis et cette hausse paraît offrir des garanties de remboursement encore plus faciles dans l'avenir. Enfin, les pays producteurs de pétrole faiblement peuplés disposent de liquidités si importantes qu'ils cherchent à les placer sur le marché financier. Toutes les conditions sont réunies pour faire du crédit international, une nouvelle source de financement (11).

La progression de la dette est extrêmement rapide sur la décennie 1975-1985. Très limitée en début de période, elle atteint pour l'Afrique noire, une centaine de milliards de dollars en 1986. Si ce montant ne représente que le dixième des engagements du Tiers Monde, il faut rappeler qu'une majeure partie des pays compose le groupe des pays les moins avancés (PMA) de la planète (voir annexes). Si la créance globale est du même ordre que celles du Brésil ou du Mexique, il faut souligner que le PIB du sous-continent noir est inférieur à celui du Brésil ou du Mexique...

Le Nigeria et la Côte d'Ivoire avec respectivement 18,3 Mds et 8.5 Mds de dollars font partie du club des 17 pays les plus lourdement endettés (12).

Parallèlement à cette explosion de l'endettement, on n'a pas observé une augmentation des capacités de remboursement. De nombreuses opérations ont eu pour objectif de parer à la hausse pétrolière pour les pays sans énergie, de contrecarrer les effets de change monétaire ou de la hausse des taux d'intérêts du marché international. D'autres ont répondu au financement du déficit vivrier ou encore à la dégradation des cours qui survient après 1980. Des causes internes complètent ce panorama. Le continent africain reste le moins bien équipé du monde. Les immobilisations, pour pallier à ce défaut d'infrastructure, exigent des opérations coûteuses, dotées d'une rentabilité diffuse dans l'espace et le temps. Il faut également ajouter les mauvais choix stratégiques. On citera pêle-mêle, la marginalisation du secteur rural au profit d'options industrielles ambitieuses, le choix d'industries industrialisantes dans des pays trop petits pour recueillir des effets induits, la réalisation de projets industriels mal conçus ou d'aménagements agricoles sans prise sur les réalités sociales ou encore des opérations de prestige sans finalité productive... Mais la responsabilité de ces pays n'est pas seule en cause. L'Afrique abonde d'exemples composés d'unités industrielles qui n'ont jamais fonctionné parce que la coopération internationale a mal été coordonnée, parce que les produits agricoles n'ont pas été prévus pour fournir ladite entreprise, parce que la capacité de production était sans rapport avec les possibilités du marché, parce que les options techniques ont été préparées dans des bureaux à des milliers de kilomètres avec une connaissance rudimentaire du terrain...

La crise a pris une dimension tragique avec l'effondrement des cours internationaux depuis 1980. Il en est résulté une chute du PIB et des exportations. L'exemple du Nigeria résume bien la situation du sous-continent. Durant la période 1980-1984, ce pays accuse une chute de 18 % de son PIB, de 43 % de ses exportations, de 40 % de ses importations, de 60 % de ses investissements et de 16 % de sa consommation par habitant (13). L'effondrement des cours ruine la solvabilité des pays africains, alourdit le poids de la dette et accentue les charges du service de la dette dans le cadre de ressources en diminution. Pour compenser, les pays africains se sont livrés à deux types d'opération : une renégociation de la dette, un réaménagement des stuctures internes.

Le service de la seule dette publique ou sous garantie publique représente près de 35 % des exportations. Bien qu'elle forme l'essentiel des engagements pour la plupart des pays, le poids en est extrêmement lourd. Les pays africains ont donc procédé à des demandes de réaménagement de leur dette. Sur 144 négociations qui se sont déroulées entre 1975 et 1985, 67 relèvent de l'Afrique noire, soit près de 50 % des demandes, alors que le montant global de la dette représente le dixième des mille milliards dus par le Tiers

Monde. Le Zaïre, le Togo se sont présentés sept fois, le Soudan, le Sénégal, Madagascar et le Libéria ont négocié à six reprises. Mais le rééchelonnement n'est accordé qu'au prix d'un accroissement des charges futures aux conditions du marché. Etant donné que les ressources extérieures du sous-continent se réduisent, les prêts des banques commerciales se sont pratiquement taris. Les apports nets du FMI sont passés au rouge en 1985. Les ressources extérieures nettes de l'Afrique subsaharienne se sont réduites d'environ un quart sur la période 1980-1984 (14). Et les apports de l'aide publique, déduction faite du service de la dette, sont devenus négatifs (voir annexes).

Devant ces difficultés, l'Afrique est amenée à prendre des dispositions drastiques. Les Etats tentent de limiter leurs dépenses budgétaires. Ils bloquent les salaires et gèlent les recrutements. « La vérité des prix » entraîne à la hausse les produits de consommation qu'un régime de subventions protégeait avantageusement de l'inflation. Les bénéficiaires urbains sont alors menacés dans leurs intérêts les plus directs. Des manifestations, voire des amorces d'émeutes tentent de faire revenir le pouvoir sur sa décision. Les flambées sociales du Sénégal, du Soudan, de la Zambie illustrent, ces dernières années, l'ampleur des risques politiques de ces dispositions. La raréfaction des devises pèse, non seulement, sur les produits de consommation, mais aussi, sur l'équipement. Le manque d'entretien aboutit à la dégradation du capital productif et des infrastructures. Les nouveaux investissements se font plus rares. Leur absence ou leur insuffisance hypothèquent encore davantage l'avenir....

Après cette période euphorique de la fin des années soixante-dix, l'absence de résultats économiques tend à laisser l'Afrique dans un état pire qu'elle ne fut. La voici supportant aujourd'hui un passif par son lourd endettement qui réduit d'autant ses marges de manœuvre. Certains experts de la Communauté européenne ont estimé que l'Afrique mettra au moins une décennie, même si ses charges financières sont levées, pour revenir à son niveau réel de 1970. Les chemins du futur seraient-ils tous des impasses ? Il se pourrait que l'Afrique acculée dans ces difficultés trouve, en son sein, l'énergie nécessaire pour réaliser cette alchimie du développement. Le trait de plume sur l'économie africaine est alors imprudent.

5 - Les chemins du futur

L'influence occidentale en tant que modèle de développement économique et social a envahi la planète, mais ces diverses composantes ont pénétré inégalement les structures des sociétés traditionnelles. Ces apports, en se détachant du contexte dans lequel ils s'intégraient, ont créé de graves distorsions. D'éléments de progrès, ces ondes se transforment souvent en facteurs additifs de blocage. Si l'essentiel des mutations britanniques furent d'ordre endogène, la désarticulation de l'Afrique noire se présente comme le fruit d'influences extérieures non maîtrisées. Il s'agit d'en faire le bilan.

La profondeur des déséquilibres et la logique des engrenages doivent donc être appréciées et rectifiées. L'aide atténue les effets pervers mais reste insuffisante pour dynamiser un progrès que seules des forces intérieures peuvent durablement engendrer. D'ailleurs l'évaluation des besoins de rééquilibre sont à la fois énormes et dérisoires : énormes par la place qu'ils occupent dans les structures nationales, dérisoires vis-à-vis des capacités du monde industralisé.

Une ardente obligation s'impose : s'engager dans des réformes profondes. Il ne s'agit pas ici de proposer une énième recette de développement toujours prometteuse dans les textes, toujours amère dans les faits. Il convient de définir, à la lumière de ces analyses, un cadre d'interventions à défaut de fixer les modalités de mise en œuvre toujours dépendantes des particularismes locaux.

A - Le bilan en état de choc

La diffusion des soins médicaux est un progrès certain. Mais lorsque ce « progrès » favorise une prolifération démographique au-delà des capacités économiques d'encadrement sanitaire, quel jugement devons-nous porter ? Voici donc un progrès qui ne tiendrait pas ses promesses ? Privé des mesures d'accompagnement de l'activité économique et des comportements natalistes adaptés, l'accès à la médecine ne serait-il pour finir qu'un facteur de propagation de la misère ? Question provocatrice et problème moral, défaillance des uns et responsabilité des autres... La relative passivité opposée aux forces de changement provient de l'absence de détermination dans la maîtrise de ces ondes de choc. Effets subits, ils suscitent rarement les comportements adéquats pour y faire face. La confrontation des mutations britanniques et de la désarticulation africaine est à cet égard révélatrice et nous aide à tracer un bilan.

a) Nos analyses du processus anglais de la fin du XVIIIe — et du début du XIXe peuvent faire l'objet d'une présentation synthétique (cf. Fig. XXII). A l'origine, réformes agraires et progrès techniques permettent un accroissement de la production vivrière par habitant. Ce progrès influe directement et positivement sur les quatre éléments de la répartition : énergie-actif, famille, surplus et stock :

— La croissance de la production améliore la satisfaction calorique des actifs agricoles et joue favorablement sur leur capacité de travail.

— Les ressources vivrières plus abondantes assurent une meilleure alimentation des familles et provoquent une croissance démographique dont les excès éventuels pourront être jugulés par l'émigration outre-mer.

— L'accroissement du surplus vivrier crée bientôt un effet de seuil qui en change sa portée. De part résiduelle traditionnellement cédée, il devient un élément convoité qui pousse à accroître l'activité économique et à en disputer l'accaparement au pouvoir despotique. Il débouche sur un accroissement, enfin possible des besoins, et sur des institutions plus démocratiques.

— Les rendements, en constante progression, assurent de plus grandes possibilités de stockage qui éliminent les risques de disette et de famine. Ils permettent même de générer des excédents qui pourront être exportés à la faveur de la proximité des voies maritimes et des progrès dans les transports.

Ce modèle fait apparaître le rôle de l'extérieur limité à des fonctions d'ajustement : écrémage des excédents démographiques par l'émigration ou des surplus céréaliers par l'exportation. Mais la mécanique de la transformation du surplus, cœur de ce processus de développement, est générée par les réformes internes du secteur agricole. La société britannique couple l'affirmation de ses nouveaux besoins avec l'émergence de nouvelles capacités de production. Dans le même temps, les progrès de la productivité agricole garantissent la subsistance à ceux qui quittent la terre pour renforcer la production manufacturière.

b) Le modèle sahélien apparaît, *a contrario*, comme une désarticulation (cf. Fig. XXIII). Les premiers éléments issus de l'activité agricole divergent déjà radicalement du schéma précédent : la stabilisation des techniques agricoles vivrières, la substitution partielle des facteurs travail et terre au profit des cultures de rente, la politique de prix agricoles plafonnés combinent leurs effets pour provoquer un tassement de la production. Il ne manque pas de se répercuter sur chacun des éléments de la distribution vivrière.

— L'actif agricole ne parvient pas à dégager une amélioration de sa capacité énergétique. Celle-ci peut même se dégrader.

— La famille soumise à un dynamisme démographique d'origine médicale et sanitaire se nourrit aux dépens du surplus qui se réduit et des stocks qui disparaissent.

— Le surplus vivrier ne remplit plus sa fonction nourricière dans le cadre de la division du travail. La campagne ne nourrit plus la ville et le surplus agricole généré sous forme de culture de rente s'affaiblit sous l'effet des politiques de prix peu incitatives.

— Les greniers sont vides. C'est la disette ou la famine à la moindre défaillance pluviométrique. Il faut recourir aux importa-

Fig. XXII - L'articulation du modèle britannique (1re époque)

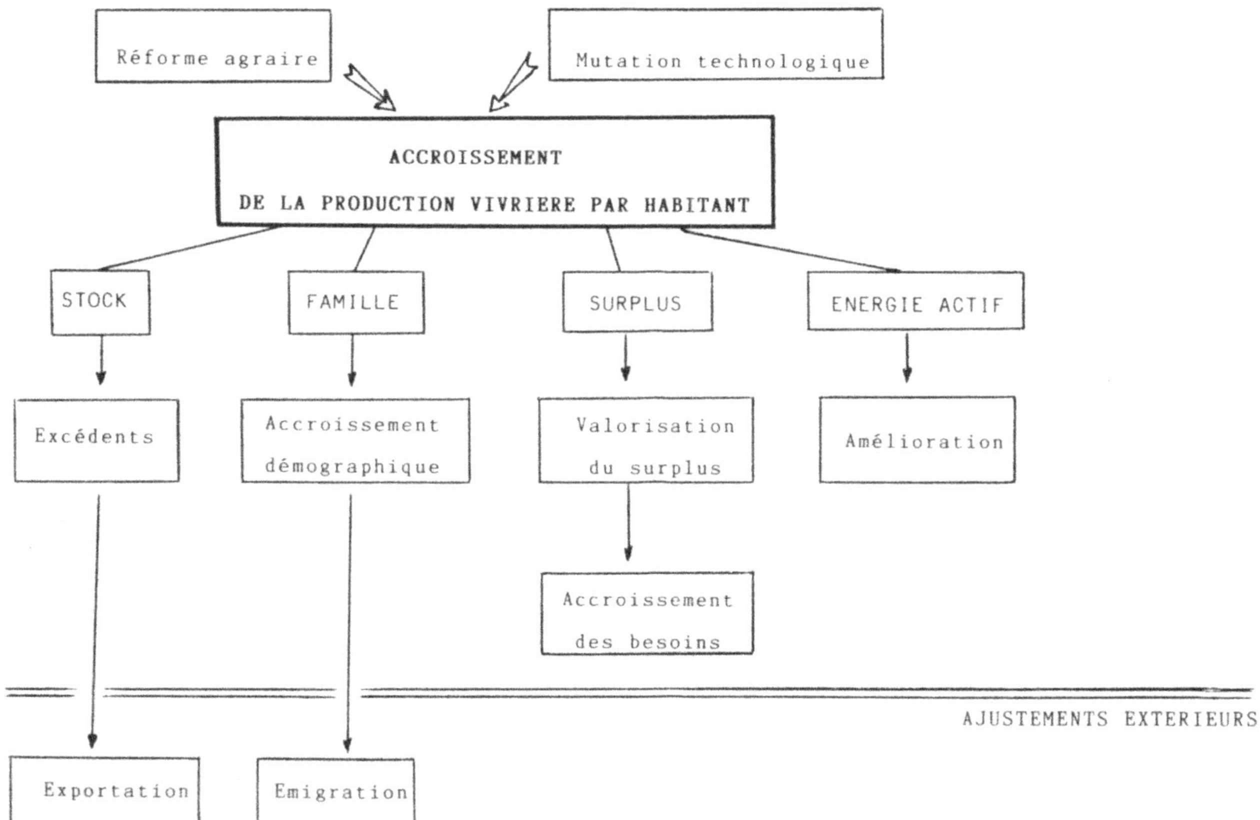

Fig. XXIII - La désarticulation du modèle africain

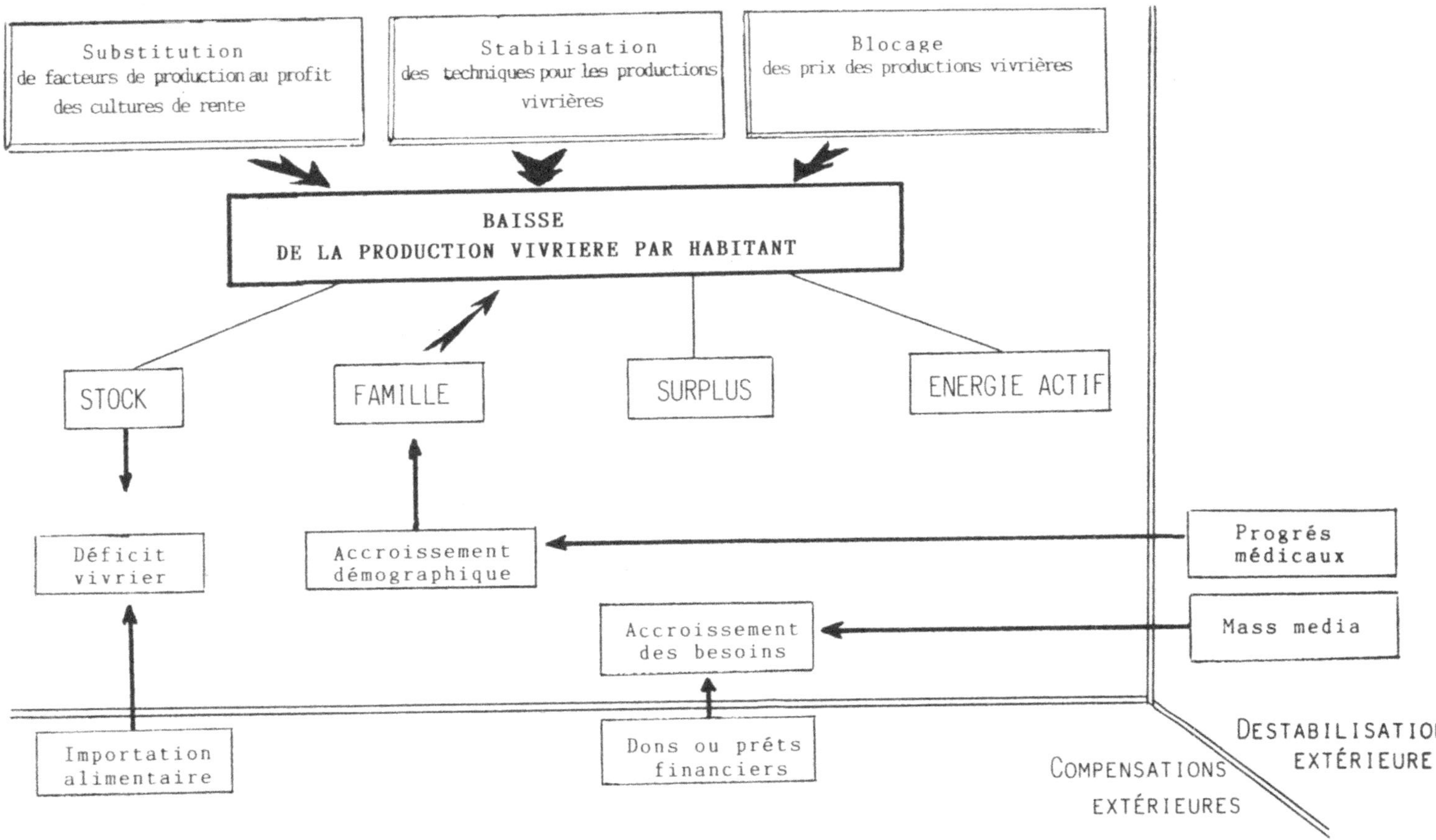

tions alimentaires faute de maintenir un stock régulateur opérationnel.

Ce tableau révèle la carence fondamentale de l'alchimie qui s'exerce au travers du surplus. Elle rend la société peu encline à adopter une finalité productiviste. Dans le cadre du modèle traditionnel, cela incitait l'ensemble du système à se reproduire à l'identique. Or cela n'est plus possible, non plus. L'influence extérieure destabilise l'organisation sociale. L'accroissement démographique, fruit des progrès médicaux facilement propagés par la vaccination, les antibiotiques et les sulfamides, renverse le schéma classique. L'influence médicale externe, se substitue à l'amélioration préalable des rations alimentaires. Plus grave, la poussée démographique, forte puissance, rétroagit sur les disponibilités vivrières en faisant baisser la production moyenne par habitant. L'émergence d'un surplus est rendu encore plus problématique. Les médias, au sens large, forment le deuxième aspect de cette onde de choc extérieure. Elles sont directement responsables de cette révolution mentale qui transforme les attentes psychologiques avec l'éclatement des besoins. Ici encore, il ne s'agit pas de l'aboutissement interne d'une meilleure organisation et de la diversification de la production. En l'absence de disponibilités plus grandes, la frustration vient se surajouter à une existence frugale.

Dans ce contexte, lorsque l'aide intervient sous forme d'importations vivrières et d'apports financiers, elle ne fait qu'exercer un rôle temporisateur sur les forces d'éclatement. L'aide alimentaire évite la disette ou la famine. Les dons et prêts garantissent la satisfaction d'un minimum de besoins. Il n'y a pas là émergence d'un processus de développement.

B - L'ajustement limité de l'aide

Si déficit vivrier et frustration sont au rendez-vous, il convient d'évaluer les effets de l'intervention extérieure tant par le biais des importations céréalières que de celui des apports financiers.

a) Le déficit vivrier de l'Afrique noire représente durant les années quatre-vingt environ 20 % des besoins avant les importations céréalières. Une fois les transferts céréaliers effectués, la couverture vivrière ne dépasse pas 90 %. Cela veut dire que les importations ne comblent que la moitié du déficit. On notera que l'aide alimentaire représente environ le quart des importations, elle s'élève plus exceptionnellement en 1985, à la moitié des apports. Les quelque dix millions de tonnes de céréales transférées sont donc insuffisantes pour satisfaire la demande. Nous avons donc cherché à examiner, du point de vue de la Communauté européenne, ce que pouvait bien représenter le déficit vivrier de l'Afrique noire.

En 1985, derniers chiffres publiés par la Banque mondiale, la population des 12 pays européens de la CEE composait un ensemble de 322 millions d'habitants (1). Ils disposaient d'un régime calorique largement excédentaire, une moyenne de 2 395 calories qui fixaient le niveau de satisfaction à 128 % des besoins. Cette population consommait, en moyenne, 90 kg de viande par an et par personne, soit 0,245 grammes par jour et par habitant. Etant donné qu'un kilogramme de viande bovine fournit aux environs de 2 000 calories, l'apport était de 496 calories et correspondait à 15 % de la consommation.

Cette même année, les populations africaines au nombre de 420 millions d'habitants (en incluant les pays de moins d'un million de personnes) avaient une satisfaction calorique de 91 % après importations. Ce déficit est d'autant plus notable qu'il est bâti sur un niveau d'équilibre plus réduit qu'en Europe : 2 305 calories contre 2 625. La structure par âges de la population et le métabolisme tropical réduisent donc de 12 % l'équilibre idéal (cf. chapitre II, section 2). Il manque en Afrique, 407 calories par jour et par personne avec la production vivrière locale. La contribution calorique des importations céréalières donne 200 calories par jour et par personne, soit près de 10 % de la satisfaction calorique effective. Si on évalue le déficit en termes de rations alimentaires, il correspond, après importations, à la nourriture de près de 43 millions d'Africains.

Si on imagine que les Européens réduisent leur consommation pour transférer ces ressources ainsi dégagées vers l'Afrique, il faut que chacun d'entre eux réduise son régime alimentaire de 530 calories. Cette hypothèse laisserait malgré tout, la satisfaction calorique européenne à hauteur de 109 % tout en permettant l'équilibre vivrier du sous-continent noir (cf. tableau X).

Une seconde approche peut être conduite à partir du régime carné de la consommation européenne. Pour produire une calorie de viande, il faut environ 7 calories végétales. En supposant, cette fois-ci, que les Européens réduisent leurs achats chez le boucher et que cette viande ne soit plus produite, mais laissée en équivalent végétal, il faut renoncer à 73 calories de viande pour récupérer dans les champs 530 calories. Cette renonciation permettrait de couvrir les besoins vivriers de l'Afrique noire et laisserait la satisfaction européenne au niveau confortable de 126 %. Que représentent ces 73 calories ? Elles signifient une baisse du régime carné de l'Européen de l'ordre de 15 %. Cela ramène le niveau moyen de consommation à celui de l'Italie, lui-même supérieur de 50 % à celui de l'Espagne !... Ces 73 grammes sont l'équivalent d'une quarantaine de grammes de viande. Il suffirait donc, en théorie, que chaque Européen renonce à deux beefsteaks par semaine pour que toute l'Afrique noire mange à sa faim.

Bien sûr, cette forme de raisonnement fait l'impasse sur bon nombre de difficultés. A l'évidence ce n'est pas parce que l'Européen mangera moins de viande que l'Africain se nourrira mieux. Les résultats tiennent compte d'une moyenne qui cache

Tableau X - Le déficit vivrier de l'Afrique noire et la CEE

PAYS DE LA CEE	PAYS DE L'AFRIQUE NOIRE
Population : 322 millions d'hab. Besoins caloriques : 2 625 calories Satisfaction calorique : 3 395 Niveau de satisfaction : 128 %	Population : 420 millions d'hab. Besoins caloriques : 2 305 Satisfaction calorique : 2 098 Niveau de satisfaction : 91 %.
Consommation viande 1985 : 90 kg/par an/par hab. Apport calorique par kg de viande : 2 000 calories Apport calorique quotidien par personne de la viande : 496 calories Contribution de la viande à la consommation : 15 %	Importations céréalières 1985 : 9909 milliers de tonne. Apport calorique par kg de céréales : 3 100 calories Apport calorique quotidien par personne des importations céréalières : 200 calories Contribution des importations céréalières à la consommation : 9,5 %.
1re hypothèse Transfert céréalier par Européen pour combler le déficit vivrier africain : 530 calories	Déficit vivrier africain par tête avant importations : 407 calories
Satisfaction européenne après transfert : 109 %	Satisfaction africaine après transfert : 100 %
2e hypothèse Transfert céréalier en supposant que l'Européen réduise sa consommation de viande et que cette viande ne soit pas produite par transformation de céréales (1 calorie de viande est obtenue à partir de 7 calories végétales) Renonciation viande par Européen en équivalent céréalier : 73 calories	
Satisfaction européenne après transfert : 126 %	Satisfaction africaine après transfert : 100 %.

inévitablement d'importantes disparités sociales. Ce n'est pas parce que des disponibilités céréalières sont dégagées qu'elles parviennent là où il faudrait, quand il le faudrait... Ces chiffres ont néanmoins le mérite de souligner la dérision du déficit vis-à-vis des consommateurs européens. On observera que ces hypothèses ne retiennent à aucun moment l'exigence d'une production complémentaire. Le déficit pourrait être couvert par des resssources déjà existantes. D'ailleurs selon que la production soit réalisée ici ou là, la différence est considérable. Rappelons qu'un hectare produit 500 kg de céréales en Afrique et 5 tonnes en Europe. En supposant des terres africaines disponibles et fertiles, à productivité inchangée, l'autosuffisance vivrière ne pourrait pas supporter une population urbaine excédant les 12 %. Cela impliquerait un retour à la terre de 60 % des citadins !...

Malgré cela, les transferts céréaliers ne parviennent pas à combler le déficit vivrier africain. Plus grave, non seulement ils ne jouent aucun rôle dans la maîtrise des causes du déficit, mais encore ils tendent à la perpétuer en modifiant des habitudes alimentaires vers des consommations céréalières — le blé — impropres à la culture sous les tropiques...

b) Malgré la part discutable des statistiques agricoles et démographiques, l'analyse des besoins vivriers est plus précise que l'écart financier entre besoins et satisfactions. Les uns reposent sur des données, en grande partie, psychologiques, les autres s'ajustent grossièrement sur un indice de consommation. Néanmoins différents critères vont nous permettre d'apprécier l'importance de l'écart.

Le faible niveau de vie constitue la donnée de base. Le PNB par habitant représente en Afrique noire, le vingtième de celui en vigueur dans la Communauté Européenne en 1985 : 400 dollars contre 8 000 dollars ! Or depuis vingt ans la croissance moyenne fut de l'ordre de 1 % (2,5 % pour la CEE). A ce rythme, les Africains doubleront leurs PNB en 70 ans, et les Européens le quintupleront. Cela signifierait pour les uns 800 dollars par habitants et pour les autres 40 000 dollars... Pour obtenir à ce même rythme, le niveau de vie européen d'aujourd'hui, il faudrait au sous-continent noir, plus de trois siècles... Ces chiffres, à défaut d'être une préfiguration de l'avenir, font mesurer l'extrême rigidité des économies africaines.

L'évolution récente est encore plus alarmante. Le PIB enregistre depuis le début quatre-vingt une régression moyenne de 0,7 % par an. Les Etats ont cherché à limiter la baisse de la consommation privée par crainte de mouvements sociaux urbains. La consommation privée a globalement progressé de 0,3 % par an depuis 1980. C'est nettement insuffisant vis-à-vis de la croissance démographique de l'ordre de 3,3 % par an et du niveau réduit de la consommation. Mais ce résultat a été obtenu au prix d'une chute brutale de l'investissement. Celui-ci a régressé au rythme annuel de

11,4 %. Dans ces conditions, l'Afrique noire pour protéger un minimum de consommation et de niveau de vie a sacrifié sa capacité de développement des prochaines années.

Or, pendant ce temps, on a pu constater une progression très rapide des médias sur le continent africain (2). Le nombre de lecteurs, de spectateurs, d'auditeurs et de télespectateurs n'a jamais été aussi grand, ni représenté une fraction aussi large de la population. Les journaux et les magazines se sont démultipliés et ont accru leur audience : création de nouveaux titres, lancement d'hebdomadaires panafricains, création d'éditions internationales de la presse européenne... La radio a conquis les campagnes avec le transistor et Africa n° 1 émet depuis Libreville sur toute l'Afrique du Centre et de l'Ouest. Les réseaux de télévision souvent confinés sur la capitale se sont étendus sur tout le territoire et ont fait de nouveaux adeptes : le dernier en date, celui du Cameroun. Le septième art a élargi son audience par une farouche concurrence de films indiens, égyptiens, américains et français. Ces médias ont accéléré l'ouverture des esprits à de nouveaux comportements et offrent à la publicité de plus nombreux supports qui attisent les envies. Les grandes agences de publicité ont débarqué en Afrique ces toutes dernières années. La connaissance d'un autre mode de vie n'a jamais été aussi grande et les besoins suscités jamais aussi nombreux. Or, au même moment, où se produit cette accélération, la courbe des revenus suit une trajectoire inverse, en régressant. Les directions contraires des revenus et des besoins ne peuvent qu'attiser la frustration latente.

Les apports financiers extérieurs devaient donc être en mesure de remédier à cette divergence. L'Afrique noire a contracté une dette de 100 milliards de dollars qui représentent aujourd'hui les 2/3 de son PNB et trois années et demie d'exportations. Les apports publics ou sous garantie publique représentent environ les deux tiers de ce montant. Ils sont donc très largement significatifs. En 1985, les décaissements publics en faveur de l'Afrique subsaharienne ont représenté 8,2 milliards de dollars. Mais l'aide fabuleuse que semblaient traduire ces premiers chiffres aboutit à une contribution effective extrêmement réduite. Cela représente 19,5 dollars par habitant soit un demi pour cent du PNB par tête ! Si on met en regard le service de la dette publique, celui-ci accapare 6,9 milliards de dollars soit 84 % des nouvelles contributions. L'apport net des pays industrialisés n'est donc que de 1,3 milliard, c'est-à-dire 3 dollars par Africain ! Cette aide financière issue pour l'essentiel de l'OCDE (758 millions d'habitants) correspond à un transfert net de moins de deux dollars par personnes (1,7 $). Rappelons que le PNB par habitant de la CEE est de 8 000 dollars et celui des Etats-Unis de près de 17 000 $!

L'aide financière n'a pas réussi à promouvoir une dynamique de développement. On ne peut pas dire non plus qu'elle a contribué d'une façon décisive au maintien du niveau de vie ou à la réduction des écarts entre les aspirations et la vie quotidienne. Malgré tout, ces apports pèsent maintenant lourdement sur les économies africaines dont le niveau d'exportation baisse. Elles doivent consacrer plus de 35 % des devises au seul service de la dette publique. Comme une part croissante des ressources d'exportations est accaparée par les importations céréalières et les dépenses énergétiques, on perçoit immédiatement l'ampleur des problèmes pour accéder aux biens manufacturés. L'aide financière par les charges qu'elle a occasionnées, nécessite de nouveaux crédits pour fournir d'autres liquidités. En l'absence de solvabilité, l'aide, appelle une autre aide et ainsi de suite.

Aides alimentaires comme apports financiers ne sont pas parvenus à combler les déséquilibres ni même à briser les mécanismes à l'origine des distorsions. Bien au contraire, les unes comme les autres appellent de nouvelles contributions et développent des effets de dépendance. Même si des transferts plus importants n'auraient pas été hors de portée des pays industrialisés, les solutions profondes n'apparaissent pas dans ces procédures. C'est de l'intérieur que l'Afrique doit détecter les forces capables de créer une dynamique et espérer rompre avec cette spirale du déséquilibre.

C - L'ardente obligation des réformes

L'Afrique noire serait-elle le sous-continent des malheurs ? On y déplore l'instabilité politique, de nombreux conflits armés et le record des réfugiés. On y recense encore la famine, la sécheresse et les invasions de criquets. On convient du délabrement agricole et de la démographie galopante pour constater que la centralisation, l'industrialisme et les macro-projets n'ont pas fonctionné à souhait. La dette vient-elle ajouter de nouvelles calamités à la liste de ces maux ? Une large responsabilité de ce bilan est reportée sur la colonisation mais cette démarche introduit un certain fatalisme. L'Afrique noire est en panne. Aucun pays n'est parvenu à se hisser dans le club des nouveaux pays industrialisés. Mais parmi les trente-six nations classées « pays les moins avancés » du globe, vingt-six relèvent du sous-continent noir. L'ampleur de la tâche paraît incommensurable...

Confronté à cet échec, Albert Tevoedjere propose, dans son ouvrage *Pauvreté, richesse des peuples*, de déplacer la position du problème : plutôt que d'élever les performances d'un système de production résolument défaillant, réduisons les aspirations pour les limiter aux satisfactions d'un bien-être minimum. Pour cela, il recommande de transformer la nature du pouvoir afin qu'il s'acquitte d'une triple mission. Il devra rejeter l'urbanisation pour redonner la décision au monde agricole, écarter la bureaucratie pour développer la responsabilité villageoise et déshonorer l'argent pour jeter un regard neuf sur la pauvreté (3)...

Cet anathème est frappant par les caractéristiques qu'il stigmatise. On retrouve dans cette triple marque urbaine, bureaucratique et financière, la définition du pouvoir moderne proposée par le professeur Jacques Austruy (4). Malgré la disparité du cadre d'analyse, la convergence d'opinions sur la nature de la puissance publique dans le monde contemporain, rend cette définition très probante. Mais lorsque A. Tevoedjere remet en cause l'affirmation de ce pouvoir, il va bien au-delà d'un coup d'Etat substituant une oligarchie par une autre... Est-il crédible de tabler sur une nouvelle valorisation de la pauvreté ? N'est-il pas utopique d'espérer réduire les aspirations en tentant de convaincre les populations que leurs besoins nouveaux ne sont que des chimères ? Faut-il rappeler que tout le système économique et social moderne s'est employé à susciter un regard envieux sur le monde et à miner les justifications idéologiques ou religieuses de la frugalité des sociétés traditionnelles ? En chassant les besoins, on élimine les causes de frustration, mais aujourd'hui cela revient à dire que le patient serait guéri s'il n'avait pas contracté la maladie...

Les nouveaux besoins constituent des « acquis » difficiles à écarter. Il faut donc affronter leurs défis. Si les apports extérieurs sont insuffisants pour briser le processus du déséquilibre, une dynamique interne doit s'y substituer et provoquer le sursaut économique et social. Notre analyse nous donne quelques raisons d'espérer. Elle montre qu'il n'y a pas de fatalité historique, climatique, internationale, voire démographique qui ne laisse place à des initiatives efficaces.

Au risque de choquer, il est temps de se départir d'une vision manichéenne de l'histoire. Une analyse plus sereine et partant, plus contrastée de l'époque coloniale est maintenant possible. L'exemple de l'Ethiopie appelle cette réflexion. Il fut le seul pays africain à n'avoir jamais été colonisé. Il est, aujourd'hui, le plus pauvre de la planète (5). Les mécanismes internes de réactions ont été, semble-t-il, encore plus faibles ici qu'ailleurs lorsqu'il fallut affronter l'insertion internationale.

Les exemples présentés dans notre analyse du secteur agricole montrent qu'il n'y a pas, non plus, de fatalité climatique (cf. infra chapitre IV - section 1). Le Niger et le Mali, chacun à leur façon, ont prouvé qu'ils obtenaient des résultats en dépit de la sécheresse pourvu qu'ils mobilisassent leurs forces. Le Niger l'a illustré pour la production alimentaire alors que son voisin enregistrait des résultats alarmants. Le Mali l'a démontré pour le coton tandis que les cultures de rente nigériennes s'effondraient...

Il n'y a pas, non plus, de fatalité par la conjoncture internationale. Les destins croisés du Ghana et de la Côte d'Ivoire en sont l'évidence. A partir des mêmes conditions du marché international et des mêmes ressources de base, tour à tour, l'un et l'autre se sont révélés nettement plus performants.

Enfin, il n'y a même pas de fatalité démographique. Le Rwanda est parvenu à faire face à une densité onze fois supérieure à la moyenne du continent sans être un symbole de disette malgré des difficultés aujourd'hui croissantes.

Même si les conditions climatiques, internationales ou démographiques constituent un environnement, une stratégie économique interne garde une puissance d'impact. Encore s'agit-il de la définir et de l'adapter aux spécificités locales. Ce serait un non-sens de s'engager dans la décentralisation, l'agriculture et les micro-options pour la seule raison que les hypothèses contraires ont échoué. Notre analyse a mis en exergue deux déséquilibres particulièrement saillants : une démographie non maîtrisée et des besoins insatisfaits — il s'agit d'en tirer parti rapidement, car par leurs effets cumulés, jamais le potentiel du développement de la misère n'a été aussi grand. Seul, le concours des forces endogènes pourra parer au danger.

1) La maîtrise démographique suppose la poursuite d'un double objectif : contenir la pression et éviter le déséquilibre structurel.

Des démographes ont expliqué que l'élévation du niveau de vie réduit la croissance de la population. Le succès du développement porterait en lui les germes de la résolution de la crise de peuplement. Mais tout concourt, en Afrique, à indiquer que nous nous heurtons, aujourd'hui, à un seuil de blocage qui annihile précisément les tentatives de croissance. Des dispositions en faveur d'une natalité plus réduite sont susceptibles d'enrayer cette course éperdue entre la sage-femme et le planificateur. Une sensibilisation à la limitation des naissances, conduite avec des précautions culturelles adaptées, a des effets significatifs. Le cas, plus au nord, de la Tunisie musulmane l'atteste. Faute de ces mesures, on risque de voir la disette et le chômage devenir le destin le plus probable d'un nombre toujours plus grand d'individus.

La répartition urbains/ruraux constitue le second volet du défi démographique. Dans la situation présente, tout accroissement des ruraux pèse sur les équilibres écologiques et toute augmentation des urbains aggrave le chômage. Il faut donc simultanément maintenir les ruraux en place pour éviter une aggravation des charges vivrières et provoquer une hausse de productivité pour repousser les limites écologiques. Autrement dit, l'activité agricole doit s'orienter vers une valorisation de son domaine foncier par une mobilisation de la main-d'œuvre rurale. Pour fixer la population rurale, une exigence s'impose : l'élévation de son niveau de vie en liaison avec le déploiement de l'activité. En l'absence de ces dispositions, l'amélioration de la productivité agricole déboucherait sur une accélération de l'exode rural. Les campagnes seront-elles capables de répondre aux aspirations, et plus particulièrement à celles des jeunes ? Les techniques modernes de production et de communication devraient être en mesure d'y répondre par la très grande décentralisation qu'elles autorisent. Elles ne seront en mesure de jouer leur rôle qu'en impliquant la femme dans les processus de formation et en développant des programmes de vulgarisation adaptés aux intérêts bien compris des paysans.

2) Stuart Mill et Jean-Baptiste Say avaient bien préconisé une sensibilisation à de nouveaux désirs pour accompagner le processus de développement (6). Ils n'avaient pas imaginer toute la puissance du processus occidental contemporain. Or cette inadéquation entre besoins nouveaux et appareil de production défectueux débouche sur la frustration porteuse de mouvements messianiques ou révolutionnaires. Liés davantage au désespoir qu'à la résolution des difficultés dénoncées, ils appellent des mesures préventives. Deux dispositions jouent un rôle majeur : une distribution adéquate des revenus et un contexte favorable aux initiatives « entrepreneuriales ».

La distribution des revenus interfère directement avec la politique des prix agricoles. Le choix de prix plus satisfaisants et motivants pour le paysan se répercute immanquablement sur la variation des termes de l'échange urbains/ruraux et sur la part des revenus maîtrisés par les citadins. La difficulté de cette orientation s'inscrit dans la décision d'un pouvoir urbain amené à rendre un arbitrage plus favorable pour le monde rural. L'extérieur rendrait, sans doute, un service précieux aux états réformistes, s'il prenait les dispositions nécessaires à une stabilisation des cours internationaux. En évitant les mouvements incontrôlés des prix des matières premières, le pouvoir disposerait d'une plus grande latitude pour appliquer ce programme. Elle lui éviterait de subir la pression d'une rue plus prompte à se mobiliser que les campagnes, en cas de mécontentement.

Lorsque le monde agricole est insatisfait, il se replie sur lui-même et se dégage au maximum du système de production. Pour ne pas donner prise à cette abstinence rurale, une politique incitative d'initiatives entrepreneuriales doit être engagée. Elle renforce une redistribution stimulante des revenus. Le défaut majeur des grands projets planifiés est d'avoir transformé la population en une communauté d'assistés. Les emplois et les initiatives de développement sont attendus de l'Etat. Les échecs sont imputés hier à la colonisation, aujourd'hui au FMI. L'Etat tentaculaire, non seulement, limite et étouffe les initatives mais encore se révèle incapable de s'y substituer totalement. En donnant à des millions de producteurs l'occasion de participer par leurs initiatives à la transformation économique et sociale, un dynamisme mobilisateur est introduit.

En définitive, que l'on inventorie les mesures en faveur de la démographie ou de la satisfaction des besoins, on remarque que l'agriculture occupe une place stratégique. Elle est au cœur du dispositif. La priorité agricole apparaît comme une étape incontournable. Elle suppose toutefois un ajustement financier et institutionnel plus favorable pour le secteur primaire.

— L'ajustement financier prend appui sur quelques idées

simples : éviter une stratégie de mobilisation des ressources qui anémie le secteur rural et orienter une part plus significative des investissements et de l'innovation vers l'activité agricole.

— L'élément institutionnel fait référence à la décentralisation des pouvoirs. Les options industrielles et planificatrices favorisaient la concentration des pouvoirs et des richesses et prolongeaient les traditions despotiques des anciennes sociétés. Un redéploiement du rôle des agriculteurs ne permet plus à l'Etat de contrôler des millions d'initiatives comme il maîtrisait quelques directions générales industrielles ou commerciales. Le pouvoir doit rétrocéder une fraction de ses prérogatives et abandonner une part de ses dérivations pour rendre l'agriculture performante. Le développement agricole s'ajuste aussi à une société plus démocratique.

L'agriculture reste en Afrique noire, le cœur d'un système et une étape essentielle. La projection d'un avenir plus prometteur passe par ce biais et en est le meilleur garant.

NOTES BIBLIOGRAPHIQUES

Chapitre IV

Section 1

(1) — BAIROCH Paul, *Le tiers monde dans l'impasse,* Gallimard, coll. Idées, 1971, p. 192.

(2) — BAIROCH Paul, *op. cit.,* p. 193.

(3) — CHEVALIER Auguste, *L'agriculture coloniale,* PUF, coll. « Que Sais-je ? » n° 62, 1949, p. 20.

(4) — CHEVALIER Auguste, *op. cit.,* p. 45.

(5) — CHEVALIER Auguste, *op. cit.,* p. 41.

(6) — Ministère de la Coopération, *Mémento de l'agronome,* Techniques rurales en Afrique, 1974, pp. 487 et suivantes et 498 et suivantes.

(7) — CHAUNU Pierre, *Histoire et décadence,* Perrin, 1981, p. 157.

(8) — MEYER Jean, *Les Européens et les autres,* Colin, coll. U, 1975, p. 205.

(9) — GORDON Murray, *L'esclavage dans le monde arabe,* trad. Colette Vlerick, Laffont, 1987.

(10) — CORNEVIN Robert, *L'Afrique noire de 1919 à nos jours,* PUF, coll. Sup., 1973, p. 121.

(11) — BOURGES Hervé et WAUTIER Claude, *Les 50 Afriques,* tome 2, Seuil, Histoire immédiate, 1979, pp. 247 et suivantes.

(12) — CORNEVIN Robert, *op. cit.,* p. 122.

(13) — BADOUIN Robert, *Les agricultures de subsistance et le développement économique,* Pédone, 1975, p. 133.

(14) — AUSTRUY Jacques, *Le prince et le patron,* Cujas, 1972, p. 129.

(15) — CHEVALIER Auguste, *op. cit.,* p. 99.

(16) — CHEVALIER Auguste, *op. cit.,* p. 99.

(17) — GIRI Jacques, *Le Sahel demain, catastrophe ou renaissance,* Karthala, 1983, p. 82.

(18) — DUPIN Henri et BRUN Thierry, *Développement et santé,* n° 11, 1977, publié dans *Problèmes économiques* n° 1571, du 3 mai 1978.

(19) — GIRI Jacques, *op. cit.,* p. 106.

(20) — DUMONT René, *L'Afrique noire est mal partie,* Seuil, coll. Points, 1962, pp. 42 à 44.

(21) — GOSSELIN Gabriel, *L'Afrique désenchantée,* vol. I, éditions Anthropos, 1978.

(22) — GIRI Jacques, *op. cit.,* p. 85.

(23) — BADOUIN Robert, *op. cit.,* p. 165.

(24) — Ouvrage collectif préfacé par A.M. M'Bow, *Le nouveau dossier de l'Afrique,* Marabout Université, 1971.

(25) — FAVIER Jean, *Histoire Universelle de Marco Polo à Christophe Colomb,* Larousse, 1968, p. 101.

(26) — FAO, *Annuaire FAO de la production,* FAO 1985, volume 39.

Section 2

(1) — POURSIN Jean, *La population mondiale,* Seuil, coll. Points, 1976, p. 93.

(2) — Club de Dakar, *La population de l'Afrique de l'Ouest, son évolution, ses caractéristiques, ses perspectives,* Club de Dakar, novembre 1983.

(3) — Banque mondiale, *Rapport sur le développement dans le monde, 1984,* Banque mondiale, 1984, pp. 58 à 84.

(4) — RETEL-LAURENTIN Anne, *Un pays à la dérive - Une société en régression démographique - Les Nzakaras de l'Est Centrafricain,* Editions Universitaires, Jean-Pierre Delarge, 1979, p. 53.

(5) — LOCOH Thérèse, « La fécondité en Afrique noire », *Population et société* n° 188, février 1985.

(6) — COLSON Marie-Laure, « Au Kenya, quand la famine éclate », *Le Monde diplomatique*, janvier 1986.

(7) — Banque mondiale, *op. cit.*, p. 230.

(8) — ONU, « La part des femmes », Forum du développement, n° 110, juillet-août 1985.

(9) — Banque mondiale, *Un programme d'action concertée pour le développement stable de l'Afrique au sud du sahara*, Banque mondiale, 1984, p. 95.

(10) — Club de Dakar, *op. cit.*, pp. 10 et 49.

(11) — Banque mondiale, *Un programme d'action concertée pour le développement stable de l'Afrique au sud du sahara*, Banque mondiale, 1984, p. 31.

(12) — CHESNAIS Jean-Claude, « Essor démographique et développement économique dans les pays pauvres, (1950-1980), L'hypothèse malthusienne en question », *Problèmes économiques,* n° 1936, 7 août 1985.

(13) — Banque mondiale, *Rapport sur le développement dans le monde, 1984*, Banque mondiale, 1984, pp. 224-225.

(14) — GOUBERT Pierre, *Cent mille provinciaux au* XVIIe siècle, *Beauvais et le Beauvaisis,* 1600-1750, Flammarion, coll. Champs, 1968, p. 77.

(15) — Banque mondiale, *Rapport sur le développement dans le monde*, Banque mondiale, 1987, p. 233.

(16) — FRALOU José-Alain, « 2010, l'odyssée urbaine de l'Afrique », *L'express Afrique,* n° 1686, 4 novembre 1983.

(17) — BOSERUP Ester, *Evolution agraire et pression démographique,* Flammarion, 1970, pp. 51 et 21.

(18) — GIRI Jacques, *Le Sahel demain, catastrophe ou renaissance,* Karthala, 1983, pp. 85-86.

(19) — BONKOUNGOU E. et CATINOT R., « Le bois, la terre et l'homme », *Le Courrier ACP-CEE*, n° 95, janvier-février 1986, p. 84.

(20) — BIGI Ferdinando, « Le sol est moins fertile, mais il devra rendre davantage » Afrique/objectif reconstruction — Cooperazione. Departement coopération au développement du Ministère italien des Affaires étrangères, n° 46-47-48, 1985.

(22) — FAO, *Annuaire FAO de la production*, FAO, 1983, volume 37.

(23) — SENGHOR Léopold Sedar, « Faire reculer tous les déserts », *l'Express Afrique,* n° 1664, 3 juin 1983.

(25) — FAO, *op. cit.,* pp. 45 à 47.

(26) — BIGI Ferdinando, *op. cit.,* p. 51.

Section 3

(1) — PLATTEAU Jean-Philippe, *Les économistes classiques et le sous-développement,* PUF, tome II, 1978, p. 373.

(2) — ILLITCH Ivan, *Le travail fantôme,* Seuil, 1981, p. 27.

(3) — ROSTOW W.W. — *Les étapes de la croissance économique,* Seuil, coll. Points, 1963, p. 13.

(4) — MARX Karl, *Le capital,* Préface à la 1re édition, Gallimard, Tel, 1967, p. 141.

(5) — ARNAUD Gabriel, « Y aura-t-il une troisième décennie de développement du Tiers Monde », *Problèmes économiques* n° 1193, 3 septembre 1970.

(8) — AUSTRUY Jacques, *Le scandale du développement,* Marcel Rivière, 1968, p. 73.

(9) — Banque mondiale, *Un programme d'action concertée pour le développement stable de l'Afrique au sud du Sahara*, BM, 1984.

(10) — FRALON José-Alain, « 2010, l'odyssée urbaine de l'Afrique », *Express-Afrique* n° 1686, 4 novembre 1983.

(11) — LEVY Michel-Louis, « Le vertige urbain », *Population et société* n° 141, novembre 1980.

(12) — ELA Jean-Marc, *La ville en Afrique noire*, Karthala, 1983, pp. 2341.

(13) — PENOUIL Marc, *Le développement spontané*, Pedone, 1986.

(14) — AUSTRUY Jacques, « La transformation dans le début du développement économique », PUF, Revue *Tiers monde* n° 57, janvier-mars 1974, pp. 45 à 56.

(15) — ALBAGLI Claude, *Une dynamique de développement au Sahel*, PUF, 1980, p. 34.

(16) — DUMONT René et MOTTIN Marie-France, *L'Afrique étranglée*, Seuil, 1982.

(17) — PASSET René, *Politiques de développement*, Dalloz, 1969, p. 147.

(18) — CÉPÈDE Michel et LENGELLÉ Maurice, *Economie alimentaire du globe, essai d'interprétation*, Médicis, 1953.

(19) — LAPLANTINE François, *Les trois voix de l'imaginaire*, Editions Universitaires, coll. Je, 1974, p. 25.

(20) — LAPLANTINE François, *op. cit.*, p. 126.

Section 4

(1) — BAIROCH Paul, *Le tiers monde dans l'impasse*, Gallimard, coll. Idées, 1971, pp. 291-292.

(2) — BAIROCH Paul, *op. cit.*, p. 74.

(3) — FRALON José-Alain, « 2010, l'odyssée urbaine de l'Afrique », *Express-Afrique*, n° 1686, 4 novembre 1983.

(4) — *L'Observateur de l'OCDE*, n° 142 septembre 1986.

(5) — TOEFFLER Alvin, *Le choc du futur*, Denoël, 1971.

(6) — Banque mondiale, *Rapport sur le développement dans le monde 1987*, Washington Banque mondiale, 1987.

(7) — ROSTOV W.W., *Les étapes de la croissance économique*, Seuil, coll. Points, 1970.

(8) — ALBAGLI Claude, *in Tiers monde, controverses et réalités*, ouvrage collectif, Economica-Liberté sans frontières, 1987, p. 181.

(9) — GIDE Charles et RIST Charles, *Histoire des doctrines économiques*, tome I, Sirey 1947, pp. 159 et suivantes.

(10) — Banque mondiale, *op. cit.*

(11) — ALBAGLI Claude, « L'endettement : le cas de l'Afrique noire », communication au Congrès des économistes de langues françaises, Fribourg Suisse, 1-3 juin 1987.

(12) — ACP-CEE, « Dette et développement », *Le Courrier* n° 97, mai-juin 1986.

(13) — *Le journal de l'Afrique économique*, 1985.

(14) — ACP-CEE, *Le Courrier* n° 97, *op. cit.*

Section 5

(1) — Banque mondiale, *Rapport sur le développement dans le monde 1987*, Washington DC, 1987.

(2) — HOFFMAN Michel, *Etudes Media Interafricaines*, 1960, 1980, 1985, Marcomer Gallup International.

(3) — TEVOEDJERE Albert, *La pauvreté, richesse des peuples*, Editions ouvrières, 1978.

(4) — AUSTRUY Jacques, *Le prince et le patron*, Cujas, 1972.

(5) — Banque mondiale, *op. cit.*

(6) — PLATTEAU Philippe, *Les économistes classiques et le sous-développement*, PUF, 1978.

CONCLUSION

Si l'autosuffisance alimentaire est aujourd'hui une politique largement adoptée en termes d'objectifs — car il est des modes aussi dans les stratégies de développement — elle semble concerner jusqu'ici les seuls efforts de l'agriculteur.

La mise en perspective de cet équilibre montre que cette contrainte relève d'un ajustement entre système de production, système social et système démographique. Il est un facteur de verrouillage de la société avec une série de butoirs qu'imposent les performances technologiques, la capacité de dérivation du pouvoir, les équilibres écologiques. A l'évidence, la satisfaction alimentaire a une portée qui dépasse celle des estomacs repus. Seule, l'accoutumance occidentale à une agriculture excédentaire avait fini par occulter les implications de cet équilibre.

Appliquée aux sociétés traditionnelles, notre analyse débouche sur une justification des cycles de civilisation. Confrontée à l'expérience britannique, elle souligne la modification des structures, le déplacement des paramètres et les circonstances du bouleversement. En observant l'Afrique noire à partir de ces éclairages en contrepoint, le sous-continent révèle davantage, ce qu'il est devenu que ce qu'il n'est pas encore, confronté à l'Occident. Cette présentation est en rupture avec les perspectives linéaires du développement que l'Ouest ou l'Est proposent. Le développement n'est pas une affaire d'indice dont la signification est balayée par les effets de seuil et les imprécisions statistiques, ce n'est pas non plus un degré d'analogie. Tel facteur déterminant ici prend une charge négative ailleurs parce que l'ordre de la série diachronique aura été perturbé ou que d'autres éléments contingents se sont évanouis.

L'Afrique noire n'est plus une société traditionnelle, ni encore une société moderne. C'est en cela aussi qu'elle appartient à un « tiers » monde. Cela justifie une juxtaposition d'éléments disparates qui brouillent les jugements. Des enrichissements spectaculaires et des performances technologiques remarquables côtoient une paupérisation accrue d'hommes et de femmes frappés de sous-nutrition.

L'équilibre vivrier est un slogan médiatique. Il doit être considéré maintenant comme un processus global et un préalable décisif. Il reste alors à définir pour chaque pays les particularités de cet ajustement en fonction de ses spécificités. Nous n'avons voulu ici que dessiner les enjeux, souligner les implications et tracer quelques pistes...

Alors l'Afrique reprendra sa signification étymologique qui puise, dans ses origines phéniciennes, cette double racine agricole : « pays des fruits » et « épis », symboles de fertilité.

Niamey-la Bruyère

ANNEXES

ANNEXES

Document F — Répartition des termes de l'échange en 1985 (base 100 en 1980)

Annexe V — L'endettement

Document A — Endettement par pays
Document B — Répartition de la dette extérieure (CT et LT) en 1985
Document C — Répartition du service de la dette en 1985

Sources : Les tableaux ont été composés à partir des données fournies par le « Rapport sur le développement dans *Le monde* 1987 » de la Banque Mondiale. L'endettement s'appuie sur ce rapport et « *Le courrier ACP/CEE*, n° 97, mai-juin 1986 ».

Document I-A - Situation géographique

Document I-B – Pays classés dans les PMA (pays les moins avancés)

- AFGHANISTAN (16,3)	- GUINEE (6,2)	- R.D.P LAO (3,6)
- BANGLADESH (100,6)	- GUINEE BISSAU (0,9)	- RWANDA (6,0)
- BENIN (4,0)	- GUINEE EQUATORIALE (0,4)	- SAMOA (0,2)
- BOUTHAN (1,2	- HAITI (5,9)	- SAO TOME et P. (0,1)
- BOTSWANA (1,1)	- LESOTHO (1,5)	- SIERRA LEONE (3,7)
- BURKINA FASO (7,9)	- MALAWI (7,0)	- SOMALIE (5,4)
- BURUNDI (4,7)	- MALDIVES (0,2)	- SOUDAN (21,9)
- CAP VERT (0,3)	- MALI (7,5)	- TANZANIE (22,2)
- COMORES (0,5)	- NEPAL (16,5)	- TCHAD (5,0)
- DJIBOUTI (0,4)	- NIGER (6,4)	- TOGO (3,0)
- ETHIOPIE (42,3)	- OUGANDA (14,7)	- YEMEN (8,0)
- GAMBIE (0,8)	- R. CENTRAFRIQUE (2,6)	- YEMEN D (2,1)

* Chiffres entre parenthèses : population en millions d'habitants en 1985.

Population PMA : 331,1 m.d'hab.
Population PMA (Afrique Noire) : 176,5 m.d'hab.
Rapport : 53 %

Population Afrique Noire : 420 m.d'hab.
Population PMA (Afrique Noire) : 176,5 m.d'hab.
Rapport : 42 %

Document II-A

Effectifs de population par pays

	Population (millions d'hab.)	Superficie (millions de Km2)	Densité (hab./km²)		Taux de croissance en %	Taux de croissance en %		Population en millions d'hab.
	1985	1985	1985		1960	1985		2000
NIGERIA	99,7	924	108		2,7	3,4		163
ETHIOPIE	42,3	1222	35		2,3	2,7		65
ZAIRE	30,6	2345	13		2,4	3,0		47
TANZANIE	22,2	945	23		2,5	3,5		37
SOUDAN	21,9	2506	9		2,2	2,8		34
KENYA	20,4	583	35		3,1	4,1		36
OUGANDA	14,7	236	62		2,8	3,3		23
MOZAMBIQUE	13,8	802	17		2,0	2,7		21
GHANA	12,7	239	53		3,0	3,2		20
CAMEROUN	10,2	475	21		1,7	3,3		17
MADAGASCAR	10,2	587	17		2,0	3,2		16
COTE D'IVOIRE	10,1	322	31		2,5	3,1		16
ANGOLA	8,8	1247	7		1,9	2,6		13
ZIMBABWE	8,4	391	21		3,8	3,5		13
BURKINA FASO	7,9	274	29		2,2	2,8		12
MALI	7,5	1240	6		2,3	2,8		11
MALAWI	7,0	118	59		2,9	3,2		11
ZAMBIE	6,7	753	9		2,7	3,4		11
SENEGAL	6,6	196	34		2,2	2,7		10
NIGER	6,4	1267	5		2,5	3,0		10
GUINEE	6,2	246	25		1,3	2,6		8
RWANDA	6,0	26	231		2,6	3,3		10
SOMALIE	5,4	638	8		1,9	2,9		8
TCHAD	5,0	1284	4		1,6	2,3		7
BURUNDI	4,7	28	168		2,0	2,9		7
BENIN	4,0	113	35		2,4	3,2		6
SIERRA LEONE	3,7	72	51		1,5	2,3		5
TOGO	3,0	57	53		2,8	3,3		5
CENTRAFRIQUE	2,6	623	4		1,7	2,6		4
LIBERIA	2,2	111	20		2,9	3,3		4
CONGO	1,9	342	6		2,2	3,3		3
MAURITANIE	1,7	1031	2		2,4	2,6		3
LESOTHO	1,5	30	50		1,9	2,7		2
AFRIQUE NOIRE	416	21273	20		2,5	3,1		658

Document II-B

Dynamisme démographique par pays

	Taux de natalité en %	Taux de natalité en %	Variation taux de natalité en %	Fécondité synthétique	Contraception % femmes en âge de procréer		Taux de mortalité en %	Taux de mortalité en %	Taux de mortalité infantile en %	Taux de mortalité juvénile en %	Variation de taux de mortalité
	1960	1985	65/85	1985	1985		1960	1985	1985	1985	65/85
NIGERIA	52	50	-3,3	6,9	5		25	16	109	21	-28,4
ETHIOPIE	51	46	5,1	6,2	2		28	19	168	38	-4
ZAIRE	48	45	-4,2	6,1	1		24	15	102	20	-28,3
TANZANIE	47	50	2,5	7,0	1		22	15	110	22	-30,3
SOUDAN	47	45	-3,8	6,6	5		25	17	112	18	-28,3
KENYA	55	54	4,7	7,8	17		24	13	91	16	-37,7
OUGANDA	49	50	3,0	6,9	1		21	17	108	21	-11,7
MOZAMBIQUE	46	45	-6,8	6,3	...		26	18	123	22	-33
GHANA	50	46	-5,8	6,4	10		20	14	94	11	-29
CAMEROUN	38	47	18,1	6,8	3		21	14	89	10	-29,5
MADAGASCAR	47	47	7,1	6,5	...		27	15	109	21	-29,2
COTE D'IVOIRE	49	45	2,0	6,5	3		24	14	105	15	-36,3
ANGOLA	50	48	-3,5	6,4	1		31	22	143	30	-25,7
ZIMBABWE	55	47	15,1	6,2	40		17	12	77	7	-31,6
BURKINA FASO	49	49	5,6	6,5	1		27	21	144	29	-13,9
MALI	50	48	-14,6	6,5	1		27	20	174	43	-25,5
MALAWI	56	54	- 4,3	7,6	1		27	22	156	35	-23,7
ZAMBIE	51	49	- 0,8	6,8	1		24	15	84	15	-26,5
SENEGAL	48	46	-1,5	6,7	12		26	19	137	27	-18,9
NIGER	52	51	7,2	7,0	1		27	21	140	28	-26,5
GUINEE	48	50	8,5	6,0	1		35	24	153	34	-17,2
RWANDA	53	52	1,0	8,0	1		27	19	127	26	8,1
SOMALIE	48	49	-1,4	6,8	0,5		29	20	152	33	-23,5
TCHAD	45	44	-4,0	5,7	1		29	21	138	27	-25,8
BURUNDI	45	47	0,4	6,5	1		25	18	118	23	-24
BENIN	51	49	0,4	6,5	6		27	17	115	19	-29,5
SIERRA LEONE	49	48	0,8	6,5	4		34	25	175	43	-23
TOGO	51	49	-1,8	6,5	...		23	16	97	12	-26,3
CENTRAFRIQUE	43	42	22,4	5,6	...		26	16	137	27	-32,8
LIBERIA	50	49	6,6	6,9	1		21	16	106	14	-25
CONGO	40	45	7,7	6,3	...		18	12	77	7	-32
MAURITANIE	51	45	2,0	6,3	1		27	19	132	25	-25,1
LESOTHO	42	41	-2,4	5,8	5		23	14	106	14	-22,2
AFRIQUE NOIRE	50	48	-0,4	6,7			25	17	119	23	-24,8

Document II-C

Structure démographique par pays

	Population urbaine en %	Population urbaine en %	Taux de croissance population urbaine		Population active 15-64 ans en %	Population active 15-64 ans en %	Taux de croissance population active		Population active agricole en %	Population active agricole en %
	1965	1985	80/85		1965	1985	85/2000		1965	1985
NIGERIA	15	30	5,2		51	49	2,9		43	34
ETHIOPIE	8	15	3,7		52	51	2,2		48	43
ZAIRE	19	39	6,4		52	51	2,5		42	31
TANZANIE	6	14	8,3		53	50	3,0		50	43
SOUDAN	13	21	4,8		53	52	3,1		46	41
KENYA	9	20	6,3		48	45	3,7		44	36
OUGANDA	6	7	3,0		52	52	3,0		49	48
MOZAMBIQUE	5	19	5,3		55	51	...		52	41
GHANA	26	32	3,9		52	48	2,9		38	33
CAMEROUN	16	42	7,0		55	50	2,2		46	29
MADAGASCAR	12	21	5,3		54	51	2,3		48	40
COTE D'IVOIRE	23	45	6,9		54	54	2,6		42	30
ANGOLA	13	25	5,8		54	52	2,1		47	39
ZIMBABWE	14	27	5,0		51	45	3,0		44	28
BURKINA FASO	6	8	5,3		48	44	2,2		45	40
MALI	13	20	4,5		53	50	2,7		46	40
MALAWI	5	11	...		51	47	2,6		48	33
ZAMBIE	24	48	5,5		51	48	3,5		39	25
SENEGAL	27	36	4,0		53	52	2,1		39	33
NIGER	7	15	7,0		51	51	2,6		47	43
GUINEE	12	22	4,3		55	52	1,8		48	41
RWANDA	3	5	6,7		51	49	2,9		49	47
SOMALIE	20	34	5,4		49	53	1,7		39	35
TCHAD	9	27	3,9		55	55	2,1		50	40
BURUNDI	2	2	2,7		53	52	2,4		52	51
BENIN	11	35	4,4		52	49	2,5		46	32
SIERRA LEONE	15	25	5,1		54	55	1,4		46	41
TOGO	11	23	6,4		52	50	2,5		46	38
CENTRAFRIQUE	27	45	3,9		57	55	1,8		36	30
LIBERIA	23	37	4,3		51	52	2,7		34	33
CONGO	35	40	3,6		55	51	2,2		36	31
MAURITANIE	7	31	3,4		52	53	3,1		48	37
LESOTHO	2	17	5,3		56	52	2,1		55	43
AFRIQUE NOIRE	13	25	5,7		52	50	2,7		45	37

Document II-D – *Répartition de la densité démographique en 1985*

Densité en hab/km2	2 à ⩽ 10	10 à ⩽ 50	50 à ⩽ 100	100 à ⩽ 150	150 à ⩽ 200	200 à ⩽ 250	TOTAL
Nombre de pays	10	15	5	1	1	1	33
Population (en millions d'habitants)	67,9	196,6	41,1	99,7	4,7	6,0	416
Population (en pourcentage)	16 %	48 %	10 %	24 %	1 %	1 %	100

Document II-E – *Répartition des variations des taux de natalité de la période 1965/1985*

Variation en pourcentage	-15 à ⩽ -10	-10 à ⩽ -5	-5 à ⩽ 0	0 à ⩽ 5	5 à ⩽ 10	10 à ⩽ 15	15 à ⩽ 20	20 ⩽ à 25	TOTAL
Nombre de pays	1	2	11	9	7	0	2	1	33
Population (en millions d'habitants)	7,5	26,5	196,2	87,5	77,1	0	18,6	2,6	416
Population (en pourcentage)	2 %	6 %	47 %	21 %	19 %	0	4 %	1 %	100
	55 %			45 %					

Document II-F - *Répartition des variations des taux de mortalité de la période 1965/1985*

Variation en pourcentage	-40 à ⩽ 35	-35 à ⩽ -30	-30 à ⩽ -25	-25 à ⩽ -20	-20 à ⩽-15	-15 à ⩽-10	-10à⩽-5	-5à⩽0	0à⩽5	5à⩽10	TOTAL
Nombre de pays	2	5	15	5	2	2	0	10	0	1	33
Population en millions d'hab.	30,5	48,9	230,6	22,3	12,8	22,6	0	42,3	0	6,0	416
Population en pourcentage	7%	12%	56%	5%	3%	5%	0%	10%	0%	2	100
	98 %								2%		

Document II-G - *Répartition de la fécondité en 1985*

Taux synthétique de fécondité	De 5 à 6 inclus	de 6 à 7 inclus	de 7 à 8 inclus	TOTAL
Nombre de pays	3	27	3	33
Population en millions d'hab.	9,1	373,5	33,4	416
Population en pourcentage	2%	90 %	8 %	100

Document II-H - Répartition du taux d'urbanisation en 1985

Taux d'urbanisation	0 à ⩽ 10	10 à ⩽ 20	20 à ⩽ 30	30 à ⩽ 40	40 à ⩽ 50	TOTAL
Nombre de pays	4	8	9	8	4	33
Population en millions d'hab.	33,3	121,1	166,9	65,1	29,6	416
Population (en pourcentage)	8 %	29 %	40 %	16 %	7 %	100

Document II-I - Répartition des taux d'actifs agricoles en 1985 (*)

Rapport population active/agricole/Pop.Totale	25 à < 35 %	35 à < 45 %	45 à < 55 %	TOTAL
Nombre de pays	15	15	3	33
Population (en millions d'hab)	213,5	178,1	25,4	416
Population (en pourcentage)	51%	43%	6%	100

(*) Un taux de population active agricole de 25 à 35 % signifie que chaque agriculteur devrait nourrir 3 à 4 personnes, y compris lui-même. A 50 % cette charge tombe à 2 personnes.

Document III-A

Couverture vivrière par pays

	Apport calorique journalier par habitant	Apport calorique journalier par habitant	Variation 85-65 Base 100: 1965	Satisfaction calorique	Évaluation du déficit vivrier en millions d'hab	Importation céréalière (milliers de tonnes)	Aide alimentaire (milliers de tonnes)	Production vivrière croissance annuelle moyenne par habitant	Production vivrière croissance annuelle moyenne par habitant	Production vivrière par habitant Indice base 100: 74/76	Production vivrière par habitant Indice base 100: 79/81
	1965	1985	1985	1985	1985	1985	84/85	60/70	70/82	82/84	83/85
NIGERIA	2200	2462	112	105	-	2199	0	-2,0	-0,1	96	109
ETHIOPIE	1832	1681	92	72	11,8	986	869	0,5	-0,3	100	97
ZAIRE	2188	2154	98	97	0,9	331	138	2,3	-1,7	92	113
TANZANIE	1970	2335	119	101	-	231	127	2,7	-1,3	100	108
SOUDAN	1874	1737	93	74	5,7	1082	812	3,1	-0,3	93	103
KENYA	2287	2151	94	93	1,4	365	340	0,4	-1,9	82	99
OUGANDA	2383	2083	87	89	1,6	20	30	0,4	-1,0	98	125
MOZAMBIQUE	1982	1678	85	71	4,0	426	366	0,2	-5,1	73	98
GHANA	1949	1747	90	76	3,0	292	94	0,3	-3,1	73	118
CAMEROUN	2043	2089	102	89	1,1	139	12	2,5	-0,9	83	107
MADAGASCAR	2486	2469	99	107	-	205	98	0,5	-0,9	89	112
COTE D'IVOIRE	2357	2505	106	109	-	272	0	1,4	1,0	110	115
ANGOLA	1912	1969	103	87	1,1	377	78	0,7	-2,0	81	102
ZIMBABWE	2089	2054	98	86	1,2	106	131	-2,0	-1,6	69	100
BURKINA FASO	2009	1924	96	82	1,4	113	124	1,2	0,4	94	114
MALI	1860	1788	96	77	1,7	281	266	-1,2	-0,2	101	114
MALAWI	2132	2448	115	90	0,7	23	5	2,0	-0,1	100	105
ZAMBIE	2073	2137	103	89	0,1	247	112	0,9	-1,3	74	107
SENEGAL	2474	2342	95	102	-	510	130	-2,6	-1,2	66	105
NIGER	1996	2250	113	96	...	247	218	0,7	0,8	113	96
GUINEE	1899	1728	91	74	1,6	140	47	1,2	-0,5	93	102
RWANDA	1665	1919	115	83	1,0	24	36	1,9	0,1	112	106
SOMALIE	2145	2072	97	89	0,6	344	248	0,0	-1,8	69	102
TCHAD	2393	1504	63	63	1,8	134	163	-2,2	0,4	95	106
BURUNDI	2391	2116	88	91	0,4	20	17	3,2	-0,6	106	106
BENIN	2008	2173	108	95	0,2	54	21	0,6	-0,1	97	121
SIERRA LEONE	1836	1817	99	79	0,8	81	21	2,0	-0,8	95	108
TOGO	2378	2236	94	97	0,1	79	23	2,4	-0,3	92	103
CENTRAFRIQUE	2130	2050	96	91	0,2	17	12	-0,8	-0,2	94	105
LIBERIA	2155	2311	107	100	-	116	20	-2,7	-0,5	91	93
CONGO	2255	2549	113	115	-	90	1	-5,1	-2,0	96	104
MAURITANIE	2070	2078	100	89	0,2	240	135	-0,2	-0,9	95	94
LESOTHO	2065	2358	114	103	-	118	72	-1,9	-2,1	78	101
AFRIQUE NOIRE	2094	2024	97	91	42,6	9909	4766	0,2	-0,9	92	107

Document III-B

Répartition des variations de la satisfaction calorique de la période 1965/1985

Variation du niveau de satisfaction indice 100 : base 1965	> 60 à 70	> 70 à 80	> 80 à 90	> 90 à 100	>100 à 110	>110 à 120
Nombre de pays	1	0	4	15	6	7
Population (millions d'hab)	5	0	45,9	178,4	42	144,7
Pourcentage de la population (en pourcentage)	1%	0	11%	43%	10%	35%
	55%				45%	

Document III-C

Répartition de la satisfaction calorique en 1985

Niveau de satis-faction en 1985	>60 à 70	>70 à 80	>80 à 90	>90 à 100	>100 à 110	>110 à 115
Nombre de pays	1	7	10	8	6	1
Population (millions d'hab)	5	108,1	76,8	73,9	150,3	1,9
Population (en pourcentage)	1%	26%	18,5%	18%	36%	0,5%
	63,5%				36,5%	

Document III-D

Répartition de la croissance de la production vivrière pour la période 1970/1982

Croissance de la production vivrière	<-3%	>-3% à 2%	>-2% à -1%	>-1% à 0	>0 à 1 %
Nombre de pays	2	4	7	15	5
Population (millions d'hab)	26,5	20,6	106,6	226,9	35,4
Population (en pourcentage)	6%	5%	26%	54,5%	8,5%
	91,5%				

Document III-E - *Répartition des dominantes alimentaires*

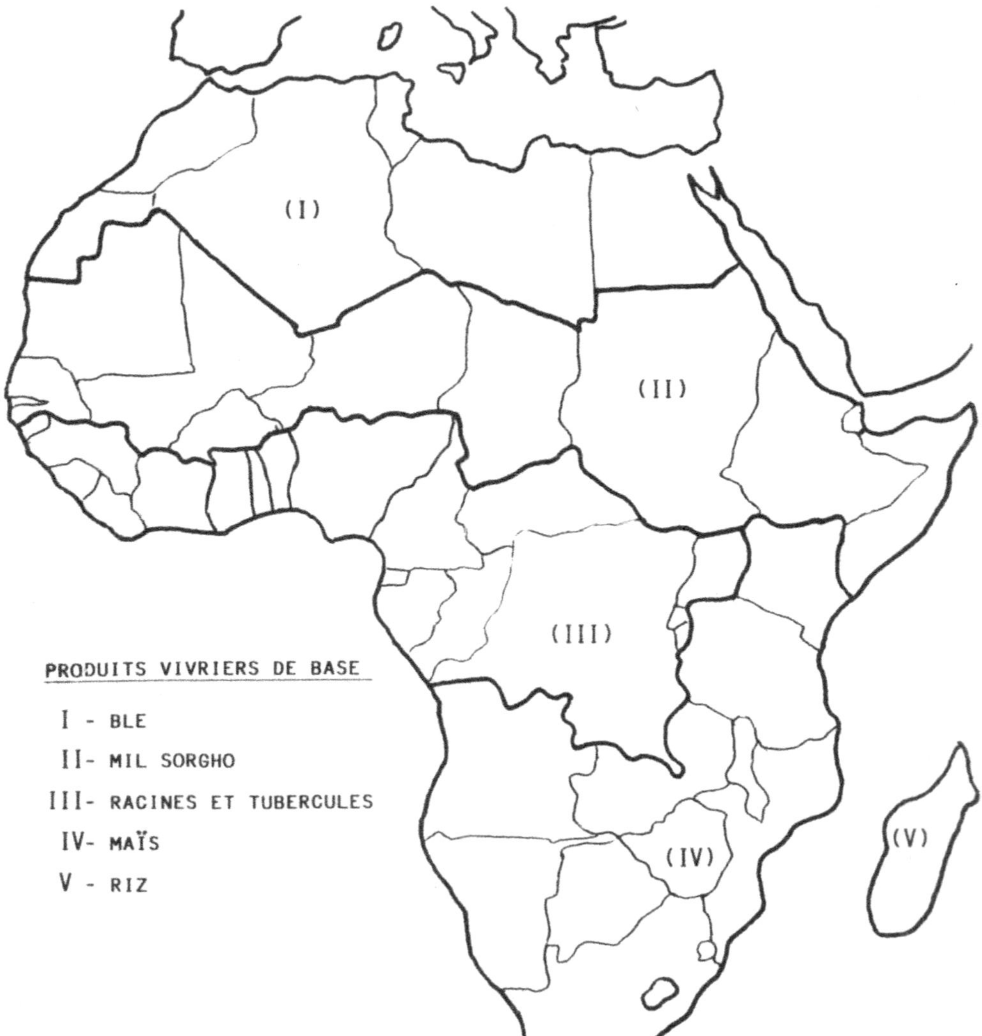

Document IV-A

Système productif par pays

	P.N.B. par habitant en dollars	Taux de croissance par habitant sur 20 ans	Taux de croissance de la consommation publique	Taux de croissance de la consommation privée	Taux de croissance des investissements	Rapport investissement sur P.I.B.	Solde des ressources en pourcentage	Part des combustibles et minerais en exportation	Part des combustibles et minerai en exportation	Terme de l'échange Base 100 : 1980
	1985	65/85	80/85	80/85	80/85	1985	1985	1985	1965	1985
NIGERIA	800	55%	1,3	1,5	-18,0	10	4	32	96	95
ETHIOPIE	110	4%	5,8	1,0	1,6	10	-16	≃ 0	10	100
ZAIRE	171	-52%	-15,5	0,6	-4,4	13	2	72	74	83
TANZANIE	290	≃ 0	← 1,9 →		-3,4	13	-10	1	17	90
SOUDAN	300	≃ 0	-8,9	2,7	-12,9	7	-10	1	2	87
KENYA	290	46%	-0,3	2,2	- 8,9	19	- 2	13	22	94
OUGANDA	..	-67%	...	...	...	...	...	13	≃ 0	96
MOZAMBIQUE	160	...	-9,4	-7,4	-22,1	7	-10	14	12	...
GHANA	380	-55%	0,1	-0,9	-1,6	9	- 2	13	30	91
CAMEROUN	810	103%	8,7	3,0	10,8	26	13	17	63	93
MADAGASCAR	240	-46%	-1,5	-0,2	-8,2	14	-5	4	5	103
COTE D'IVOIRE	660	20%	-5,1	-0,1	-22,0	13	13	2	10	94
ANGOLA	..	...	...	...	...	..	...	6	97	...
ZIMBABWE	680	37%	9,6	1,7	-2,4	23	≃ 0	24	25	89
BU INA FASO	150	29%	3,2	0,8	-3,2	20	-26	1	≃ 0	81
MALI	150	32%	9,0	2,5	-7,9	19	-24	1	2	82
MALAWI	170	35%	1,5	1,9	-7,5	16	- 4	≃ 0	≃ 0	101
ZAMBIE	390	-37%	6,4	2,2	-14,0	12	1	97	94	72
SENEGAL	370	-13%	4,3	1,7	0,7	14	-13	9	18	98
NIGER	250	-52%	2,5	-1,3	-26,5	14	- 9	≃ 0	...	107
GUINEE	320	17%	-5,2	5,4	- 7,6	9	4	...	...	...
RWANDA	280	43%	0,8	0,6	7,4	17	-9	40	5	102
SOMALIE	280	-15%	-9,1	2,7	21,5	15	-21	≃ 0	≃ 0	90
TCHAD	..	-58%	...	...	...	...	...	5	...	...
BURUNDI	230	46%	1,9	1,4	5,6	15	-10	≃ 0	2	99
BENIN	260	4%	4,8	3,3	-17,9	14	-15	1	45	89
SIERRA LEONE	350	24%	5,3	-2,9	-11,7	9	- 1	25	34	96
TOGO	230	6%	-3,9	-1,9	-6,9	26	-11	33	52	86
CENTRAFRIQUE	260	-4%	-4,6	-0,7	14,3	16	-14	1	3	95
LIBERIA	470	-32%	42,0	1,9	-20,0	9	6	72	65	91
CONGO	1110	111%	6,4	8,4	0,8	30	3	4	89	94
MAURITANIE	420	2%	-7,2	6,3	-8,1	25	-17	94	58	96
LESOTHO	470	252%	...	...	...	...	...	...	..	...
AFRIQUE NOIRE	410	12 à 13%	0,7	0,3	-11,4	13	≃ 0	32	63	94

Document IV-B

Tableau de corrélations PNB par hab/Exportation combustibles et minerais en 1985

PNB par hab. en $ en 1985 / % des Exp. Minerais et Combustibles	> 0 à 200 $	> 200 à 400 $	> 400 à 600 $	> 600 à 800 $	> 800 à1000 $	> 1000 à 1200 $
0 à ⩽ 20 %	Ethiopie Burkina F. Mali Malawi	Tanzanie Soudan Madagascar Sénégal Rwanda Somalie Burundi Centrafrique		Côte d'Ivoire		
20 à ⩽ 40 %		Kenya Ghana Sierra Le.		Zimbabwe		
40 à ⩽ 60 %	Zaïre	Bénin Togo	Mauritanie			
60 à ⩽ 80 %			Liberia		Cameroun	
80 à ⩽ 100 %		Zambie			Nigeria	Congo

Document IV-C - Tableau de corrélation taux annuel de croissance investissement/consommation privée (1980/1985)

Consommation privée / Investissement		-9 à <-6	-6 à <-3	-3 à <-1	-1 à < 1	1 à < 3	3 à <6	6 à 9
- 30 à < -20		Mozambique		Niger	Côte d'I.	Liberia		
- 20 à < - 10				Sierra L		Nigeria Soudan Zambie	Bénin	
-10à<0	-10à<-5			Togo	Madagasc.	Mali Malawi Burundi Kenya	Guinée	Maurita
	-5à<0				Ghana Burkina	Zimbabwe Tanzanie		
0à<10	0à<5				Zaïre	Ethiopie Sénégal		Congo
	5à<10					Rwanda		
10 à < 20					Centrafr.		Camer.	
20 à < 30						Somalie		

Document IV-D - Répartition des taux de croissance du PNB (période 1965/1985)

	Total	-70 à<-50	-50 à<-30	-30 à<-10	-10 à⩽10	10 à<30	30 à⩽50	50 à<70	70 à⩽100	100 à⩽200	200 à⩽300
Nombre de pays	31	5	3	2	7	4	6	1	0	2	1
Population (millions d'hab)	393,4	69,4	19,1	12	97,7	27,9	54,0	99,7	0	12,1	1,5
Population en pourcentage	100	17,5	5	3	25	7	14	25	0	3	0,5
		25,5			46					3,5	

Document IV-E - Répartition des taux d'investissement en 1985

	5 à ⩽ 10	10 à < 15	15 à ⩽ 20	20 à ⩽ 25	25 à ⩽ 30	Total
Nombre de pays	8	10	6	2	3	29
Population (millions d'hab)	202,5	106,9	51,4	10,1	15,1	386
Population en pourcentage	52	28	13	3	4	100

Document IV-F - Répartition des termes de l'échange en 1985 (base 100 en 1980)

	Total	70 à < 80	80 à < 90	90 à < 100	100 à < 110
Nombre de pays	28	1	7	15	5
Population (millions d'hab)	380,7	6,7	83,3	218,8	71,9
Population en pourcentage	100	2	22	57	19

Document V-A

Endettement par pays (en millions de dollars)

	Service de la dette publique (moyenne due)	Exportations	Rapport service dette publique/export en %	Dette à long terme	Dette publique et à garantie publique à long terme	Total dette extérieure C. et L. terme	Aide publique toute origine	Aide en % du PNB	Variation des exportations en %	Balance des opérations courantes
	85/87	1985	1985	1985	1985	1985	1985	1985	80/85	1985
NIGERIA	38826	12567	31	13432	13016	18348	32	±0	-0,8	1242
ETHIOPIE	126,3	338	37	1742	1742	1869	710	15	-9,9	-130
ZAIRE	661,3	1568	42	(4821	4821	4821)	324	8	-2,9	377
TANZANIE	272,0	255	107	2988	2982	3609	487	8	-11,	...
SOUDAN	794,9	374	213	(5086	5086	5086)	1129	16	6,1	157
KENYA	374,6	976	38	3263	2857	4219	439	8	-3,9	-208
OUGANDA	106,7	332	32	726	726	1030	184	..	4,7	...
MOZAMBIQUE	...	174	...	...	...	...	300	9	...	...
GHANA	104,7	617	17	(1170	1170	1170	204	4	-7,9	-116
CAMEROUN	281,4	2322	12	2356	1975	2871	160	2	12,2	-165
MADAGASCAR	253,5	311	82	2340	2340	2588	182	8	-2,8	-151
COTE D'IVOIRE	1020,3	2972	34	7100	5700	8446	125	2	1,8	105
ANGOLA	...	2061	..	...	...	...	92	..	...	...
ZIMBABWE	331,1	1061	31	1571	1526	2143	237	5	-2,7	-97
BURKINA FASO	39,8	68	59	496	496	539	197	18	0,8	...
MALI	86,2	172	50	1327	1327	1469	380	35	4,2	-113
MALAWI	77,4	251	31	775	775	988	113	11	2,9	...
ZAMBIE	433,9	829	52	3214	3214	4483	329	15	-0,3	-98
SENEGAL	227,9	526	43	2002	1989	2454	295	12	5,2	-338
NIGER	91,4	250	37	990	791	1155	305	20	-17,4	-57
GUINEE	138,5	465	30	1292)	1292	1292)	119	7	...	...
RWANDA	12,1	75	16	324	324	351	181	11	-0,9	-42
SOMALIE	132,0	91	145	1309	1309	1486	354	15	-7,4	-97
TCHAD	5,5	113	5	150	150	161	182	...	...	7
BURUNDI	29,9	110	27	415	415	446	143	14	12,5	...
BENIN	87,4	152	58	677	677	776	96	10	-1,3	...
SIERRA LEONE	34,1	137	25	390	390	527	66	6	-3,5	-23
TOGO	102,7	242	42	787	787	924	114	18	-4,2	-48
CENTRAFRIQUE	21,3	115	9	296	296	341	105	16	6,5	-31
LIBERIA	109,5	452	24	879	879	1155	91	9	-1,4	76
CONGO	319,8	1097	29	1760)	1760	(1760	71	4	6,5	210
MAURITANIE	151,6	374	40	1363	1363	1477	205	31	14,9	-108
LESOTHO	12,7	...	...	172	171	176	94	17	...	9
AFRIQUE NOIRE	10323	31447	35%	65213	62344	78260	8045	5	-5	311

Document V-B - Répartition de la dette extérieure CT et LT en 1985

En millions de dollars	> 0 à 1	> 1 à 5	> 5 à 10	> 10	Total
Nombre de pays	7	17	3 Côte d'Ivoire Zaïre(*) Soudan	1 Nigeria	31
Montant de la dette	5229	36 230	18 353	18 348	78 260
Pourcentage de la dette	7	46	23,5	23,5	100

(*) Le Zaïre avec 4821 millions de $ de dette publique à LT a été classé pour sa dette totale (non connue) dans les plus de 5 Mds

Document V-C - Répartition du service de la dette en 1985

En millions de dollars	> 0 à 100	> 100 à 500	> 500 à 1000	> 1000
Nombre de pays	11	16	2 Soudan Zaïre	2 Nigeria Côte d'Ivoire
Montant de la dette	498	3466	1456	4903
Pourcentage de la dette	5%	34%	14% (14% + 47% = 61%)	47%

TABLE DES FIGURES

TABLE DES TABLEAUX

TABLE DES MATIÈRES

2ᵉ PARTIE : TROIS PROFILS...

Le Centre d'Etudes du Développement International et des Mouvements Economiques et Sociaux (CEDIMES) est le laboratoire de recherche sur le développement du Tiers Monde au sein de l'université de Droit, d'Economie et de Sciences Sociales Paris II (Panthéon-Assas). Le CEDIMES a été créé en 1972 par M. le Professeur Jacques Austruy qui en assume toujours la direction.

Le CEDIMES est l'organisme d'appui aux étudiants entreprenant des recherches en vue de la soutenance d'une thèse de doctorat.
Sans idées préconçues mais avec des résultats certains, plus d'une centaine d'étudiants ont soutenu déjà leurs thèses et plus de cent autres sont en préparation. Déjà deux cents étudiants ont présenté un mémoire dans le cadre du *DEA de « Développement et Civilisation »* dirigé par M. le Recteur Christian Labrousse. L'ensemble de tous ces étudiants s'est constitué en une Association des anciens du CEDIMES dont l'objectif est de maintenir et de renforcer les liens entre les générations successives, de favoriser l'orientation professionnelle de ses membres, de promouvoir des actions en relation avec les problèmes de développement.

Le centre regroupe des Directeurs de recherche qui ont axé tout ou partie de leurs réflexions sur le développement. Il a notamment bénéficié de la pensée riche et féconde de M. le Professeur Luc Bourcier de Carbon, malheureusement disparu. Aujourd'hui, le CEDIMES avec son équipe de chercheurs réunit une élite estudiantine qui en fait un centre de tout premier plan. Les liaisons du centre avec de nombreuses universités du Tiers Monde, avec des organismes internationaux, avec des milieux professionnels confirment le rayonnement du CEDIMES à l'extérieur, confortent l'action de ses anciens répartis à travers les continents et contribuent à placer son travail à la pointe de l'actualité.

CEDIMES — 83 bis, rue Notre Dame des Champs,
75006 Paris — Tél. 43-20-12-24/poste 555

L'HARMATTAN

Librairie — Centre

Plus de 80 000 titres

AFRIQUE - OCÉAN INDIEN
ANTILLES - MONDE ARABE - ASIE
ESPAGNE - PORTUGAL
AMÉRIQUE LATINE

16, rue des Écoles, 75005 PARIS
Tél. : 43-26-04-52

Métro : Maubert-Mutualité et Cardinal Lemoine

Heures d'ouverture :
Du lundi au samedi : 10 h - 12 h 30 et 13 h 30 - 19 h

Librairie L'HARMATTAN

21 bis, rue des Ecoles
75005 PARIS

*Plus de 10 000 titres en anglais
et en français
sur l'Amérique du Nord
et la Grande-Bretagne :*

— Histoire
— Voyages - Géographie
— Politique
— Economie
— Littérature de langue anglaise (en anglais et en traduction)
— Beaux-Arts / Cinéma
— Linguistique

Librairie L'HARMATTAN

21 bis, rue des Ecoles
75005 PARIS

*Plus de 10 000 titres en français
et en langues étrangères
sur les pays d'Europe occidentale
(Bénélux, Scandinavie, Iles britanniques,
Allemagne, Autriche, Suisse, Grèce, Italie) :*

— Histoire - Géographie - Voyages
— Politique - Economie
— Littérature
— Beaux-Arts / Cinéma
— Linguistique

Librairie L'HARMATTAN

21 bis, rue des Ecoles
75005 PARIS

Plus de 5 000 titres en rayons sur l'U.R.S.S. et les pays d'Europe centrale :

— Voyages - Géographie
— Histoire
— Politique
— Economie
— Littérature - Philosophie
— Beaux-Arts / Cinéma
— Linguistique

Librairie L'HARMATTAN

21 bis, rue des Ecoles
75005 PARIS

Plus de 3 000 titres en rayons sur :

— Le marxisme
— Les problèmes théoriques du socialisme
— Le mouvement ouvrier
— La guerre révolutionnaire et le terrorisme
— Les problèmes de stratégie et de défense
— L'armée
— La police
— etc., etc.

www.ingramcontent.com/pod-product-compliance
Lightning Source LLC
LaVergne TN
LVHW010920051026
849532LV00003B/773
* 9 7 8 2 7 3 8 4 0 3 4 1 4 *